자이나 사상

Jaina philosophy

자이나 사상

인도 문화와 종교 철학의 뿌리

김미숙 지음

올리브그린

서문

자이나(jaina)란 승리자(jina)를 믿고 따르는 이를 뜻한다. 번뇌와 고통을 극복하고 영원히 행복한 해탈의 경지를 성취한 사람, 그야말로 영웅 중의 영웅이 최상의 승리자, 지나이다.

인도에서의 영웅은 실존적인 삶의 고통을 완전히 떨쳐 내고 윤회의 삶에서 벗어나 해탈한 존재를 말한다. 전장에서 적과 싸워 이긴 자를 영웅이라 부르지 않는다. 진정한 영웅은 온갖 번뇌와 싸워 이겨서 자기 자신을 극복한 사람이다. 그러한 참 영웅들의 가르침을 신봉하는 대표적인 인도 종교가 바로 자이나교이다.

흔히 극단적인 금욕과 고행의 종교로만 알려져 있는 자이나교의 사상은 고도로 추상적인 이론과 합리적인 논리까지 겸비한 인식론을 갖춘 철학 체계로도 정평이 나 있다. 특히 자이나교의 불살생 계율은 인도 문화와 여러 종교에 깊은 영향을 주었다는 사실은 두말할 나위도 없다.

불살생 계율을 지키기 위한 자이나 교도의 생활 준칙들, 예컨대 입 가리개를 착용하는 경우라든지 엄격한 채식 원칙 등은 고행을 넘어 기행으로 여겨지기도 한다. 하지만 그것마저도 종교적 삶과 세속적 삶이 융화되어 조화를 이루고 있는 인도인에게는 그다지 기이한 것도 아니다. 도리어 존경과 찬사를 받는 증표가 되기도 한다.

어떤 이들은 자이나 교도를 수식하는 데 빈번히 등장하는 고행 수행뿐만 아니라 여러 가지 사상적 측면에서도 힌두교와 따로 구별할 필요가 없다고 하면서 자이나교를 힌두교의 분파로서 간주하기도 한다. 하지만 자이나교의 사상은 일반적인 힌두교의 범주 안에도 결코 포섭되지 않는 독특한 점들을 가지고 있다는 사실을 부인할 수 없다. 그 중 대표적인 특징으로 꼽을 수 있는 것은 다음과 같다.

자이나교는 베다의 신들을 신봉하지 않는다.
자이나교는 어떠한 희생 제사 의식도 행하지 않는다.
자이나교는 힌두 전통의 신분 제도를 따르지 않는다.
자이나교는 힌두 경전과 다른 체계의 독자적인 경전이 있다.

이러한 점들은 힌두교와 확연히 다른 점들이다. 물론 자이나교는 힌두교 또는 다른 인도 종교에서 쓰고 있는 개념들을 공유하고 있다. 그러나 그러한 개념적 공통성의 원류가 사실상 자이나교로부터 비롯되고 있으며, 별도의 사상적 체계로서 인정하는 데에도 전혀 손색이 없을 만큼 독창적인 사상적 계보를 수천 년 동안 이어오고 있다는 것이 보다 일반적 견해이다. 몇몇 인도 철학자들은 힌두교보다 더 '인도적인 종교'가 바로 자이나교라고 역설하고 있는데, 그러한 주장이 결코 과장이 아니라는 데에 나 또한 무게를 더하고 싶다.

내가 동국대학교에서 처음 자이나 철학 강의를 시작한 해는 1996년이었다. 그 이후로 내내 꿈꾸었던 한 가지는 인도 자이나 사원에 가서 우기 한 철을 나는 것이었다. 두 달, 아니면 넉 달 안거, 그도 아니면 여섯 달 정도 한 사원에서 머물러 보고 싶었다. 너무 큰 꿈이었을까? 아직도 이루지 못한 아쉬운 꿈으로 남아 있다.

그 옛날 마하비라가 걷고 숨을 쉬던 공간에서, 붓다 또한 그리했을 그 자리에서 나도 한 철 호흡하며 살아 보고 싶다.

설법과 침묵의 절묘한 조화.
말상대 없는 채로
울면서 말하는 빗속에서

서성대다가 머물다가
또 오래도록 침묵하는,
하여
종내 고요해지고 마는

그 긴 하루, 하루…….

어쩌면 아직 이루지 못한 그 꿈 때문에 자이나 공부를 아직도 놓지 못하고 계속하고 있는지도 모른다. 이 책은 아직도 내가 그 꿈을 포기하지 않았다는 증거이자 내 자신과 한 약속이기도 하다. 지금까지 내가 자이나교, 불교, 인도 철학을 공부해 오면서 깨달아야 하는 최상의 지혜는 죽음이란 그다지 두려운 것이 아니라는 사실이었다.

자이나 스승들은 하염없이 반복한다.

"해탈이 최상이자 최선"이라고.

그 이유는 너무도 간단하다. 윤회하는 삶이란 그저 고통일 뿐이라고 여기고 살아가기 때문이다. 하지만 고통스런 삶 속에서도 얼마나 많은 꽃들과 무지개가 우리를 기쁘게 해 주는가?

이 책 속의 글들은 내게 그런 꽃이었다. 또 언젠가는 이 작은 씨앗과 열매로 또 다른 결실을 맺는 날이 오기를 바라며, 그 누군가에게는 소박한 기쁨의 비가 될 수 있기를 진심으로 기원한다.

김미숙 합장

목차

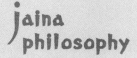

제 1 장

다원론적 실재론

수많은 인도 종교 가운데서도
가장 오랫동안 민족적인 순수성을 지켜 온 종교가
바로 자이나교이다.

가나쿠라 엔쇼(金倉 圓照)

jaina
philosophy

존재와 실재

현대에 이르러 급변하는 사회 현상과 그 속도에 따라붙지 못하는 철학·종교·사상의 행보는 인간 사회의 전반을 철학 사상이 선도하였던 옛 시대를 되돌아보게 한다. 하지만 철학의 부재 시대라고 탓할 것만 아니라 고전 철학을 연구하고 현대적으로 재해석하는 작업이야말로 금세기 나아가 후대에도 마땅히 유용한 철학의 재건에 일조하는 것이 아닐까 생각한다.

인도에 그 연원을 두고 있는 여러 철학 사상이 그러하듯이 기원전 6세기경에 체계화된 자이나 철학의 실재론을 고찰해 보는 것도 그러한 맥락에서 의의를 찾을 수 있을 것이다.

필자는 6범주적 실재론의 이론 체계를 고찰하여 존재에 대한 투철한 이해와 그 본질 탐구에 대한 정열이 조화를 이루고 있는 자이나 철학을 재조명해 보고자 하였다.[1)]

---

1) 가나쿠라는 '자이나 연구의 의의'를 서술하면서, 특히 현 인도의 6대 종교, 즉 힌두교, 이슬람교, 크리스트교, 시크교, 불교, 자이나교 중에서 엄밀하게 보면 인도 고유의 종교는 힌두교와 자이나교, 둘로 한정할 수 있다고 한다. 그는 민족 정신의 본질을 탐구하는 데는 그 민족의 종교가 제1의 탐구 대상이라고 하며, 인도 문화의 3대 지주로서 힌두교, 불교, 자이나교를 꼽고 있다. 다만 힌두교에 비해서 교세, 즉 신도 수는 극히 미약하지만 자이나교가 보다 더 민족적 순수성을 지속시켜 왔다고 평가하고 있다. 金倉 圓照(1944), pp. 16~20. 자이나교는 근대에 이르러 차츰 쇠미해졌지만 1981년 인도의 국세 조사에 따르면

모든 존재는 사물로 이루어진 세계 속에서 살아가고 있다. 그 어떤 존재도 다른 사물들과 완전히 절연된 상태에서는 단 한 순간도 존재할 수 없을 것이다. 그러한 외적 세계의 조건으로서 사물을 해석하는 방식은 동서고금의 여러 철학 사상에서 각기 다양하고 상이한 체계를 바탕으로 제시되어 왔다. 그러나 고대로부터 연면히 전개되어 온 존재의 본성에 대한 다양한 철학적 해명에도 불구하고 아직까지도 그에 대한 통일된 논의보다는 상반된 많은 견해가 난립하는 까닭은 무엇인가?

한편으로 보면, 실재의 표상이라 할 수 있는 존재에 관한 여러 논의들은 마치 동일한 대상이 시차에 따라 다른 현상을 보여 주듯이 결국 동일한 내용을 진술하는 서술 방법의 차이에 불과한지도 모른다.

대체로 실재론의 근본적인 위치를 차지하고 있는 문제는 존재하는 사물 그 자체에 대한 의문이라기보다 사물의 본질이 무엇인가 하는 점이다. 세계 안에서 다양한 존재 양상을 지니고 있는 모든 사물의 배후에 있는 그 본질이 무엇인지 탐구하는 것, 그것이 바로 철학의 몫이다. 철학의 핵심은 존재의 본질과 근거에 대한 물음에 있기 때문이다.

여기에서는 '존재란 무엇인가'라는 의문에 앞서 존재의 본질이

자이나 신도는 약 343만 명에 이른다. 中村 元(1991), p. 171. 2011년 인도 국세 조사에 따르면, 인도 전 인구 1,210,900,000명 중에서 힌두교는 약 79.8%, 이슬람교는 약 14.2%, 크리스트교 2.3%, 시크교는 1.7%, 불교 0.7% 자이나교 0.4%, 파르시교(조로아스터교) 등 기타 종교가 나머지를 차지하고 있다. 최근 자이나 교단의 통계와 학자들의 추정에 따르면, 인도 국내외의 자이나 교도가 약 750만 명~4,000만 명에 달한다. 그럼에도 불구하고, 전체 인구에서 자이나교가 차지하는 비율은 큰 차이가 없다. 인도의 7대 종교 중 신도 수는 변함없이 '힌두교, 이슬람교, 크리스트교, 시크교, 불교, 자이나교, 파르시교'의 순서로 열거되고 있다.

란 바로 실재를 뜻한다고 볼 때 '무엇이 곧 존재인가'라는 문제에 대한 해명을 자이나 체계에서의 실재론을 중심으로 고찰하고자 한다. 왜냐하면 자이나에서 논구하고 있는 실재론은 곧 존재론을 진술하고 있는 것이라고 보기 때문이다. 이러한 점은 자이나 체계에서 존재의 특성으로 분석하고 있는 3특성과 6범주의 실재와의 관계를 살펴보면 잘 드러난다.

존재가 실재를 표상하고 있다고 말할 때, 그 실재에 해당하는 것은 과연 무엇일까? 실재란 단적으로 존재 사실의 정합성을 말한다. 또한 그것은 곧 존재의 본질을 내포하는 것이다. 존재는 본질성과 우연성을 동시에 갖고 있지만, 그 존재의 본질은 바로 실재이다. 표상되는 실재와 표상하고 있는 존재 사이에는 마치 그림 작품과 실제 대상 사이의 유사성과 같은 관계가 성립된다. 그림이라는 '존재'를 통해서 우리는 직접 지각할 수 없을지라도 '표상되어 있는 실재'를 파악하는 것이다. 이렇게 표상되는 존재의 실재에 대해 자이나에서는 모두 실체성을 인정한다.

이와 같이 자이나에서는 '실재'에 관하여 그 사상적 특성에 걸맞은 독특한 논의를 전개하고 있다. 따라서 자이나 철학에서 실재를 이해하는 관점을 통해서 우주와 존재에 대한 통일적 이해를 모색했던 자이나 사상의 일면을 조명해 보고자 한다.

야코비는 단언하기를 "자이나 철학은 다른 종교로부터 사상을 차용하지도 않았고 그 어떤 종교의 모방도 아니다."[2]라고 하였다. 특히 자이나 철학은 인도의 힌두 사상과 대비되어 불교와 함께 비정통파

---

2) Bhuvanbhanusuri(1989), p. xiv, 재인용.

로 구분 지어져 왔다. 그러나 불교와는 달리, 자이나교는 인도 사회에서 지속적인 영향력을 행사한 사상으로서 존속해 왔다. 그러한 사상적 전개의 원인에 있어서도 불교와는 달리 인도인의 일반적 사고 경향에 부합하는 일면이 내재되어 있었기 때문이 아니었던가 생각한다. 다시 말하면 사상적 기반이 되는 실재론이 실천적 가치로서 제시한 고행과 업에 관한 자이나 특유의 관점이 인도인의 심성에 부합했을 것이라는 점이다.

따라서 이 장에서는 인도 사상의 전반에 공통하는 업·윤회·해탈이라는 동일한 사상적 연결 고리를 기본으로 하면서도 실재론에 있어서 독특한 차이점을 드러내는 자이나 철학을 존재론과 인식론을 반영하면서 전개하였다. 그리고 '영혼(jīva)의 의식성'을 통해 실재를 통찰하고 그로써 영원한 해탈에의 이상을 실현했던 자이나 사상을 새롭게 고찰하는 계기로 삼고자 하였다.

덧붙여 여기서 꼭 집고 넘어가야 할 점이 있다. 먼저 실재에 관한 문제이다. 이원론이라 하여 심신(心身), 정신과 육체의 대립으로 보거나 정신과 자연의 대립으로 보는 견해와 자이나 실재론의 관계이다. 단적으로 존재의 구조에 관한 이원론은 크게 나누어 관념론과 실재론으로 구분된다. 그러나 여기서는 자이나의 해석에 따라 존재의 본질을 실재라고 볼 때 그 실재를 표상하는 것이 존재라고 규정하고자 한다. 그러한 표상의 내용이 되는 실재에 관한 논의가 실재론이 될 것이다. 따라서 전제 기준이 상이한 그 밖의 논의는 여기서 배제한다.

그러나 실재에 대응하는 '실체' 문제에서는 보다 깊은 고찰이 필요하다. 단순히 실재를 긍정한다는 것을 들어서 어떤 실체를 인정한다고 본다면 실재론의 대응점에 관념론이 위치하겠으나, 그러한 단순한 대응만으로 해결될 수 없는 관점이 자이나뿐 아니라 인도 철학이라는 큰 테두리에 속하는 여러 이론과 사상에 산재되어 있기 때문이다. 그러므로 무엇보다도 선결되어야 할 것은 '자이나 체계 내에서 실재로 인정된 것은 무엇인가'라는 문제이다. 여기에서도 이러한 관점을 일관되게 유지하고자 하였다.

다만 다른 학파의 실재론과 비교해 볼 때, 용어상 혼동이 없지 않으나 그것은 각기 상이한 사상적 전통을 토대로 구축된 이론을 상대 비교하는 데 따른 불가피한 난점이라 할 수 있다. 그러나 인도 철학에서 동일한 용어를 이해하는 데 다른 학파보다도 더 독특한 개념 용례를 보이고 있는 자이나 철학의 경우를 비추어 볼 때, 다른 학파와의 비교는 자이나 실재론을 더욱 뚜렷하게 부각시켜 줄 것이다.

실재에 대한 철학적 논의

자이나 철학에서 실재(reality)에 해당하는 용어는 다양하다. 그러나 존재와 실체와 실재를 혼용하지 않는다는 전제 아래 실재의 개념을 고찰하고자 한다.

자이나 철학의 존재론적 견지에서 볼 때, 존재란 정체적으로 고정된 것이 아니며 '생성되어 가는 것(becoming)'이라고 할 수 있다. 존재의 특성으로 인정된 성질과 양상을 반영할 경우에 당연히 고정적인 실체가 곧 존재라는 관념은 부정된다. 실재 개념은 실체 개념과 명백히 구분된다.[1)]

서양 철학적으로 보면 실체(substance)라는 단어의 어원이 되는 라틴어 'substantia'는 '그 아래에 놓여 있다'라는 의미에서 유래한다. 근세 철학 이전에는 존재하는 모든 것의 기초에 있는 것을 실체라고 불렀다. 즉 우연적 속성과는 다른 자립적인 것, 독자적인 것, 그 자체로 존립하고 있는 것 등을 뜻했다. 그러나 서양 철학사에서도 그 개념은 수없이 변천되고 있다.

---

1) dravya를 실체 또는 실재로 번역하게 된 연원에 대해서는 다음의 자료를 참조하였다. Halbfass(1992), pp. 89 f., pp. 105 f..

더구나 자이나 철학의 실재 개념과 서양 철학적 실체 개념을 혼용하여 이해할 때 자이나 실재론은 곧 '서양 철학적' 실체론이라는 단언을 내리기 쉽다. 그러나 이미 앞에서 실체의 개념에 대해 살펴보았듯이 자이나의 이론 구조상 실재와 실체를 구분하여 이해하는 것이 존재론적으로 합당하다고 본다.

존재의 속성인 성질과 양상이 아니라 존재의 본질로서의 실재의 조건은 '자기 동일성'(abheda ; identity)이다. 존재란 바로 그 본질적 자기 동일성을 그대로 표상하는 것이라 할 수 있다.[2)]

헤르만 야코비는 《웃타랏자야나숫타(*Uttarajjhayaṇasutta*)》, XXVIII, 7.에 관한 해설에서 'astikāya'(atthikāyā)는 곧 실재라고 한다.[3)] 그리고 가나쿠라도 '유취(有聚), 근본 범주'라고 한다.[4)] 따라서 프라우왈너, 나카무라의 예에서 보듯이 '-kāya'의 번역을 반드시 '-체(體)'라고 하는 것은 의미의 정합성에 충실한 것으로 보이지 않는다. 'kāya'에 관한 불교적 용어 해석상, '신(身)'에 대한 의미로 단순히 '-체(體)'라는 접미어를 결합시킨 것으로 보인다. 도리어 가나쿠라의 《탓트와르타 수트라(*Tattvārtha-sūtra*, 眞理義經)》의 번역에서 보여 주듯이 자이나 철학에서는 '취집(聚集) : 집합적인 것, 모인 것'을 의미할 따름이라고 여겨진다.[5)] 따라서 《드라비야상그라하(*Dravyasaṃgraha*)》에서도 'dravya'는 존재의 특성이 되는 것, 즉 실체성을 dravya로 파악한 것은 아니며 존재의

---

2) 질송(1992.), p. 33. Padmarajiah(1986), pp. 13 ff.. 질송은 실재에 대해서, 기본적으로 '동일성과 차이성'(identity-in-difference)이라는 형이상학적 전제를 수용하며 서술하고 있다.

3) Jacobi(1968), p. 153.

4) 金倉 圓照(1944), p. 260.

5) 프라우왈너도 '실재체(seinsmassen)'로 번역한다. Frauwallner(1953), p. 313. 中村 元(1991), p. 247, 참조. 金倉 圓照(1944), pp. 150 f., 참조.

본질, 즉 실재를 dravya로 표현했다고 본다. 《드라비야상그라하》, 15.의 주석에서는 실재의 도표를 나타내면서 astikāya 자리에 dravya만 둘 뿐, 그대로 실재의 범주표와 일치한다.[6] 자이나 철학에서 실재는 인식 가능의 여부와 관계없이 독자적으로 존재하며 그 자신의 특성을 지니고 있다고 인정된다.

인과론과 실재

인과론에 대한 논구는 인도 철학사 전반에 걸쳐 중요한 위치를 차지하고 있는데, 그 요체는 실재를 어떻게 보느냐 하는 것이다. 실재론에서의 차이는 인과론에서의 현격한 차이로 귀결된다.

현상과 실재를 일치한다고 볼 것인가? 만약 일치한다면 실재는 오직 하나인가, 아니면 둘 이상의 여러 가지인가?

이 문제는 원인과 결과의 논의에 연결된다. 다인일과(多因一果), 다인다과(多因多果), 일인다과(一因多果), 일인일과(一因一果) 등, 인(因)과 과(果)의 차별과 무차별에 따라 다양한 학설의 전개가 인도 철학사에 나타나 있다. 하지만 그러한 논의는 인(kāraṇa) 속에 과(kārya)를 인정하는 여부에 따라 크게 인중유과론(因中有果論)과 인중무과론(因中無果論)으로 나뉜다.

자이나 철학에서는 다원적 실재론을 인정하고, 인중유과론(satkā-ryavāda)을 취하고 있으며, 결과는 원인의 변형일 뿐이라고 한다.

---

6) Ghoshal(1989), p. 45.

실재인 원인 가운데 잠재해 있던 것이 형태를 바꾸어 현현한 것이 결과라는 것이다. 따라서 결과와 원인은 동일성이 인정된다. 인중유과론에서도 실재론의 차이에 따라 전변설(轉變說, pariṇāmavāda)과 가현설(假現說, vivartavāda)로 나뉜다.

상키야에서는 전변설의 입장을 취한다. 전변이란 상주하는 근본질료인으로부터 일체의 현상, 결과가 출현한다고 보는 것으로서 실체는 불변이면서 다양하게 변화한다고 보는 설이다.[7]

자이나에서는 "실체 전체가 존재·생성하며 영원히 존재하지만(《탓트와르타 수트라》, 5, 31.), 그럼에도 불구하고 일시적 변화의 법칙인 생산·파괴 등을 받아들인다.(《탓트와르타 수트라》 5, 30.)"[8] 왜냐하면 변화는 존재의 현상을 비추어 볼 때 진실한 것으로서 부정할 수 없는 조건이기 때문이다. 그리고 그 변화는 실체에 영향을 준다. 이것이 바로 전변(pariṇāma)이다. 이 점에서 볼 때 자이나 철학도 전변설의 입장을 취한다고 할 수 있다.[9] 또 후술하듯이, 실재의 범주 중 하나인 시간(kāla)의 특질상, 전변의 개념을 인정할 수밖에 없다.[10]

가현설을 취하는 불이일원론적(不二一元論的) 베단타에서는 현상계의 모든 사물이 유일한 실재인 브라만을 제1원인으로 하여 그로부터 나타난 결과라고 본다. 다만 그 결과는 원인의 실제적 변형이 아니라, 가현된 것일 따름이다. 여기에서는 브라만 이외의 어떤 실재도 인정하지 않는다.

---

7) 今西 順吉, 〈pariṇāma について〉 : 정승석(1992), p. 31, 재인용.
8) 山本 智教(1981), p. 288.
9) 山本 智教(1981), p. 288.
10) 金倉 圓照(1944), pp. 155 f., 참조.

인중무과론(asatkāryavāda)을 취하는 니야야와 바이셰쉬카에서는 결과란 존재하는 원인에서 생성되지만, 생성된 결과는 원인과 전혀 다른 새로운 것이라고 한다. 그리고 명칭이 부여되는 것과 존재하는 것은 무조건적으로 같은 것을 뜻한다고 본다. 이에 따라 보편도 당연히 존재하는 것으로 간주된다. 보편을 허망이라고 보는 불교의 견해와 대비하면 이 파는 고전적인 실재론을 채택하고 있는 셈이 된다.[11)]

불교에서는 찰나생멸론(kṣanabhaṅgavāda)을 주장하는데, 그에 따르면 결과란 원인이 소멸된 후에 무(無)로부터 발생한다고 주장한다. 이것은 일종의 인중무과설이라고 할 수 있다. 특히 경량부와 비바사파의 견해가 그러하다. 그러나 자이나교에서는 불교 특히 경량부가 존재의 개별성만을 보고 찰나생멸을 주장한 것은 존재의 보편성을 간과한 것이라고 비판한다. 실재의 특성으로 보편성과 특수성을 동시에 인정하고 그러한 실재를 표상하고 있는 존재가 변화하면서 동시에 영원한 것이라고 파악했던 자이나 철학에서는 원인과 결과라는 두 존재가 완전히 별개로 고정화되어 있는 사물이 아니다. 존재에 있어서 원인과 결과는 상대적이며 조건적으로 인과의 역할을 한다고 본다.

우주론과 실재

자이나는 베다의 권위와 힌두교의 전통적 관습들을 부정한다.[12)]

11) 高崎 直道(1987), p. 27, 참조.

12) Zimmer(1974), p. 217, 참조.

자이나에 따르면, 우주란 영원한 옛날부터 다양한 실재에 의해서 구성되어 있을 뿐이고, 태초에 이 우주를 창조하거나 혹은 지배하고 있는 주재신 같은 것은 존재하지 않는다고 주장한다.

그러나 주재신은 부정하였으면서도 우주론과 관련된 신을 인정하였다는 것은 간과할 수 없다. 예를 들어서 바바나바시(Bhavanavāsi), 비얀타라(Vyantara), 지요티샤(Jyotiṣa), 바이마니카(Vaimānika) 등 4종의 신을 인정한다. 그들은 우주가 최고천, 상위의 천국, 하위의 천국, 현세, 지옥 등으로 나뉜 것처럼 각기 거주하는 곳도 다르다고 한다. 이러한 신에 대한 자이나의 견해를 밧타차리야는 다음과 같이 해석하고 있다.

> 신이 우주의 전능한 창조자를 뜻한다면, 자이나가 무신론자 또는 신을 믿지 않는다는 것은 사실이다. 그러나 자이나에는 신에 대한 이론이 있으며, 이 신 즉 자이나의 신들은 결코 추상 개념이나 단순한 관념들에 그치는 것이 아니라, 실재하는 존재들이다.[13]

이와 같이 자이나 체계에서 인정되고 있는 신들의 명료한 정체에 관해서는 보다 깊은 연구가 필요하다고 생각된다. 필자는 우주론적인 구상 자체가 그러하듯이 고대인들의 상상력에 뿌리를 둔 관습적인 상징이 아니었나 추측한다.[14] 이러한 점에서 불교와 공통되지만 브라만교와는 그 성립 초기부터 상반된 입장에 서 있었다. 나중에 자이나

---

13) Bhattacharya(1966), p. 19.

14) Ghoshal(1989), p. 234, 참조.

교는 인도에서 무신론[15]의 대표처럼 여겨지기도 했다.[16]

자이나 철학의 우주론은 그 독자적인 내용에 있어서도 주목할 만하지만 실재론의 시초를 연역할 수 있다는 점에서도 중요한 비중을 차지하고 있다. 다만 기본적으로는 고대적 우주관이라는 점에서 힌두교나 불교의 우주 이해와 유사한 관점을 갖는다.

자이나의 우주론이 대서사시 이래로 인도 전통적인 우주관에 의해 영향을 받았다는 것은 기본적인 용어들과 생주이멸의 4상이 순환하는 것으로 우주를 파악했다는 점을 꼽을 수 있다.[17] 그러나 다른 학설과 마찬가지로 자이나 특유의 관점을 보여 주고 있다는 점 또한 예외가 아니다.

자이나 철학에서는 우주가 세계와 비세계로 구성되어 있다고 본다. 세계(loka)는 다양한 실재들로 이루어져 있고 그 세계의 밖에 비세계(aloka)가 있다는 것이다. 여러 실재들 중에서 공간만이 세계와 비세계에 걸쳐 존재한다고 본다. 이러한 세계·비세계라는 관념은 자이나교의 성립 초기부터 있었다. 예컨대 《아야랑가숫타(*Āyāraṅgasutta)*》에서는 관법을 수행을 하고 있는 사람은 "물질적인 세계(dravya loka)에 있으면서도 세계·비세계의 여러 현상(lokālokaprapañca)에서 해탈한다."

---

15) 자이나 철학에서는 신에 대한 여지를 남겨두지 않는다. 최초의 자이나 교도들은 전혀 신을 인정하지 않았던 것으로 보인다. 그들은 일찍이 사람들이 "신이 비를 내리게 한다."고 말하는 것이 아니라, 바로 '구름이 비를 오게 한다'고 말해야 한다고 가르쳤다. Jacobi(1909), p. 152. 자이나 교도들은 신들을 숭배하지 않았으며 다만 그들 신앙의 대상물들을 숭배할 뿐이다. 그들이 숭배하는 것은 아라한, 승리자(Jina), 교단의 4구성원들이다. Stevenson(1984), p. xiv.

16) 中村 元(1991), p. 248.

17) 菅沼 晃(1986), pp. 128~133, 참조.

라고 말하고 있다.[18)]

자이나교에 따르면, 우주는 양팔을 활처럼 구부리고 주먹을 허리에 대고 서 있는 사람의 형상이라고 한다.[19)] 우주는 3계로 이루어진다. 즉 하계(adho-loka)와 중계(madhya-loka)와 상계(ūrdhva-loka)이다. 그 우주는 두터운 공기(ghanodadhi), 수증기(ghana), 미세한 공기 등 삼중(三重)의 대기로 둘러싸여 있다. 이 대기는 각각 두께가 20,000요자나(yojana)[20)]이다.

중계의 중앙에 잠부 섬(Jambu-dvīpa, 閻浮州)이 있다. 그 중심에 수미산이 금색 원추형으로 세워져 있다. 인간들이 사는 곳은 그 남쪽에 있다고 한다. 히말라야 산맥이 그 북쪽을 한계 짓는다. 강가와 인더스의 두 대하(大河)가 히말라야의 연화(padma) 호수에서 나와 각각 동쪽으로, 다른 하나는 서쪽으로 향해서 흐른다.

그 섬의 안쪽은 향락지(bhoga-bhūmi)와 행위지(karma-bhūmi)로 나누어져 있다. 전자에 사는 사람들은 살기 위해서 일할 필요는 없지만 천국과 같은 것은 아니라고 한다. 후자에서의 생활은 더욱 괴롭고, 법을 행하지 않으면 안 된다. 따라서 보다 더 확실하게 해탈을 얻을 수 있다고 한다.

윤회 상태에 있는 존재들이 거주하는 곳이 바로 여기이다. 우주의 정상이며 우주인의 정수리에 해당하는 곳은 해탈한 영혼이 지극한 복을 누리면서 쉬는 곳이다. 그곳은 최고천(siddha-kṣetra)이다.

---

18) *Āyāraṅgasutta*, I, 3, 3, 5. 中村 元(1991), p. 248. 여기서 'prapañca'는 자연 세계를 뜻한다. 이 역시 다른 철학파에서의 용례와는 달리 쓰여진다. 中村 元(1991), p. 249, 재인용, 참조.

19) Guérinot(1926), pp. 171～173 ; 山本 智敎(1981), pp. 290～292, 참조.

20) 인도에서 통용되던 거리의 단위이다.

우주 즉, 세계와 비세계는 실재인 공간의 특성을 띠며 영원하다고 본다. 왜냐하면 그것은 시간의 어떤 순간에 창조된 것이 아니고 그 끝을 알 수 없기 때문이다.

그러나 존재의 특성상 끊임없는 변화 즉, 내적 성질의 변화(guṇa)와 외적 양상의 변화(paryāya)를 멈추지 않는다. 세계와 비세계는 하향기(avasarpiṇī)와 상향기(utsarpiṇī)의 연속적인 교체에 따라 영원히 거듭된다.

자이나교에서는 이러한 우주의 크기에 관해 길이의 단위로 표현하고자 했다. 예컨대 세계의 크기는 343랏주(rajju)의 3제곱이며 입방체 모양이라고 한다. 하지만 그 크기는 실상 헤아릴 수 없을 만큼 거대했기 때문에 자연스럽게 우주는 끝이 없는 것처럼 생각하게 되었다. 그리고 우주가 최고천, 상위의 천국, 하위의 천국, 현세, 저승 등으로 나뉘어 있다고 여겼던 자이나교에서는 해탈한 영혼이 머물 수 있는 최고천을 동경하고 그곳에 이르기까지 업을 완전히 멸하기 위해 고행을 하는 것이 현세의 인간들에게 주어진 실존 조건이라고 보았다.

존재론과 실재의 관계

본질과 현상

존재의 바른 인식은 철학의 주요 목표이기도 하다. 그러므로 무엇보다도 존재론을 어떻게 정립하느냐에 따라 그 철학의 기본 틀(paradigm)이 좌우된다. 일반적으로 존재에 관한 이론은 그 본질과 현상이라는 개념을 중심으로 전개된다.

사물을 분석하여 이해하는 방식으로서 가장 기본적인 사고 태도로서 체용론(體用論)을 들 수 있다. 사물의 체(體)란 본체, 본질을 뜻하고, 용(用)이란 그 작용, 현상을 뜻한다. 자이나 철학의 이해에 있어서도 이러한 방식에 따라 설명할 수 있다. 즉 존재의 용은 곧 존재의 3특성으로 표현되며, 그 체는 바로 6실재라 할 수 있다. 그러나 존재하는 사물에 있어서 체와 용이 궁극적으로 분리되어 있을 수 없는 것과 마찬가지로, 실재를 떠나서는 존재의 3특성은 나타날 수 없다. 존재는 그러한 의미에서 본질이 되는 실재를 표상할 따름이다.

이와 같이 실제로는 결코 분리될 수 없음에도 불구하고 본질과 현상을 엄격히 구분하여 이해하는 태도는 그 근저에 이원론적인 존재론이 깔려 있다. 예를 들어 정신 원리(puruṣa)와 물질 원리(prakṛti)라는 이원론을 주장하는 상키야 파와 유일의 실재인 브라만과 무명(avidyā)에 의해 현현되는 다양한 현상 세계를 구별하여 설명하는 베단타 파의 학설 등이 있다.[1)]

이러한 태도는 유기체적인 세계관과 유사하다. 즉 우주 만물을 유기체 또는 유기적 구성체로 보는 관점이다. 그에 따르면 모든 자연 현상의 배후에는 존재 자체의 목적이 내재되어 있다고 한다. 왜냐하면 외부 세계란 내면의 본질을 투영하고 있을 뿐이라고 보기 때문이다. 하지만 존재의 단일성 또는 다수성, 무한성이 본질과 현상의 문제로 단순화될 때 발생하는 논의의 혼돈은 존재론에 국한된 것만은 아니다. 특히 실재에 관한 문제에서 더욱 그렇다.

존재의 본질로 주장하고 어떠한 실재도 존재의 본질로서 인정하지 않는 견해를 '관념론'이라 하여 그 대칭에 세우는 태도는 인도 철학에서는 반드시 타당하지는 않다. 인도 철학사에서 여러 철학 유파마다 실재에 관한 문제가 얼마나 정밀하게 전개되어 왔는가를 살펴본다면, 결코 실재론(realism)과 관념론(idealism)을 대극에 서 있는 이론이라고 단언하기는 어려울 것이다.

가장 상식적으로 보자면 '인식의 대상이 되는 것이 무엇인가' 하는 문제를 취급할 때, 실재론과 관념론으로 대립된다고 보기 쉽다. 인식의 대상이 인간의 의식 밖에 실재한다고 보는 것은 실재론이라 한다. 반면에 인식 대상은 오직 인간의 의식 즉 관념에 불과하며 실재하는 외계의 존재를 실재로서 인정하지 않는 견해가 관념론의 입장이다.

1) 이에 대해 자이나 실재론의 관점과는 상이하지만, 일반 철학적 이해로서는 다음 자료에 잘 나타나 있다. 김용정(1990), pp. 1~39, 참조.

찻테르지도 이러한 관점에서 자이나 철학이 실재론이라고 설명하고 있다. 그는 "자이나 철학은 실재론의 일종이다. 왜냐하면 외적 세계의 실재를 주장하고 있기 때문이다."[2]라고 한다. 그러나 기존의 일반화된 개념으로 말하자면, 차라리 관념론은 물질론의 반대편에 서 있다고 보는 것이 합당할 것이다. 물질론은 오직 현상 자체가 실재한다고 보는 견해이므로 현상에 관한 사고방식, 또는 존재의 본질을 실재라고 보는 견지에 대한 오류를 문제시하는 관념론이 그 대칭이 된다고 본다. 따라서 실재론의 대극에는 '반실재론(反實在論, anti-realism)'이 위치할 뿐이다.[3] 하지만 이러한 척도로 자이나 철학의 실재에 관한 이론을 이해하자면, 실재론인 동시에 관념론이라고 할 수 있다. 왜냐하면 영혼(jīva)의 실재도 인정하고 있기 때문이다. 그러나 이러한 설명이 부적절하다는 것은 명백하다.

메타는 단지 "실재론에 속함에도 불구하고 자이나 철학은 실재와 존재, 실체, 객관 등을 전혀 구별하지 않았다."라고 설명한다. 게다가 실체와 실재 사이에 아무런 차이가 없다고 한다.[4] 그러나 이것은 '애매모호한 용어 이해'라고 본다. 의미 맥락상으로 볼 때는 단편적 고찰일지언정 자이나 경전 중에서는 결코 그러한 용어들이 혼용되지 않았다고 생각한다.

자이나 철학은 존재의 본질과 현상을 모두 긍정한다. 본질은 그 본성적으로 현실적 존재의 구체성, 즉 현상과는 결코 분리될 수 없는

2) Chatterjee(1968), p. 29.
3) 임일환(1993), pp. 507 f., 참조.
4) Mehta(1971), p. 59.

연관성을 갖고 있기 때문이다.[5] 본질과 현상은 모두 '실재성'을 가지고 있으므로 형체를 가진 물질(pudgala)뿐 아니라 형체가 없지만 실재하는 운동·정지·공간·시간·영혼에 이르기까지 실재라고 주장한다.[6]

이러한 자이나 철학의 형이상학적 실재론은 그 존재론과 불가분의 관련성을 갖고 있는데, 이에 대해서는 다시 상술하고자 한다.

존재의 세 특성

자이나에서는 존재를 정의하기를 '존재하는 것(astikāya, 실재)을 고유의 본질로 하는 실체'[7]라고 한다. 따라서 단적으로 보면 존재는 곧 실체(dravya)라고 보는 것이 자이나 철학의 기본 입장이다. 그러나 그것은 존재의 일면적인 특성을 규정하고 있는 것이다. 존재는 항상 3가지의 특성을 동시에 내포하고 있기 때문이다. 그러한 3가지 특성이란 실체(dravya)·성질(guṇa)·양상(paryāya)이다.

---

5) 이러한 관점은 현대 철학자 비트겐슈타인(Wittgenstein, Ludwig J. J.)의 입장에서도 엿볼 수 있다. 그는 칸트 이래로 현상(phenomenon)과 본체(noumenon ; 본질)를 구분해 왔던 철학적인 관점을 비판하고, 세계란 단지 하나의 '현상'일 뿐이라고 한다. 그의 사상이 언어 비판에 중점을 둔 것이기는 하지만 이분법적 사고에 대해 신선한 환기를 초래했다는 점은 큰 성과로 꼽히고 있다. 엄정식(1993), pp. 139～172, 참조.

6) 이 점을 거론하면서 자이나 철학이 원시적 정령 신앙(animism)에 가깝다는 평을 하는 예도 있다. 그러나 이러한 해석은 자이나의 실재론적 관점을 바르게 본 것이 아니다.

7) *Pañcāstikāyasāra*, II, 4. : sadbhāvo hi svabhāvaḥ …… dravyasya ; 참조, *Tattvārthasūtra*, V, 29. : sad dravyalakṣaṇam. 공의파(空衣派, digambara)의 경문. 山本 智教(1981), p. 288에서 재인용. *Tattvārthasūtra*의 경문은 자이나 교파에 따라 상이한 내용을 보인다. 백의파(白衣派)의 경문은 다음과 같다. *Tattvārthasūtra*, V, 29. : utpāda-vyaya-dhrauvya-yuktaṃsat.(존재란 발생·소멸·지속하는 것이다.) 金倉 圓照(1944), p. 157. 鈴木 重信(1930), p. 82.

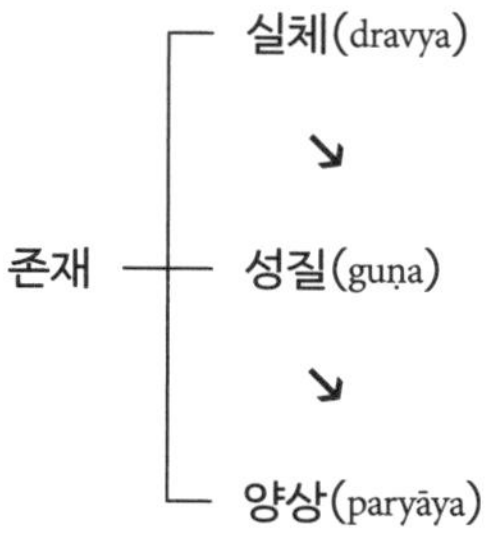

표 1. 존재의 세 특성

요컨대, 성질은 실체에서 직접적으로 유래되는 근본적인 속성이다. 그러나 양상은 실체와 성질이 결합된 연후에 2차적으로 발생되는 외형적인 속성이다.

실체

영혼과 비영혼이라는 실재를 내포하고 있는 존재는 모두 실체(dravya)이다. 'dravya'라는 단어는 dru(흐르다)에서 유래하기 때문에 유동의 상태가 실체의 개념에 자연스럽게 도입된 것으로 보인다.[8] 물론 자이나 철학에서는 "실체와 실재체는 다른 것"[9]이라고 뚜렷하게 구별한다.

자이나 철학에서 상정하고 있는 실체 개념은 영원하지만 변화하는 실체이다. 따라서 흔히 생각하듯 '불변하고 영원한 어떤 것'이라는

8) 山本 智敎(1981), p. 288, 참조.
9) 中村 元(1991), p. 518.

식으로 불변성과 영원성을 동시에 충족시키는 실체 개념은 자이나 철학에서는 거부된다. 어디까지나 그들은 '변화를 거듭하면서도 영원히 존속하는 실체'를 존재 개념의 근간으로 삼았던 것이다.

풀리간들라는 "인도뿐 아니라 다른 곳에서도 철학은 두 부류, 즉 실체론과 무실체론으로 구분된다. 실체론은 궁극적 실재가 불변하고 영원한 실체의 속성을 갖는다는 것을 근본 원리로 한다. 무실체론이란 궁극적 실재는 어떤 불변 영속의 실체들이 아니라 단순한 흐름에 불과하다고 보는 학파이다. 철학파들 사이에 끊임없이 되풀이되는 대립은 실재에 대한 실체 또는 비실체라는 견해들 사이의 근본적인 불일치에서 기인한다."[10]라고 말하고 있다.

그러나 이러한 이분법적 사고로써 자이나 철학을 이해하기란 매우 어렵다. 자이나 철학자들이 예컨대 '실체(dravya)'라는 개념을 다른 인도의 철학파나 불교의 여러 학파에서 구사하듯이 '불변의 고정된 실체' 또는 '초월적인 불변의 실체'으로 이해했다고는 보이지 않기 때문이다. 이러한 개념의 혼동 문제는 비교 철학에서 간과하기 쉬운 점이다. 이질적인 철학 체계의 근간에는 결코 상대 비교할 수 없는 도구적 개념 이해가 주춧돌처럼 깔려 있는 법이기 때문이다. 특히 자이나 체계에서는 인도 철학 안에서도 결코 동질화할 수 없는 다양한 철학적 용어의 개념 이해를 보여 주고 있다. 그 대표적인 예로는 카르마(karma), 다르마(dharma) 등을 들 수 있다.

또한 실체 속에 생성과 변화를 인정한다고 하여도 존재의 연속성과 근본적 상주성을 깨뜨리는 것은 아니다. 실체는 발전하는 존재로

10) Puligandla(1985), pp. 83 f..

서 전개되는 것이며, 다만 그 내적인 성질과 외적인 양상이 얼마간 지속된 후에 소멸을 거듭할 뿐이다.[11]

자이나 철학에서 인정하는 실체는 결코 추상적인 실체가 아니다. 성질과 양상을 버팀목으로 구유하고 있는 구체적인 존재이다. 영원히 존재하지만 결코 창조되거나 완전히 파괴되지 않는 이유는 성질과 양상에 의해 존재의 연속성을 유지하기 때문이다. 실체는 성질과 양상에 의지하지 않고 존재할 수 없다. 그런 점에서는 실체도 "생성(utpāda)과 파괴(vyaya)에 종속된다."[12]라고 할 수 있다.

> 예컨대, 도기공이 그릇을 만들 때 그는 실체를 창조하지 않는다. 왜냐하면 그가 사용하는 점토는 이전에 존재했었고 존재의 '연속'이기 때문이다. 그러나 그는 그것으로 새로운 것을 '만들기' 위해서 존재 이전의 형태를 '파괴한다.' 왜냐하면 그는 먼저 점토였던 것을 항아리 또는 단지로 변형시켰기 때문이다.[13]

존재의 특성을 이루고 있는 성질과 양상은 결코 실체와 분리될 수 없다. 그 각각을 고립적 특성으로 하는 존재는 그 무엇도 성립될 수 없다. 존재는 그 3특성을 모두 본질로 공유하기 때문이다.

11) 山本 智教(1981), p. 288.

12) Guérinot(1926), p. 114.

13) Guérinot(1926), p. 115.

성질

성질(guṇa)은 내적인 속성이다. 성질은 실체와 함께 존재의 본질적 고유성을 이룬다. 《탓트와르타 수트라》에서 다음과 같이 말한다.

"성질은 실체에 의존하여 [그 자체의] 성질을 갖는다."[14]

구체적으로 실재 각각의 성질은 다음과 같다.

① 영혼 : 지식 등의 성질을 갖는다. (jñānatvādidharmarūpāḥ)

② 운동 : 진행의 원인 (gati-hetutva)

③ 정지 : 휴지(休止)의 원인 (sthiti-hetutva)

④ 공간 : 수용(受容)의 원인 (avagāha-hetutva)

⑤ 시간 : 경과의 원인 (vartanā-hetutva)

(②~⑤) 등의 공통성(sāmānya)을 갖는다.

⑥ 물질 : 색(色) 등의 공통성을 본질로 한다.[15] (rūpatvādisāmānyasvabhāvāḥ)

《니야마사라(*Niyamasāra*)》에서는 자연적 성질(svabhāvaguṇa)과 비자연적 성질(vibhāvaguṇa)로 나누어 물질의 성질을 설명하고 있다. 자

---

14) *Tattvārthasūtra*, V, 40. : dravyāśrayānirguṇāguṇāḥ. 金倉 圓照(1944), p. 160.

15) 中村 元(1991), p. 520, 참조.

연적인 성질이란 한 가지의 맛(rasa), 색(rūpa), 향(gandha), 두 가지의 가촉성(sparśa)를 뜻한다. 비자연적인 성질은 일체의 감관에 명백히 감지되는 것(sarvaprakaṭatva)이라고 한다.[16)]

양상

양상(paryāya)들은 존재의 외적인 속성이기 때문에 보다 일시적이다. 특히 양상은 시간에 좌우되어 변하는 속성이라고 구분된다.[17)] 이 양상의 변화에 의해 존재는 각기 다른 사물들과 구별되는 개별성을 획득한다. 존재는 양상이라는 특성으로 인해 형태와 수를 이루게 된다. 요컨대, 바로 이 양상에 의해 특수성(pṛthaktva)과 개별성(ekatva)을 인정하게 되는 것이며, 다른 존재와는 구별되는 그 자체가 되는 것이다.[18)] 예컨대 실재 중에서 영혼의 양상은 "이것은 병(甁) 등이다."라고 말하는 지식(ghaṭādijñāna), 쾌감, 고통 등이라 할 수 있다. 물질의 양상은 토괴(土塊, mṛtpiṇḍa), 병(甁) 등이며, 운동의 양상은 진행(gati) 등이라고 보았다.[19)]

《니야마사라》에서는 자연적인 양상(svabhāvaparyāya)과 비자연적인 양상(vibhāvaparyāya)으로 나누어 설명하고 있다.[20)] 자연적인 양상이

---

16) *Niyamasāra*, 27. 中村 元(1991), p. 520.

17) Guérinot(1926), p. 115, 참조.

18) Guérinot(1926), p. 116, 참조.

19) 中村 元(1991), p. 521.

20) *Niyamasāra*, 27. 中村 元(1991), pp. 521 f., 참조.

란 '다른 것과 관계없는 변화'이다.[21] 비자연적인 양상이란 예컨대 물질에 대해 말하자면, '집합체 그 자체에 의한 변화'[22]의 경우이다.

《탓트와르타 수트라》에서는 다음과 같이 말한다.

> 전변은 그 [현실의] 상태이다.
> [전변은] 무시(無始)인 것과 유시(有始)인 것이 있다.
> 색(色)인 것 [즉 형체를 가진 실체]에 있어서는 유시(有始)이다.[23]

양상은 물질이 갖는 색(rūpa) 등의 성질을 떠나서 있을 수 없을 것이다. 따라서 양상은 생기(生起, utpāda)와 현실의 상태(tadbhāva)와 전변(pariṇāma) 등과 동의어라 할 수 있다.[24]

카지야마는 "고타마 붓다는 존재의 범주를 5온설로 파악했다."라고 말한다. 불교에서는 비록 실재의 범주가 아니라 존재의 범주로 분석된다고 할지라도, 각기 범주의 내용 설명에서는 두 견해의 차이가 크게 나지 않는 것으로 보인다.

---

21) anyanirapekṣaḥ pariṇāmaḥ.

22) skandhasvarūpeṇa pariṇāmaḥ.

23) *Tattvārthasūtra*, V. 41～43. 金倉 圓照(1944), p. 160.
41 : tad-bhāvaḥpariṇāmaḥ.
42 : anādir ādimāṃśca.
43 : rūpiṣv ādimān.

24) *Sarvadarśanasaṃgraha*, III, l. 260. 中村 元(1991), p. 521.

범주론적 다원론

자이나 철학의 실재론은 범주적 다원론의 입장을 취한다. 기본적으로 6가지의 실재를 인정하고 있는데, 그 실재들은 각기 범주를 달리하고 있기 때문에 독자적인 실재로서 존재의 구성물이 된다. 그러한 실재들은 존재의 3특성을 동시에 지니면서 존재의 요소가 된다.

6범주의 실재 각각이 모여서 존재 세계를 구성한다고 보았기 때문에 실재는 존재하는 사물의 부분을 이루고 있을 따름이다. 이러한 점은 불교에서 존재에 대해 연기설로 해명하는 것과 상당히 유사하다고 보인다. 특히 5온설 중에 포함된 내용이 실재의 각 범주 또는 개개의 실재의 내용으로 포섭되어 있는 점과 관련하여 볼 때, 자이나교와 불교의 사상적 근사점은 더욱 두드러진다.[1)]

여기에서 범주를 혼동하여 실재를 이해하려 한다면 각 범주 사이의 상이한 논리적 형식으로 인한 모순을 초래할 수밖에 없을 것이다. 쉬운 예를 들어 보면, 뇌 자체와 정신은 결코 같은 범주에 속할 수 없는 것과 같다. 실제로 범주표를 작성하는 기준에 따라 다양한 분석이 가능하다. 특히 자이나 문헌에서는 다양한 이론적 구조의 분석표를

1) 梶山 雄一(1989), p. 112.

제시하고 있는데, 그에 따라 '범주'라는 용어 아래 극도로 치밀한 해석이 거듭되었다.[2)]

먼저 실재를 크게 나누면 영혼과 비영혼으로 나뉜다. 이와 같이 영혼과 비영혼으로 나누어 실재를 인정하고 있는 점을 들어 '철저한 이원론'이라고 하는 견해가 있으나,[3)] 오히려 다원론으로 보는 것이 적절하다고 본다.

찻테르지도 "자이나 철학은 여러 궁극적 실재들을 인정하고 있기 때문에 다원론이다."[4)]라고 한다. 5가지 범주가 공통적으로 다른 범주인 영혼에 대해서 영혼을 결여한 특성을 묶어서 표현한 것일 뿐이기 때문이다. 따라서 이원론이라고 규정할 때, 속단하기 쉬운 심신(心身) 또는 물심(物心)의 이분법과는 자이나 철학은 분명히 구별된다.

이 점은 마하비라 이래 6실재를 인정하고 있는 점에서도 드러난다.[5)] 다시 말하면, 6실재 각각을 동등한 범주로서 인정하고 있는 자이나 철학은 결코 물심(物心) 이원론적 실재론에 해당된다고 볼 수는 없다. 모든 자이나 성전에서는 이러한 실재에 대해 언급하고 있다. 《바르다마나 푸라나(*Vardhamāna Purāṇa*)》에서 한 구절을 인용하자면 다음과 같다.

---

2) 스티븐슨은 그의 저서의 부록에서 이러한 분석 예를 잘 정리하여 보여 주고 있다. Stevenson(1984), pp. 298～311, 참조.

3) Puligandla(1985), p. 37. Sinari도 영혼은 정신적인 요소, 비영혼은 물질적인 요소로서 설명하고 있다. Sinari(1983), p. 53. 이러한 이해도 그와 동류에 서 있는 견해로 보인다. 짐머는 jīva를 puruṣa에, karma를 prakṛti에 대칭시켜 설명하고 있는데, ajīva를 업 물질(karmic matter)로 규정하고 있다. 이에 따라 그는 자이나와 상키야를 함께 일원론적인 고대 브라만교에 대립하는 이원론으로 설명한다. Zimmer(1974), p. 242 ; p. 270의 각주 93 등을 참조.

4) Chatterjee(1968), p. 29.

5) Nemichandra는 *Dravyasaṃgraha*에서 dravya 즉 6실재에 대한 기초 고안자로서 마하비라를 인정하는 것으로 보인다. Ghoshal(1989), p. 4.

그래서 승리자 [마하비라]는 5가지의 비영혼에 대해 말했다.
그것은 물질·운동·정지·공간·시간 등이다.[6)]

《웃타랏자야나숫타》에서는 다음과 같이 실재의 종류를 정의한다.

운동, 정지, 공간, 시간, 물질, 영혼들.
세계는 그들로 이루어진다.
완전지(完全知)를 얻은 승리자(jinas)에 의해 그렇게 설해졌다.[7)]

운동·정지·공간·시간·물질 등 5가지는 비영혼으로 분류된다. 그런데 여기서 시간을 제외한 4가지만을 인정하고,[8)] 영혼과 합하여 5실재를 인정하는 견해는 보다 나중의 학설이라고 보인다. 따라서 여기에서는 마하비라 이래 실재로서 인정되어온 6범주를 중심으로 논하고자 한다.

이러한 6실재에 대해 서양 철학자 라이프니츠(Leibniz, 1646~1716년)의 단자론(單子論, monadologie)과 유사하다고 보는 예

---

6) *Vardhamāna Purāṇa* : Canto XVI. Śloka 15.
"atha pudgala evātra dharo'dharmo dvidhānabhaḥ.
kālaśca pañcadhaicetyajīvatattvaṃjagau jinaḥ." Ghoshal(1989), p. 45, 재인용.

7) *Uttarajjhayaṇasutta*, XXVIII, 7. Jacobi(1968), p. 153.

8) 예컨대, *Uttarajjhayaṇasutta*보다 후대의 문헌인 *Tattvārthasūtra*, V. 1~2.에서는 시간을 제외한 4가지만을 인정하고 있다.
"ajīva-kāyādharma-adharma-ākāśa-pudgalāḥ." 鈴木 重信(1930), p. 80. 金倉 圓照(1944), p. 150~151. 中村 元(1991), p. 248, 참조.

가 많다.[9] 그러나 라이프니츠의 철학에서 단자(monad)란 표상 작용(representation)을 실체화한 것에 불과하다. 그는 무수한 단자가 모여서 세계를 이룬다고 설명하면서도 단자는 넓이를 갖지 않으며 형체도 없는 단일 불가분의 실체라고 한다. 따라서 자이나에서 설명하고 있는 6범주 각각의 특성과 단자론은 그 공통점보다는 기본적인 상위점이 더 크다고 보인다.

그런데 이러한 범주에 대해서 상당히 불분명한 기준에 의거해, 영혼과 비영혼의 2범주로만 보거나, 후술하게 되는 7제의 범주가 존재론으로 이해되거나, 5범주 또는 5원리라든지 6범주 자체의 해석에 있어서 서로 상이한 관견(管見)을 보여 주는 예가 많다. 그 중에서도 가장 특이한 구분을 보여 주고 있는 짐머의 예를 들어보자. 그는 비영혼을 '업 물질'이라고 설명하며 'non-jīva'를 뜻한다고 해석한다.[10]

그러나 같은 책의 '10. Man against Nature'라는 절에서는 우주가 다음 6요소로 구성되어 있다고 한다. 즉 "Jīva, Ajīva(ākāśa), Dharma, Adharma, Kāla, Pudgala" 등이 그것이다.[11] 이렇게 분분한 이해를 보여 주고 있는 것은 학설의 차이라기보다는 원전의 용어를 충분히 고찰하지 않았기 때문이라고 본다.

---

9) Sinari(1983), p. 53. Zimmer(1974), pp. 227 ff., jīva에 대해 'life-monad'라는 용어로 설명하는 대표적인 예는 짐머(Zimmer)이며, 그러한 설명이 회자되는 데 지대한 역할을 하였다.

10) Zimmer(1974), p. 241.

11) Zimmer(1974), p. 242, p. 270의 각주 93, 참조.

다수의 문헌을 정리한 표준적인 자이나 철학의 실재는 다음과 같이 6범주로 분석할 수 있다.

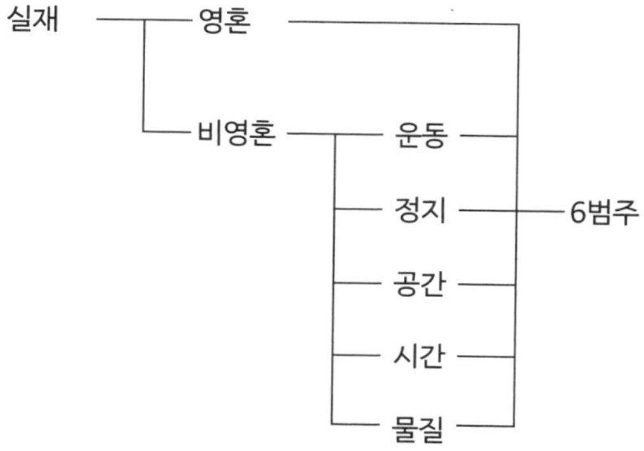

표 2. 6범주

실재의 6범주

영혼

세계가 영혼과 비영혼으로 되어 있다는 사상은 원래 제23대 조사인 파르슈와의 설이었으나[1] 그것을 마하비라가 이어서 주장하였고 마침내 자이나 교설이 되었다고 한다.

지바(jīva)에 대한 번역어로서 영혼, 생명, 명아(命我), 활명(活命) 등 여러 가지가 있으나 필자는 영혼이라 쓰고자 한다. 특히 어원상 jīv(살다)라는 뜻을 반영하여 생명이라고 번역하는 예도 있으나, 생명이라는 우리말의 상식적 용례에 비추어 볼 때, 예컨대 '생명이 끊기다.'와 같이 자이나 용어로서의 jīva 개념과 불합치하는 점이 더 많다고 생각하기 때문이다.

영혼이라는 관념은 "인도 철학 일반에서 주장하는 ātman 또는 puruṣa의 관념에 대응한다."[2]라고 말할 수 있다. 그러나 자이나 철학 체계에서 언제부터 영혼이 비영혼에 대한 대칭으로서 확고한 실재로 인

1) *Isibhāsiyāiṃ*에 따른 것이다. 자세한 것은 中村 元(1991), p. 247, 참조.

2) 高崎 直道(1987), p. 159.

정되기 시작했는지는 분명하지 않다.[3)]

베다 시대 이래 인도 전통에서는 영혼과 육체를 구별하는 이분법적 사고가 발달하였고 여러 철학에 채용되었다. 그렇지만 이러한 전통적인 영혼의 개념 이해와 자이나적인 영혼 개념이 얼마나 합치할 것인지에 대해서는 단정적으로 말하기는 어렵다. 다만 다른 실재와의 관계에서 부분적으로 나타난다.

우파니샤드 사상의 탐구 주제가 온전히 인간을 중심으로 생각하여 세계 이해로 확대시켜 철학적 발전을 이룬 것이라면, 초기 자이나교에서는 기본 6범주에서 보여 주듯이 인간만을 탐구 대상으로 삼지 않았다. "영혼(ātman)은 육체(tanū)라는 말과 정확히 대조를 이룬다."[4)] 라는 점에서 볼 때 아트만과 지바는 동일한 용례로 사용되지 않았다. 지바는 결코 '육체'에 대응하는 뜻에서 '영혼'이라는 실재로 인정되는 것은 아니기 때문이다. 그러므로 동일하게 '영혼'이라고 번역되어도 그 근본 의미에서 결코 동일선상에 있는 것은 아니라는 점을 유의할 필요가 있다.

자이나 철학에서 영혼은 힌두교 철학 체계에서의 영혼(ātman)과는 상이한 특징을 갖는다. 자이나에 따르면, 실재인 영혼은 무수하고 지(地)·수(水)·화(火)·풍(風)·동물·식물 등에 내재한다고 한다. 이러한 영혼관은 인도 사상계에서도 자이나교에 특유한 것으로 보인다.[5)]

인도 사상사에는 2가지의 전통이 있다. 우파니샤드 이래 확립된

---

3) *Uttarajjhayaṇasutta*, XXXVI, 7.에서는 영혼을 jantu라고 부르고 있으며, 비영혼(ajīva)에 대해서는 언급하고 있지 않다. 高崎 直道(1987), p. 248, 참조.

4) 金倉 圓照(1974), p. 39.

5) 前田 專學(1988), pp. 205 f..

영혼에 관한 사상으로서 인간 존재의 중심에 본체로서의 실체적인 영혼의 존재를 인정하거나 부정하는 것이다. 적극적으로 아트만이라는 영혼의 존재를 긍정하는 파는 힌두교와 자이나교의 철학 체계이다. 그에 대해 무아설을 표방하고, 형이상학적·실체적인 영혼의 존재에 대해서는 판단을 중지하고 침묵하거나 또는 부정하는 전통을 형성하는 파는 불교이다.[6)]

불교와 자이나교가 인도의 브라만교 사상과는 달리, 베다의 권위와 전통적인 관습들을 부정한 대표적 사상들이었음에도 불구하고, 자이나교는 "브라만교의 입장에서 보면, 가장 온건한 사상"이었다고 한다. 그렇게 온건하다고 평가된, 다시 말해 그만큼 덜 혁신적이고, 보다 브라만교와 근사한 교의 중에서 가장 대표적인 것이 바로 영혼(jīva)을 인정했다는 점을 꼽고 있다.[7)]

자이나 철학에서 영혼은 무한히 다수로 존재하며 상주하는 실재이다. 이 점에서 베단타 학파의 유일한 실재, 브라만의 성격과 구분된다. 영혼은 공간의 여러 점을 점유하지만 또 다른 실재인 물질과는 달리 형체를 갖고 있지 않기 때문에 감관에 의해 지각되지 않는다.

영혼이 다른 실재들, 즉 비영혼에 속하는 실재와 구분되는 가장 큰 특징은 바로 의식(cetanā)을 갖는다는 점이다. 따라서 형체를 갖지 않음에도 불구하고 의식을 지닌 실재체로 인정하고 있는 점을 지적하여 "정신적 생명을 갖는다."라고 해석하는 견해도 있다. 부연하자면, "영혼은 '살아 있다(jīva).' 즉 그것은 정신적 생명을 가지며 영혼과 육체

6) 前田 專學(1988), p. 205.
7) 丸井 浩(1991), pp. 84 f., 참조.

의 합성에 있어서 생물학적 생명과 심리학적 생명을 가능하게 한다고 이해하지 않으면 안 된다."[8]라고 한다. 즉 개개의 물질 내부에 상정된 생명력을 실체적으로 존재하는 실재 중의 하나라고 파악했다는 것이다.

이러한 점에서 자이나 철학의 영혼의 개념은 인도 철학 일반에서 말하는 자아(ātman)와 유사하다고 볼 수 있다. 하지만 자이나교에서는 유일하며 상주 편재(遍在)하는 자아를 인정하지 않으며 다수의 실체적인 개아(個我)만을 인정하는 '다아설(多我說)'에 서 있다.[9]

영혼은 지·수·화·풍·동물·식물 등의 여섯 종류에 속하는 것에 존재한다고 본다. 특히 원소에도 영혼이 있다고 보았는데, 그것은 물질의 내부에 존재한다고 상정된 생명력을 실체적으로 생각한 것으로 보인다. 이러한 사고는 고대 인도인들로부터 이어져온 정령주의(精靈主義, animism) 또는 물활론(物活論, hylozoism)에 따른 것이라는 해석이 있다.

그러나 여기에는 반론이 따른다. 즉 최고(最古)의 성전 《아야랑가숫타(*Āyāraṅgasutta*)》에 따르면 자이나교를 곧 정령주의라고 볼 수는 없다. 예컨대 물을 걸러서 마신다고 하는 것은 물속에 생물이 포함되어 있기 때문이며, 불을 조심스럽게 다루는 것은 그것이 생물을 손상시키기 때문이라고 한다. 따라서 단순히 지·수·화·풍·동물·식물 등의 사물 자체를 정령화하여 신앙의 대상으로 삼는 원시적 정령주의나 어떤 물활론도 자이나 실재론의 체계 속에서의 '영혼'에 부합되는 것은

---

8) 山本 智教(1981), p. 288.
9) 中村 元(1991), p. 250, 참조.

아니다.[10)]

《탓트와르타 수트라》에서는 "[영혼의]] 특징은 정신 작용이다.(upayogo lakṣa-ṇam)"라고 규정한다.[11)] 이 점이 영혼과 비영혼을 구분짓는 가장 큰 기준이 된다. 단 이러한 구분은 존재의 실체성에서 연유되는 것이 아니며, 존재의 다른 본성, 성질과 양태에 의한 차별성에 의거한 분류이다.[12)]

《웃타라자야나숫타》에서는 영혼의 구체적인 특징으로서 여러 가지를 들고 있다. 즉 "인식(jñāna)과 직관(darśana), 쾌감(sukha), 고감(苦感, duḥkha), 행위(carita), 고행(tapas), 정진(vīrya)"[13)] 등이다.

이러한 자이나 영혼관은 점차 발전하여, 영혼은 그 머무는 신체와 동일한 정도의 크기를 가진 것으로 여겨졌다.

《탓트와르타 수트라》에서는 "영혼은 마치 등불처럼, 신축(伸縮) 자재하다."라고 한다.[14)] 왜냐하면 신체 내부에도 감각이 있기 때문에, 신체 안에도 영혼이 가득 차 있는 것으로 상정했다고 생각된다. 또 상승성을 가지고 있다고 생각됐는데, 이 점은 고대 인도 사상에서 연유한 것으로 본다. 고대로부터 죽은 후에는 영혼이 태양 혹은 달의 세계로 간다고 생각하고 있던 사상이 파르슈와에 의해 계승되었다는 것이다. 그는 영혼이 최고천으로 상승하는 것이라고 생각했는데, 그 사상이 마하비라를 거쳐 자이나교에 받아들여진 것이라 한다.[15)]

---

10) 中村 元(1991), p. 249, 참조.

11) *Tattvārthasūtra*, II, 8. 金倉 圓照(1944), p. 117.

12) Bhuvanbhanusuri(1989), pp. 111 f., 참조.

13) *Uttarajjhayaṇasutta*, XXVIII, 10~11. Jacobi(1968), p. 153. 中村 元(1991), pp. 250 f., 참조.

14) *Tattvārthasūtra*, V. 16. 鈴木 重信(1930), p. 81.

15) 中村 元(1991), p. 250, 참조.

운동

실재로 인정되고 있는 것 중에서 공간·시간·물질 등은 다른 인도 사상 체계에서 인정되고 있거나 논의되는 것이지만, 자이나 존재론에서는 독특하게 운동과 정지를 실재에 포함하고 있다.[16] 자이나에서는 실재로서 인정하고 있는 운동과 정지에 대해 인도 철학의 다른 어떤 학파에서도 그것들을 인정하는 예는 없다.[17]

운동(dharma)[18]이란 마치 물고기가 헤엄칠 수 있도록 원인 조건을 제공하는 물과 같이 다른 존재가 움직일 수 있는 조건이 되는 실재이다. 사실상 그 어근 dhṛ에서 도출하는 "지탱하도록 받쳐 준다"는 의미에서도 실재로서의 운동의 특성이 잘 드러나 있다. 운동은 형체를 갖지 않기 때문에 색, 미, 향, 촉 등을 갖지 않으며, 지각되지는 않지만, 개개의 존재가 성립하고 각 존재 상호간에 일정한 관계가 유지되도록 하는 실재이다.

비물질적이고 영원한 실재인 운동은 세계(lokākāśa)의 전체에 고루 퍼져 있으며 무수한 미점(微點, pradeśa)을 갖는다. 그러나 비세계

---

16) Bhattacharya(1966), p. 19.

17) Bhattacharya(1966), p. 41.

18) dharma, adharma라는 용어에 대해서, 가나쿠라는 《탓트와르타 수트라》를 번역하면서 지적하기를, 鈴木 重信의 《耆那教聖典》 이래 法, 非法이라고 번역하지만, "불교나 브라만교에서의 의미와는 전혀 다르다."고 지적하고 있다. 그는 실재론적 용어를 '達磨와 阿達磨'라고 음역하여 번역하고 있다. 金倉 圓照(1944), pp. 150 f..
자이나 체계 내에서도 dharma, adharma는 완전히 별개인 두 가지 뜻을 가지고 있다. 첫째로, 승리자(Jina)가 설한 성스러운 '법'을 가리킨다. 그에 반해서 adharma는 불신심(不信心), 부도덕(不道德), 오류(誤謬)등을 의미한다. 다른 하나는 실재론의 용례이다. 山本智教(1981), p. 290, 참조.

(alokākāśa)에는 미치지 않는다.[19] 그런데 형체를 갖지 않는다고 할지라도 운동의 실체적 속성은 움직이고 있는 사물들에 의해 결정된다. 자이나에서는 움직이고 멈추는 사물들은 그들의 동작과 멈춤을 도와주는 어떤 실체를 갖는다고 보았다. 따라서 지각(pratyakṣa)에 의해서 파악할 수는 없지만 운동과 정지는 그 작용에 의해서 실재인 점이 증명된다고 한다.[20]

예컨대 연못 속의 물고기가 북쪽 방향으로 움직이고, 사람은 동쪽으로 헤엄치는 경우, 이러한 모든 동작들이 동시에 일어날 수 있게 해주는 것은 운동이라는 실재의 매개체가 되는 물 때문이라는 것이다.[21]

정지

정지(adharma)란 운동하고 있는 것을 멈추게 하는(sthiti) 조건이 되는 것이다. 예를 들어 말하면, 떨어지는 물체에 대해서 땅과 같은 경우, 또 여행하는 사람에게 있어서의 그늘과 같은 것이다.[22] 만약 운동과 정지라는 실재가 없다면 모든 개체적 존재는 장소적인 이동과 변화가 불가능하게 될 것이다. 그러나 운동의 결여가 바로 정지가 되는 것은 아니며, 정지된 존재의 원인 조건이 되는 실재를 뜻한다. 따라서

---

19) Bhattacharya(1966), p. 43.

20) Bhattacharya(1966), pp. 44 f., 참조.

21) Bhattacharya(1966), p. 49, 참조.

22) 中村 元(1991), p. 252, 참조.

해탈한 영혼이 스스로 갖추고 있는 상승력에 의해서도 우주의 최고천으로 운반되지 않는다고 한다면, 그것은 운동의 요인이 되는 실재가 아니라 그 영혼을 우주의 한계 내에 정지시키는 원인이 실재하기 때문이라고 한다.

다시 말하면 운동과 정지는 동등한 조건으로서 우주적 원리가 되는 실재이다. 만약 정지가 작용하여 어떤 사물을 멈추고자 한다면, 동시에 운동이라는 실재도 작용하여 그것을 멈춰지도록 움직이게 된다는 것이다. 따라서 이 세계에서는 그 무엇도 절대적으로 멈춰지게만 할 수는 없다.[23] 이것은 모든 사물의 일면만 인정하기를 거부하는 상대주의적인 자이나 인식론적 태도를 반영한 것이라 할 수 있다.

허공

허공(ākāśa)은 세계와 비세계를 포섭하고 있는 실재이지만, 그 외 다섯 범주는 세계에만 한정된다.[24] 허공은 다른 실재에 대해 존재하는 장소를 제공하는 역할을 한다. 따라서 그것은 형체를 갖지 않으며 움직이지 않는 무한한 전체일 뿐이다.

세계를 점유하고 있는 것은 영혼, 물질, 운동과 정지 등의 실재들이며, 이 공간 가운데에 포함되어진 여러 존재가 일시적으로 움직여짐에 따라서 시간도 간접적으로 이것을 점유한다고 설명한다.[25]

---

23) Bhattacharya(1966), p. 51, 참조.

24) 中村 元(1991), p. 247, 참조.

25) 山本 智教(1981), p. 290, 참조.

자이나에서는 비록 모든 사물들이 허공을 점유할 수 있는 능력을 가지고 있을지라도 그들이 허공을 동시에 점유하는 현상은 수반하고 있는 원인 또는 점유하는 조건이 되는 실재로서의 허공을 인정할 필요가 있다고 보았다.[26)]

따라서 허공은 비활동적인 실체라는 속성을 지닌다. 그것이 사물들을 수용하는 기능을 나타낸다고 하여도 자발적인 활동성을 의미하는 것은 아니다. 수동적인 기능을 띤 허공이 실재하지 않는다면 사물들이 스스로 그리고 완전히 자력으로 위치를 점유할 수 있을지라도 공간적 점유는 불가능할 것이다. 그러므로 허공을 실재로서 인정해야만 한다는 것이 자이나 철학자들의 주장이다.[27)]

시간

시간을 제외한 다섯 실재는 모두 '공간을 차지하는 최소한의 미점(pradeśa)'이 모여서 이루어진 것이다. 그러나 시간은 이 미점을 포함하지 않으며, 생명도 의식도 갖추고 있지 않다. 여기에 대해서는 해석이 분분하다. 특히 《드라비야상그라하》 24.~25.의 문구와 그 주석에서 보여 주듯이, 시간도 단 하나의 미점은 갖는다고 인정하면서 'astikāya'는 아니라고 하는 설이 있다. 그 이유로서 kāya는 한 개 이상의 미점을 갖기 때문이라고 한다.[28)]

---

26) Bhattacharya(1966), pp. 86 f., 참조.
27) Bhattacharya(1966), pp. 85 f., 참조.
28) Ghoshal(1989), pp. 65~68, 참조.

시간은 비영혼에 속하는 실재로서 인정되었지만 미점을 차지하는 실체가 아니기 때문에 점차 다른 네 가지의 비영혼과 분리되었다. 또한 점차 후대의 경전에서는 실재로써 인정받지 못하는 결과를 가져오는 원인이 되었다.[29] 그러나 시간을 만유(萬有)의 근원, 즉 제1원인으로 보는 관점은 고대 인도의 브라마나 시대로부터 유래되었다.[30] 따라서 미점을 차지하지 않는다고 해서 실재로 인정하지 않는 것보다 기본적 원리로 실재라고 인정하는 편이 존재론 전체의 구조 이해에 더 합리적이라고 본다. 이렇게 미점을 점유하지 않는 시간은 그것이 지속되는 최소한의 시간점, 순간(samaya)에서 이루어진다.

《탓트와르타 수트라》에서는 이렇게 말한다.

> 시간은 무한한 순간이다.[31]

이러한 순간의 최소 단위는 물질의 원자가 공간의 한 점에서 다른 점으로 움직이는 데 필요한 시간이라고 정의한다.

그에 따라 일상적인 과거, 현재, 미래의 개념에 대해서는 이렇게 설명한다. 현재는 일시점에 상당하며, 미래란 그 일시점에 또 다른 일시점이 증가한 것이고, 과거는 그 일시점의 감소로 이루어져 있다.[32]

이러한 시간은 운동, 정지, 공간이 무한한 것처럼 무한하다.

《웃타라자야나숫타》에서는 다음과 같이 말하고 있다.

---

29) Ghoshal(1989), p. 45, 참조.

30) 金倉 圓照(1974), p. 58, 참조.

31) *Tattvārthasūtra*, V. 39. : so'nanta-samayaḥ. 金倉 圓照(1944), p. 160.

32) 金倉 圓照(1948), p. 50. 中村 元(1991), p. 248, 재인용.

시간 또한, 지속적인 흐름(saṃtatim prāpya)으로 보자면, 그렇게 말할 수 도 있다. [즉 시작도 끝도 없다.] 그러나 개체적인 사물에 대해서는 시작과 끝이 있다.[33]

다시 말하면 "시간의 특성은 지속(vartanā)"[34]이라고 한다. 《프라바차나사라(*Pravacanasara*)》에서도 "시간의 성질은 전현(vartanā)에 있다."[35]라고 한다.

그러나 시간의 지속적인 상(niścaya-kāla, 안정된 시간)과 그 실제적 상(vyavahāra-kāla)을 구별하지 않으면 안 된다. 전자는 사물을 존재에 있어서 지속시키는, 말하자면 실체화되어진 지속이다. 후자의 기능으로는 사물이 변화하는 것이다.[36]

물질

운동과 정지, 공간 등 세 가지는 단일한 것이지만, 영혼과 물질은 무한한 다수로 되어 있다. 특히 물질만이 형태를 지니고 있으며(rūpin) 그 외의 실재는 형태를 갖고 있지 않다(arūpa).[37]

이와 같은 내용으로 《드라비야상그라하》에서는 이렇게 말한다.

---

33) *Uttarajjhayaṇasutta*, XXXVI, 9. Jacobi(1968), p. 208.

34) *Uttarajjhayaṇasutta*, XXVIII, 10. Jacobi(1968), p. 153.

35) *Pravacanasara*, II, 42. 金倉 圓照(1944), p. 278.

36) 鈴木 重信(1930), p. 81. 金倉 圓照(1944), pp. 155 f., 참조.

37) *Tattvārthasūtra*, V, 3. : nityāvasthitāny arūpāṇi. *Tattvārthasūtra*, V, 4. : rupiṇaḥpud-galāḥ. 金倉 圓照(1944), pp. 151 f., 中村 元(1991), p. 247, 참조.

비영혼은 물질, 운동, 정지, 공간 그리고 시간 등이라고 알려져 있다. 물질은 형체와 성질들, 즉 형태 등을 갖는다. 그러나 그 나머지는 형체가 없다.[38]

이와 같이 《드라비야상그라하》에서는 형체와 형태를 분명히 구분하여 규정하고 있다. 이렇게 형체를 지닌 물질은 원자(paramāṇu, 극미)로 구성되어 있다.

후대 자이나에서는 원자를 '미세한 것(aṇu)' 또는 '극도로 미세한 것(paramāṇu, 극미)'이라고 부르고 있다. 하지만 초기 자이나 문헌에서는 그러한 원자의 관념은 나타나고 있지만, 원자를 아누(aṇu)라든가, 파라마누(paramāṇu) 등으로 부르는 것은 아니다. 다만 폭갈라(poggla, 구체적인 신체의 뜻)라는 말로 표현하며, 여러 원자의 집합체에 있어서 개개의 원자는 파라마누폭갈라(paramāṇupoggla)로 부르고 있다.[39]

원자는 한 개의 미점을 차지하고 있다. 각 원자는 부분으로 나눌 수 없으며, 파괴되지 않는 동시에 창조되지도 않는다. 원자 그 자체는 지각하기 어렵지만 그것들이 집합해서 지각할 수 있는 물질을 형성하고 있다. 따라서 물질은 감관에 의해서 실질적으로 지각될 수 있는 실재이다.

이러한 원자론은 인도에서는 자이나 철학에서 처음으로 명확하게 주장된 것으로 보인다. 자이나교의 최초 시기부터 원자론의 관념이 있었는지는 의문이지만 나중에 성립된 경전들에는 거의 모두 설해져

---

38) *Dravyasaṃgraha*, 15. : ajīvaḥ punaḥ jñeyaḥ pudgalaḥ dharmaḥ adharmaḥ ākāśam kālaḥ, pudgalaḥ mūrttaḥ rūpādiguṇaḥ amūrttayaḥ śeṣāḥ tu. Ghoshal(1989), p. 44.

39) 中村 元(1991), p. 254, 참조.

있다. 특히 중세 자이나 교학에서는 더욱 정밀하게 논술되었다.

원자론에 대해서는 바이셰쉬카 학파와 불교의 설일체유부에서도 유사한 내용으로 전개되고 있지만, 그것이 자이나 철학의 영향을 받은 것인지 아닌지는 확실치 않다고 한다.[40] 원자들이 결합하여 물질을 이루고 있지만 각 원자 덩어리의 응집(skandha)은 압축되어 최소한의 미점을 점유하기 때문에 무한한 다수의 원자라도 무한한 공간 전체를 차지하지는 않는다.

물질의 성질에 대해 《웃타라자야나숫타》에서는 다양하게 열거하고 있다. 즉 "소리, 어둠, 광채, 명암, 빛, 색, 미, 향, 촉 등이다."[41]

위에서 언급했듯이 물질의 특성으로서 형체와 형태를 구분하고 있는 《드라비야상그라하》에서는 형태로서 색, 미, 향, 촉을 들고 있다.[42]

또 물질은 활동성과 하강성(下降性)을 가진다. 물질은 업의 힘에 의해서 영혼의 주위에 부착해 있으며, 그 하강성 때문에 영혼은 신체 속에 멈추어 있고 그 특성인 상승성을 발휘할 수 없게 된다.[43] 결국 존재란 물질이라는 실재를 갖기 때문에 유기적인 생명체로서의 삶과 죽음을 거듭할 수 있는 것이다.

---

40) 中村 元(1991), p. 253, 참조.

41) *Uttarajjhayaṇasutta*, XXVIII, 12. Jacobi(1968), pp. 153~154.

42) Ghoshal(1989), pp. 46 f..

43) 영혼은 상승성을 가지며, 물질은 하강성을 가진다는 생각은 본래 파르슈와가 주창했으며, 그것을 나중에 마하비라가 계승한 것이라고 한다. 中村 元(1991), p. 253, 참조.

인식 논리학과 실재

인식 대상으로서의 실재

어느 한 철학 체계의 특징과 내용을 알고자 할 때 가장 근본적인 단면은 인식 논리일 것이다. 특히 그 철학파의 체계가 실재에 대해서 어떠한 관점을 가지고 세계에 대한 해석을 전개해 나가는지에 대한 문제는 철학 체계의 총괄적인 이해에서 피할 수 없는 중심 논제이다.

인식의 대상이 되는 것은 무엇인가에 관한 논의로서는 가장 기본적으로 실재론과 관념론, 현상론 등의 대립이 있다.

닷타(Datta)는 인도 철학파 중에서 현상론에 속한다고 말할 수 있는 "불교를 제외한 대부분의 학파가 실재론적"이라고 한다. 그리고 불교조차도 학파에 따라서는 실재론적 견해를 취한다고 본다. 즉 불교의 여러 학파에 대해 "현대 서양 인식론의 용어로 말하자면, 비바사파(毘婆沙派)는 직접적 실재론, 경량부(經量部)는 비판적 실재론, 유가행파(瑜伽行派)는 주관적 관념론, 중관파(中觀派)는 비결정론(非決定論)"[1] 등으로 부를 수 있다고 한다.

---

1) Datta(1967), p. 121.

덧붙여, 신하(Shnha)는 경량부 실재론과 자이나 실재론을 대조한 뒤에 "경량부는 간접적 실재론의 입장이지만, 자이나는 직접적 실재론을 주장한다."[2]라고 하였다.

그러나 이에 대해서는 앞에서도 언급한 바와 같이 자이나 철학의 6범주적 실재론에 관한 해명으로서는 부적절하다. 관념론의 대립으로서 실재론은 모든 인식의 대상은 인간 의식의 밖에 실재한다는 주장을 말한다. 그러나 이러한 실재론은 인식의 기원 문제에 있어서 경험론적 관점을 취하는 것과 연결되어 있다.[3] 하지만 자이나 철학은 인도 철학의 다른 철학파와 마찬가지로 '경험'에 대해 결코 물질론적인 태도를 취하고 있지 않다. 모든 사물들은 단순한 자기 표상에 불과한 것이 아니라, 그 내부에 있는 실재를 표상하는 것이다. 그리고 6실재는 인간의 경험 여부와는 무관하게 존재한다고 보기 때문이다.

우파니샤드 이래 여러 철학파에서는 대체로 실재란 비록 직관적으로 지각될 수 있을지언정, 인식의 대상이 될 수는 없다고 여겨져 왔다. 그러나 점차로 근본적 원리 즉 실재에 대한 이해가 점차 변천되어 가면서 실재 또한 질료적 성향을 띠거나 물질성을 구유한 인식 대상이라는 사상이 생겨나기에 이르렀다. 이것은 우파니샤드적 일원론에서 탈피하여 다양한 해석이 가능하게 된 계기가 된다.

자이나 실재론 체계에서 가장 큰 중심점을 차지하고 있는 "영혼은 의식(cetanā)을 가지고 있는 것에 반하여 비영혼은 무의식적"[4]이라

2) Sinha(1972), p. 72.

3) 인식 작용을 하는 것은 무엇인가라는 주제의 논의로서 경험론, 이성론, 비판론 등이 있다.

4) abodh'ātmako jīvaḥ.(*Sarvadarśanasaṃgraha*, III, l. 203.)
jaḍavargas tu ajīva iti.(*Bhāmatī*, p. 480.)

는 특질을 가지고 있다.

따라서 영혼은 향수(享受) 주체, 즉 경험하는 주체(bhoktṛ)이며, 비영혼은 향수되는 대상, 즉 경험되는 대상(bhogya)이 된다.[5)]

앞서 영혼의 본질은 정신 작용(upayoga)에 있다고 하였다. 따라서 영혼은 본성에 의해 인식 기능을 갖는다. 그러한 인식 기능을 통한 지식에는 5가지가 있다고 한다.[6)]

① 감관지(感官知) : 감각과 사고기관에 의한 지식(mati-jñāna)

② 성전지(聖典知) : 성전의 가르침에 관한 지식(śruta-jñāna)

③ 직접지(直觀知) : 초자연적인 직관 능력에 의한 지식(avadhi-jñāna)

④ 타심지(他心知) : 다른 사람의 마음을 아는 지식(manaḥparyāya-jñāna)

⑤ 완전지(完全知) : 일체를 아는 지식(kevala-jñāna)

그 중에서 감관지와 성전지는 간접지(parokṣa)이며, 직관지, 타심지, 완전지는 직접지(pratyakṣa)이다. 자이나에서는 감각 기관을 영혼의 특수한 정신적 기능(bhāvendriya)과 육체적 기관(dravyendriya)으로 구분한다. 예를 들어 시각 기관에서 전자는 보는 기능, 후자는 안구에 해당한다. 전자는 다시 지각의 능력(labdhi)과 그 능력의 정신 작용(upayoga)으로 나뉜다.

---

ajīva = acid.(*Sarvadarśanasaṃgraha*, III, l. 204.)
中村 元(1991), p. 517에서 재인용, 참조.

5) *Nyāyanirṇaya*. p. 592, l. 8 ; *Ratnaprabhā*, p. 480. 中村 元(1991), p. 517에서 재인용, 참조.

6) 中村 元(1991), pp. 504 ff., 참조.

감관지는 대상에 관한 막연한 지각(avagraha)에서 비롯되어 보다 명확하게 파악하고자 하는 의욕(īhā)과 대상에 대한 명료한 판단(apāya, avāya)을 거쳐 기억(dhāraṇā)에 이르는 과정이다. 그런데 실재의 하나인 영혼은 감관지의 대상이 될 수 있는가? 실재로서의 영혼에 대해 마하비라는 다음과 같이 말한다.

> 오, 인드라부티여! 그대는 마치 물단지의 경우처럼 감각에 의해 직접적으로 지각할 수 없기 때문에 영혼의 존재에 대해 의심을 갖는다. 그리고 그대는 지각할 수 없는 것은 무엇이든지, 세계에 존재하지 않는다고 주장한다. 예를 들면, 허공에 핀 꽃(空華)처럼.[7]

영혼은 원자들이 모여서 물단지 등을 이루어 지각할 수 있게 되는 것과는 달리 쉽게 지각할 수 있는 존재 상태를 갖지 못한다.[8]

이어서 마하비라는 말한다.

> 영혼은 추론의 대상이 아니다. 왜냐하면 추론 또한 지각에 의해서 생겨나고, 보편적 주연 관계에 의한 기억의 결과이기 때문이다.[9]

영혼은 오직 전지자, 즉 순수하고 완전한 지(知)를 성취한 자의 경우에만 마치 태양의 빛과 열이 동시에 생기는 것처럼 주체와 객체에 대한 모든 지식이 동시에 순간적으로 일어난다고 보았다. 전지자를

---

7) *Viśeṣāvaśyaka-bhāṣya*, 1549. Mehta(1971), p. 80에서 재인용.

8) Mehta(1971), p. 80, 참조.

9) *Viśeṣāvaśyaka-bhāṣya*, 1550∼1551. Mehta(1971), pp. 80 f., 재인용.

제외한 경우에는 직관과 지식에 따라 실재에 대한 인식을 얻는다. 직관(darśana)이란 외부의 대상에 관하여 세부적인 것은 파악하지 않고, 다만 그 존재를 확인할 뿐인 무상(無相) 정신 작용(nirākara-upayoga)으로서 보편적인 인식이다. 직관에는 감각들로부터 독립한 본성적 직관(svabhāva darśana)과 그와 대립되는 비(非)본성적 직관(vibhāva darśana)이 있다.

그 반면에 지식(jñāna)이란, 세부적이며 특수한 외관을 인식하는 유상(有相) 정신작용(sākāra-upayoga)이며, 자성지(svabhāva-jñāna)와 비(非)자성지(vibhāva-jñāna)가 있다. 그 중에서 자성지를 완전지(kevala-jñāna)라 한다.

어떤 사물에 대하여 그 보편성, 일반성을 전체적, 총제적으로 파악하는 것이 직관이라 할 수 있는 반면, 지식은 특수성, 개별성 등을 개념적, 분별적으로 아는 것이라 할 수 있다. 따라서 대상에 대해 단지 그 존재(sattāmātra)를 인식하기만 하는 직관의 단계와, 그 대상이 어떤 부류(class)에 속하는가를 아는 제2단계로 구분된다. 직관은 불확정적인 지식을 주는 무분별지라고 할 수 있으나, 지식은 명료한 인식, 분별지를 뜻한다.

따라서 실재는 개별성을 지닌 보편자이기 때문에 직관(darśana)은 보편성을 파악하고, 지식(jñāna)은 개별성을 인지하는 것이라고 할 수 있다. 그러한 실재에 대한 바른 인식은 업을 지멸하기 위한 실천적 수행으로 이끌며 마침내 영혼은 윤회를 벗어나 해탈에 이른다는 것이 자이나의 인식론적 입장이다.

논리적 관점과 실재

《라야파세나잇자(*Rāyapaseṇaijja*)》에는 영혼의 존재에 대한, 수행승 케시(Kesi)와 파에시(Paesi) 왕 사이의 흥미로운 대화가 전해지고 있다.

> 파에시는 말한다.
> "사형을 선고 받은 죄수를 처형하여, 잘게 토막을 내어 봐도 영혼이라 할 만한 어떤 흔적도 찾지 못했다."
> 이에 대해 케시는 반론을 말한다.
> "당신은 불을 피우기 위해 부젓가락을 잘게 빼개는 사람보다 더 어리석은 사람이오."[10)]

케시는 파에시에게 신체로부터 독립한 영혼이 실재한다는 것을 증명하려고 애쓰고 있는 반면에, 파에시는 실험을 통해 그 반론을 입증하고 있다. 이처럼 영혼의 존재에 대한 논박은 비단 자이나 철학에서만 행해지는 것은 아니다. 어떤 인도 철학파에서도 그에 대해서 논하지 않는 예는 거의 없을 것이다. 그러나 확고하게 영혼을 비롯한 6 실재를 인정하는 자이나 철학에서는 성립 초기부터 논증법을 치밀하게 발달시켜 왔다.

실재의 논증은 당연히 인식의 한계 문제와 밀접한 연관성을 갖는다. 올바른 인식에 대한 일반적인 철학 논의로는 독단론, 회의론, 실

---

10) Winternitz(1983), pp. 437 f..

증론, 비판론, 상대론, 개연론 등을 꼽을 수 있다. 자이나의 인식 논리는 그 가운데서 상대론과 개연론에 근접한다. 결국 치밀한 존재의 분석 끝에 도달하여 전지자(全知者)에 의해 실재가 완전히 인식될 수 있다고 하여도, 판단 자체로서는 모두 불완전한 개연성만을 표현할 수 있을 뿐이라고 보았던 태도는 상대론과 개연론을 벗어난 것이라고 보기 어렵다. 사실, 가장 원초적인 선결 문제는 어떤 대상의 실재성에 대한 판단 기준이라 할 수 있다. 인식의 한계 문제 역시 실재와 비실재를 구분하는 판단 기준이 어디에서 연유하는가라는 문제와 다르지 않다.

주지하듯이 자이나 철학에서는 전지자를 상정한다. 유일한 판단 기준은 전지자의 의식이 되는 것이다.[11]

최초의 전지자, 마하비라 이래 수많은 전지자들에 의해 자이나 철학은 정립되었다. 그들에 따르면 전지자를 제외한 일상인의 관점으로는 절대적인 진리의 판단이 불가능하다고 한다. 따라서 가능한 최선의 판단 방법은 다음과 같은 기준에 의한 상대적인 판단을 내렸을 경우뿐이다.

하나의 사물에는 무한한 속성, 내적인 성질과 외적인 양상이 있으므로 그것을 인식 판단하여 표시하는 방법도 무한하다고 할 수 있다. 그것을 가장 최소한으로 정리한 것이 7구 표시법(七句 表示法, saptabhaṅgī-naya)인데 그 내용은 다음과 같다.[12]

---

11) 이는 형이상학적 실재론의 입장을 취하고 있다고 보는 자이나 철학에서 당연한 귀결이다. 즉 실재 자체를 파악할 수 있는 본유적 능력이 영혼의 특질인 의식에 있다고 한다. 그러나 영혼의 실재는 앞에서도 밝힌 대로 전지자만 인식 가능하다.

12) 松濤 誠廉, 〈第3章 ジャイナ教〉, 宇野 精一(1982), p. 96. 이러한 naya의 종류에 대해서는 *Tattvārthasūtra*, I, 34.～35.에서는 samabhirūḍha-naya와 evaṃbhūta-naya를 제외한 5종만 인정하고 있다. 그러나 공의파의 경전에서는 여기에 2종을 더한 7종의 naya를 인정한다.

⑴ 하나의 사물과 동일한 종류의 것에 있는 보편성에 관한 것으로서 실체에 대한 표시법 : dravyāstika-naya.

① 사물의 보편성과 특수성을 구별하지 않는 관점 : naigama-naya.

② 사물의 보편성에 한정하는 관점 : saṃgraha-naya.

③ 사물의 보편성과 특수성을 대조하는 관점 : vyavahāra-naya.

⑵ 하나의 사물에 있는 특수성에 관한 것으로서 양상에 대한 표시법 : paryāyāstika-naya.

① 현재상(現在相), 즉 현재의 양상만을 보는 방법 : ṛjusūtra-naya.

② 하나의 사물과 그 특수성을 나타내고 있는 동의어를 대조함으로써 보편성을 보는 방법 : śabda-naya.

③ 동의어를 대조함으로써 특수성을 보는 방법 : samabhirūḍha-naya

④ 하나의 사물을 표현하는 말의 어원에 의해 특수성을 보는 방법 : evaṃbhūta-naya.

이러한 7구 표시법은 어떤 한 입장에서의 부분적 판단만을 인정한 것이다. 즉 어느 한 사물에 대해서 7구 표시법에 따라 판단을 내릴 때, 그러한 입장에서는 그러한 판단이 성립할 수 있다는 부분적인 진술에 그치고 만다. 따라서 오직 한 단어 속에 그러한 판단의 개연성을 압축적으로 표현한 것이 바로 개연론(蓋然論, syādvāda)이다. 그것은 7

中村 元(1991), pp. 435 f., 참조.

구 표시법과 달리 사물을 보다 전체적으로 파악하고자 하는 인식 태도에서 비롯되었다. 그 내용은 어떤 사물에 대해 표현할 때 항상 "어떤 점에서 본다면(syāt)"이라는 한정을 위한 불변화사를 붙여야 한다는 것인데, 점차 이러한 개연론은 자이나 교의 중 가장 독특한 주장으로 알려지는 계기가 되었다.

그리고 7구 표시법과 개연론을 구분하여 설명하지 않고 동일한 이론으로 서술하는 예도 있다.[13] 그러나 엄밀히 고찰하면 본문에서 서술하듯이 양자는 별개의 이론이라고 할 수 있다.

예를 들어 개연론에 의거하여 어떤 사물의 존재[有]와 비존재[無]에 대해서 판단한다면 다음과 같이 7가지가 가능하다.[14]

① syādasti : 어떤 관점에서 유(有)인 것.

② syātnāsti : 다른 관점에서는 무(無)인 것.

③ syādasti nāsti ca : 나아가서 또한 다른 관점에서는 유(有)이고 무(無)인 것.

④ syādavaktavyaḥ : 나아가서 또한 다른 관점에서는 불가설(不可說)이 되는 것.

⑤ syādasti ca avaktavyaśca : 나아가서 또한 다른 관점에서는 유(有)이고 불가설(不可說)이 되는 것.

⑥ syātnāsti ca avaktavyaśca : 나아가서 또한 다른 관점에서는 무(無)이고 불가설(不可說)이 되는 것.

13) Vidyabhusana(1988), p. 167, 참조.

14) 宇野 精一(1982), p. 97, 참조. Mahalanobis(1990), pp. 36 f..

⑦ syādasti nāsti ca avaktavyaśca : 나아가서 또한 다른 관점에서는 유(有)이고 무(無) 또는 불가설(不可說)이 되는 것.

이렇게 번쇄하기 이를 데 없는 것처럼 보이는 인식 판단의 논리조차 결국은 실재에 대한 바른 인식을 추구하는 엄밀한 태도에서 비롯된 것일 뿐이며, 결코 공허한 관념의 유희가 아니었다고 본다.[15)]

자이나 철학자들은 7구 표시법과 개연론이 인식의 가능성들을 남김없이 구명하기 위한 필요 충분 조건이라고 여겼다. 그에 따라 자이나에서는 실재의 복합적 속성을 강조하고 상대주의적 관점을 견지했던 것이다. 이러한 상대주의는 인도의 다른 철학파와 날카롭게 대립한다. 특히 베단타 학파에 따르면 실재는 유일하고 보편적인 존재이며 어떠한 차별이나 구별도 있을 수 없다는 절대주의적인 일원론을 취한다. 그러나 자이나는 이러한 베단타의 견해를 비롯해서 상키야, 불교, 차르바카의 실재론에 이르기까지 "실재의 속성은 항상 유무(有無)의 복합체"[16)]이므로 상대적인 판단만이 가능한 최선의 인식임을 강조했던 것이다.[17)]

---

15) Mahalanobis(1990), p. 38, 참조.

16) Mookerjee(1978), p. 30.

17) Mookerjee(1978), pp. 23～48, 참조. 여기에서는 자이나의 상대주의에 입각하여 타 학파의 견해를 상세히 비교 서술하고 있다.

실재론과 가치론의 연계 구조

형이상학적 실재론의 승화

우리가 철학을 고구하는 일도 결국 존재의 가치를 실현하고자 하는 노력으로 포괄된다. 왜냐하면 모든 존재의 "가치 실현의 문제는 존재론적 가치론적 문제"[1]로 회귀된다고 할 수 있기 때문이다. 자이나에서는 실재에 대한 이론 정립과 가치 실현의 문제, 즉 실천의 측면을 어떻게 연계시켜 이해했는가?

동서고금을 막론하고 실재에 대해 말하고 있지 않는 철학 사상은 없다고 해도 과언이 아닐 것이다. 하지만 지금까지 숱한 실재론의 논박이 있었음에도 불구하고 그에 대한 견고한 입지를 확보하고 있다는 명증을 제시하는 철학 또한 드문 것이 사실이다. 눈부신 현대 과학의 진보에 이르러서도 존재의 실상을 해명하는 핵심 문제에 있어서는 결국 가설에 그치고 만다. 존재의 본질을 실재라고 할 때 자이나 철학에서 제시하고 있는 실재관은 명쾌하기 그지없다. 인간의 상식적인 지식을 체계화시킨 것이 '철학'이라고 정의하는 소박한 견지에서 보면

1) 헤센(1992), p. 124.

더욱 그렇다고 할 수 있다.

그런데 실재를 이분(二分)하여 고찰하는 관점에 있어서는 대체로 다음과 같은 견해가 받아들여지고 있다.

> 실재 중에는 소위 경험적 실재와 선험적 실재가 있다. 전자는 형이하학적인 실재, 후자는 형이상학적인 실재라고 한다. 전자의 인식을 과학의 영역에 후자의 인식을 형이상학이나 때로는 철학의 영역에 귀속시키기도 하였다. 실로 이 경험적, 현상적인 실재와 형이상학적, 선험적, 본체적(noumenal) 실재의 대립이 과학과 형이상학 사이에서 끊이지 않았다.[2)]

이와 같이 '형이상학적'이라는 말과 '선험적'이라는 말이 동의어로서 열거된다면 "초월적 실재 즉 마음과 언어로부터 독립적으로 존재한다는 실재"[3)]를 다룬 것이 형이상학이라는 것과 경험적 실재의 존재 문제는 어떻게 구분하여 이해해야 하는가. 과연 존재의 본질을 탐구하는 형이상학이 소위 선험적인 실재만을 대상으로 하는가. 이러한 관점은 형이상학 즉 'metaphysics'의 어원적 해의(解義)에 불과하다고 본다. 아리스토텔레스 이래 '자연학의 뒤에 오는 것'(ta meta ta physica), 다시 말하면 '자연에 관한 탐구의 뒤에 오는 것, 그것을 넘어서는 것'을 뜻한다는 의미 해석은 너무나 협소한 개념 이해라 아니할 수 없다. 왜냐하면 어떠한 이론과 주장들도 진리이기 이전에, 하나의 가설에 불

2) 신오현(1993), p. 45.
3) 신오현(1993), p. 44.

과하며 시간의 추이에 따라 계속 탈바꿈하는 일련의 비유(metaphor)에 불과하다는 점은 여기서도 예외가 아니기 때문이다.

벨라 바이스마르가 지적했던 것처럼 형이상학의 정확한 규정을 제시하려는 시도는 결국 형이상학에 대한 자신의 선행적 이해에 의해 규정되기 마련이다.

"형이상학자는 자신의 분야를 일반적으로 존재하고 있는 것들 일체의 궁극적 근거에로까지 나아감으로써, 포괄적인 실재 해석을 제공함을 그의 과제로 삼고 있는 철학적 근본 학과로서 이해하고 있다." 라고 말한다. 결국 "형이상학자는 경험적으로 증명될 수 없는 실재의 계기들에 관해서도 무제약적으로 타당한 언명을 할 수 있다는 원칙에서 출발한다."라는 것이다.[4] 단적으로 아리스토텔레스 이래의 형이상학은 곧 '존재로서의 존재', 즉 존재 일반의 특성과 구조를 문제 삼는 존재론(ontologia)이라고 할 수 있다. 그리고 그러한 형이상학적 이해는 곧 범주론으로 연결된다.

그렇다면 여기서 경험적이고 지극히 현상적인 존재, 예컨대 물질을 비롯한 5실재와 일면, 선험적인 존재인 영혼을 동시에 실재로서 다루고 있는 자이나 철학은 소위 형이상학적이라고 해야 하는가, 아니면 형이하학적이라고 해야 하는가? 간단히 말하자면 자이나는 형이상학적 실재론을 벗어나 있지 않다.

형이상학적 실재론은 실재가 인간 인식과 독립하여 있다고 주장한다는 의미에서 그러한 이름을 달고 있다. 세계는 언어와 독립하여 있는

4) 비스마(1990), pp. 22~23.

대상들과 성질들의 고정된 총체로 구성되어 있다는 것이고 진리는 기호와 외부 사물간의 '직접 접촉된'(of direct contact) 대응 관계라는 것이다. 세계에 관하여는 궁극적으로 정확하게 하나의 참되고 완전한 기술이 있다고 믿는다.[5)]

위의 글에서 보듯이 형이상학적 실재론의 입장에서는 세계를 정신 독립적인 대상들의 총체로 이루어져 있다고 본다. 또 그러한 세계 구성물을 파악할 수 있는 본유적 능력이 정신에 있다고 인정한다. 자이나 체계적으로 보자면 존재 세계와 그 실재들을 파악할 수 있는 본유적 능력이 영혼의 특성인 의식에 있다고 하는 점에 상응한다. 따라서 자이나 철학은 형이상학적 실재론이라 할 수 있다.[6)]

그러나 이러한 형이상적 실재론조차도 자이나 체계에서는 이론적 이해에 그치지 않는다. 실재에 대한 바른 인식은 자발적인 고행을 통한 해탈로 승화된다. 이것은 6범주적 실재론이 가치론적인 7제와 결합되어 의무를 격발(激發)시키는 것이다. 여기서 '의무'라는 표현은 지극히 원초적인 자기 의지만을 토대로 한다는 점에서 다른 어떤 발전적 의무 개념을 거부한다. 예컨대 강제적인 의무 따위의 개념을 내포하지 않는 순수한 자기 의무로써 고행을 감행하는 것이다.[7)]

---

5) Devitt, M. & Sterlny, K. "Language and Realism", *Language and Reality* : 정대현(1993), pp. 213 f., 재인용.

6) 정대현(1993), pp. 121~138, 참조.

7) "의무에 대한 서구어적(西區語的) 의미를 살펴본다면 '묶여 있음'(obligatio), '빚져 있음'(devoir)을 뜻한다. 그러나 보다 더 고대의 희랍어에 따르면 '자연 이치에 따르는 삶에 합당한 행위'혹은 '자연 본성을 보존하고 발전시키는 데에 기여하는 행위'를 뜻했다." 백종현(1993), p. 294.

이러한 점을 가리켜 찻테르지는 "자이나교는 심신이 굳건하고 용감한 자들의 종교이며, 자력의 종교이다. 그리고 이것이 해탈한 영혼이 승리자(jina) 또는 영웅(vīra)으로 불리는 이유이다."[8]라고 지적했던 것이다.

실재론과 7제의 관계

전통적인 종교 사상은 거의 대부분 약속된 미래의 이상을 제시해 주고 있다. 그러한 충족의 미래에 대한 기대감으로 현재를 감내하고 더 나아가 관조의 지혜를 터득하게 한다. 자이나뿐 아니라 인도의 사상 전반에서 그 미래의 비전, 윤회로부터의 해탈이라는 지고의 가치에 대한 맹렬한 질주는 참으로 경이로울 정도이다. 자이나 철학자들이 거듭 고구하는 실재론의 문제도 결국, 그러한 해탈에의 일념에서 촉발된 탐구 정신에서 비롯된 것이라 할 수 있다.

예로부터 인도 종교에는 두 가지의 전통이 있었다. 하나는 자이나교와 불교로 대표되는 출가주의 전통이며, 또 하나는 브라만교로 대표되는 세속주의의 전통이다. 이러한 두 전통은 서로 영향을 주고받으며, 다양한 종교 전통을 형성해 왔다. 하지만 출가를 보다 우위에 두는 자이나교나 불교에서도 재속(在俗) 생활의 의의를 완전히 부정한 것은 아니었다.[9]

---

8) Chatterjee(1968), p. 111.

9) 矢島 道彦(1991), pp. 77 f..

마하비라 당시에 이미 출가 사문을 중심으로 하여 일반 재가자들을 포함한 교단이 형성되었으며, 마하비라의 생존 당시 이미 확고한 교단을 성립했다고 알려져 있다. 불교와 마찬가지로 자이나 교단도 왕족과 귀족을 비롯하여 재가 신자의 귀의와 지지를 폭넓게 받았기 때문이다.[10)]

그러나 무엇보다도 자이나가 인도에서 지속적으로 교세를 유지하고 존속할 수 있었던 것은 "재가 생활을 '출가의 길로 가는 여정'으로서 자각시키고, 불살생(ahiṃsā)과 단식 등의 일상적 실천을 재가자에게도 요구하여 출가와 재가의 관계를 밀접하게 유지시켰던 것이 하나의 요인이었다."라고 본다.[11)]

자이나에서 출가 수행을 강조하였을지라도 결코 재가자들의 수행을 소홀히 하지는 않았던 것이다. 자이나의 실재론을 비롯한 교리적 이론들이 출가자뿐 아니라 재가자에게도 고행의 극한에 가까운 실천을 주저없이 행하게 하는 데는 자이나 특유의 설득력이 그 이론에 내재해 있기 때문이 아닐까 생각한다.

대체로 "이론은 실천을 촉진시키는 데 적합하다는 점에서 많은 사람들에게서 본래적인 가치를 지닌다."[12)]라고 할 수 있다. 자이나 철학에 있어서도 "고뇌로부터 해탈하기 위해서 형이상학적 고찰을 개시한다."[13)]라는 점에서 그러한 면을 벗어나지 않는다. 자이나 철학의 최종 목적도 결국 해탈·열반에 있는 것이다. 하지만 그 어떤 인도 철학의

10) 中村 元(1991), pp. 171 f..
11) 矢島 道彦(1991), p. 78.
12) 헤센(1992), p. 361.
13) 中村 元(1991), p. 246.

유파보다도 자이나 철학은 해탈에 이르는 수단, 즉 바른 인식과 수행의 면에서 주목할 만한 특이점을 갖고 있다. 자이나 철학의 중심이 되는 원리를 7가지로 요약하여 7제(諦)라 한다.

7제는 다음과 같다.

① 영혼(jīva)

② 비영혼(ajīva)

③ 유입(āsrava) : 업이 영혼으로 들어가는 것.

④ 계박(bandha) : 업이 유입된 결과로서 영혼과 결합하는 것.

⑤ 제어(saṃvara) : 업이 영혼으로 들어가는 것을 막거나 멈추게 하는 것.

⑥ 지멸(nirjarā) : 이미 유입된 업의 소멸과 제거

⑦ 해탈(mokṣa) : 업의 고통이 없는 자유로운 경지

자이나교의 7제와 불교의 4제를 다음과 같이 대조 비교하여 해석하는 예가 있다.[14)]

자이나교의 7제 :	영혼 · 비영혼	유입 · 계박	제어 · 지멸	해탈
불교의 4제 :	苦 duḥkha	集 samudaya	道 mārga	滅 nirodha

표 3. 자이나교의 7제와 불교의 4제 비교

14) 鈴木 重信(1930), p. 177.

이러한 7가지 원리에 공덕(puṇya)과 죄과(pāpa)를 추가해서 이 열거를 보충하기도 하지만,[15] 이 두 개의 개념은 행위의 흐름과 결박의 개념에 포함되어 있다고 해석된다.[16] 7제 중에서도 영혼과 비영혼, 둘만을 따로 '2원리(dve tattve)'[17] 또는 '최고의 2원리(pare tattve)'[18]라고 부른다.

우마스바티에 따르면, 고행이란 업 물질의 유입을 그치게 하는 수단이 될 뿐 아니라 기존의 업을 제거하는 수단이 된다고 한다.[19]

자이나에서 고행을 중시했던 것은 현세의 삶을 고(苦)로 보았던 인도 전통과 동일한 맥락에 있다. 그러나 인간의 생존 조건을 투철하게 꿰뚫어 본 뒤에, 그토록 희구하는 지고의 해탈 상태를 획득하기 위해서는 오직 고행으로써 물질적 업을 소진해야 한다고 보았던 것은 일견 소박하지만, 그들의 실재론적인 가치관으로 볼 때 당연한 귀결이라고 본다. 또한 영혼과 비영혼에 속하는 물질의 관련 문제는 업을 물질적인 것(pudgalikam karma)으로 설명함으로써 명쾌하게 해명시켜 준다. 그리고 6실재론과 7제의 이론적 구조조차도 업이 물질성이라고 규정하는 것에 의해 비로소 가능한 것이다.

그렇게 본다면 다른 철학파에서처럼 단순히 업을 도구적 실천 개념으로 파악하지 않았던 자이나 철학의 전지자들은 탁월한 이론가

---

15) 스티븐슨은 7제와 공덕, 죄과를 합하여 9범주라 하여 자이나 철학 체계를 파악하고 있다. Stevenson(1984), pp. 94 ff..

16) 山本 智教(1981), p. 287, 참조.

17) *Sarvadarśanasaṃgraha*, III, l. 203. 中村 元(1991), p. 517, 재인용, 참조.

18) *Sarvadarśanasaṃgraha*, III, l. 204. 中村 元(1991), p. 517, 재인용.

19) Bhargava(1968), p. 181. *Tattvārthasūtra*, IX, 3. : 고행에 의해서 [업의 유입이 그치고] 멸한다.(tapasānirjarāca.) 金倉 圓照(1944), p. 188.

였다고 아니할 수 없다.[20)]

《다샤바이칼리카 수트라(*Daśavaikālika Sūtra*)》에서는 업의 속박에서 벗어나 해탈로 이르는 방법들을 간명하게 제시하고 있는데, 그 서두에 다음과 같은 게송이 있다.

> 검은 벌은 꽃나무에서 가만히 꿀을 모은다.
> 전혀 꽃을 상하지 않고서도 그 정수를 깊이 빨아낸다.(2)

> 벌들처럼, 속세를 떠나 해탈한 고행자는 이 세상에서
> 마땅히 신심 깊은 보시자가 제공하는 깨끗한 음식만을 구해야 한다.(3)[21)]

앞에서도 언급했듯이 자이나 교도는 신을 대신하여 마치 신과 같은 완전함을 소유한 해탈한 영혼을 숭배한다.[22)]

해탈이란 일체의 계박으로부터 벗어난 상태이며 "정견(正見)·정지(正智)·정행(正行)은 해탈에 이르는 길이다."[23)]

해탈하지 못한 영혼은 새로운 업의 유입을 막고 이미 쌓여 있는 업을 지멸하기 위해서는 적극적인 금욕 수행, 고행이 필요하다. 업을 완전히 지멸하지 않는 한, 윤회 세계에서 해탈로 완전히 상승하는 것

---

20) 山本 智教(1981), p. 289, 참조.

21) *Daśavaikālika Sūtra*, I, 2.～3. : yathādrumasya puṣpeṣu bhramara āpibati rasam. na ca puṣpaṃklāmayati sa ca prīṇāti ātmakam.(2) evamete śramaṇa muktāye loke santi sādhavaḥ. vihaṃgam iva dānabhaktaiṣaṇe ratāḥ.(3) Lalwani(1973), pp. 2 f..

22) Chatterjee(1968), p. 110.

23) *Tattvārthasūtra*, I, 1. : samyagdarśana-jñāna-cāritrāṇi mokṣa-mārgah. ; 金倉 圓照(1944), p. 98.

은 불가능기 때문이다. 그러나 "해탈은 생전에 이 세상에서 얻어질 수 있는 것"[24]이라고 생각했다.

자이나에서는 그 성립 초기에는 해탈한 사람의 사후 운명에 대해서는 논급하지 않았다고 한다. 그러나 후대에 이르러 점차 참된 해탈은 사후에 실현된다는 주장이 대두되었다. 그에 따르면, 신체가 죽어 해탈한 영혼은 본래 지닌 상승성을 발휘하여 상방(上方)으로 나아가서 세계의 절정에 있는 특정 영역에 도달한다. 그곳에 도달한 영혼은 비로소 4무량덕을 누린다. 이것이 참된 해탈이라고 한다. 물론 이러한 사후 해탈에 대한 이론 자체는 인도의 다른 사상에서도 쉽게 드러나는 것이다. 그러나 우주론과 결합되어 비세계로 상승한다는 독특한 관념은 자이나 특유의 이론으로 인정되고 있다. 이 점은 "해탈의 장소를 특히 공간적으로 한정하여, 이 세상과는 다른 곳이 있다."[25]라고 상정했다는 점과 실재로 인정했던 공간이 세계 외에도 비세계를 포함한다고 보았던 점과 부합하는 것으로 보인다.

대개 말하기를 쾌락주의는 현세를 중히 여길 따름이며 고행주의는 현세를 부정하며 내세의 행복을 추구한다고 말한다. 더 나아가 불교의 중도주의는 그러한 양극단의 태도를 벗어난 것으로서 현재와 미래를 아울러 긍정하는 가장 지혜로운 길이라고 역설하기도 한다. 그러나 위에서 살펴보았듯이, 자이나교의 사상이 결코 내세에 치중하여 현재를 고행으로 채워야 한다고 역설했던 것은 아니다. 수행을 완성하고 완전한 지혜를 얻어 해탈한 전지자는 "현세도 내세도 원하지 않는

---

24) 中村 元(1991), p. 337.
25) 中村 元(1991), p. 336.

다."[26]라고 《아야랑가숫타》에서 말하고 있다.

한편으로 생각하면, 업과 재생(再生)이 원인과 결과의 관계에 있다고 인식하는 것은 필연적으로 운명 결정론에 귀착된다. 재생을 악으로 보는 것은 그만큼 현실적 실존의 삶이 고통으로 여겨졌기 때문일 것이다. 재생·윤회의 세계에 대립한 개념은 불사(不死)의 세계이며 천계(天界)·태양계(太陽界)·범계(梵界) 등이다. 이러한 사상은 베다 시대의 후기에 이르러 보다 명확하게 형성되었는데, 자이나도 이러한 인도 사상적 기본 개념을 수용 또는 변용하여 그들의 우주론을 성립시켰다는 것은 부인할 수 없다.[27]

자이나에서도 그와 동일한 맥락에서 재생을 악으로 파악하고 그러한 재생, 윤회로부터 해탈하는 조건에 대해 보다 치열한 탐구 모색을 해왔다는 점은 예외가 없다. 그러나 베다 전통에서 윤회로부터 벗어나기 위해 행해지던 제사 행위에 대해서는 독특한 논거로 반대하였다. 그것은 불살생의 사상이다. 이 계율을 지키는 것은 특히 실재로서 영혼을 인정한 점으로 볼 때 당연하다고 보인다. 불살생 계율을 엄수하는 가장 최선의 방법은 단식이며, 극단적으로는 가장 이상적인 죽음으로서 단식을 계속하여 죽음에 이르는 것을 꼽고 있다. 다만 이것은 교리적으로 매우 엄격한 규정에 따라 허락되고 특별한 예외의 경우, 기근·노령·불치병 등에 처한 경우에만 허락된다.

자이나에서는 그 외에도 올바른 실천 생활을 영위하기 위해서 출가자를 위한 대서계(大誓戒, mahāvrata), ① 불살생(不殺生), ② 불허

---

26) *Āyāraṅgasutta*, II, 16, 7. 中村 元(1991), p. 336, 재인용.

27) 井狩 彌介(1988), pp. 276～279, passim.

언(不虛言), ③ 불투도(不偸盜), ④ 불음행(不婬行), ⑤ 불소유(不所有)를 제시하고 있다. 이러한 계율을 완전하게 지키기 어려운 재가자를 위해서는 소서계(小誓戒, aṇuvrata)가 있다. 재가자들은 최대한 계를 준수하여 출가자에 가깝게 생활하는 것이 그들의 또 다른 바람이다. 그러나 출가, 재가를 막론하고 그렇게 많은 계율의 준수와 고행을 수행하게 하는 동인(動因)은 이상적인 가치가 있기 때문이다. 그것도 결코 공허한 관념에 그치지 않는 구체적이고 현실적인 '해탈'이라는 지고의 가치가 모든 실천 수행의 구심점 역할을 하고 있다.

바꾸어 말하면, 존재하는 사물은 필연적으로 가치를 생성시킨다. 하지만 그 가치는 사물 그 자체만으로써는 생성되지 않으며, 사물에 대한 평가 주체 또는 주관의 상관적인 관계에 의해서만 생성된다. 가치는 존재 사물과 가치 규정자의 현실적 관계 속에서 성립되는 것이다.[28]

자이나 철학에서 7제도 존재의 주관과 객관에 의해 성립된 가치 개념이다. 어떤 존재에 대한 사실 판단과 가치 판단은 이론적으로만 구별될 뿐 실제로 이 두 가지 판단은 분리되지 않고 언제나 상호 수반되는 것이기 때문이다.[29] 존재의 본질, 실재에 대한 판단은 가치 판단을 도외시하고 성립되는 것이 아니다. 6실재가 7제 중에서 둘을 차지하고 있으며, 그 외의 원리도 두 원리와의 상호 관계에서 비롯되는 가치 문제를 해명하고 있다.

자이나 철학을 비롯한 인도 철학의 대다수가 종교와 혼융되어

28) 이영호(1988), pp. 9 f., 참조.
29) 라벨(1988), p. 5, 참조.

있는 것은 이론적 철학 체계가 곧 실천에 잇대어져서 종교적 성취를 가져다주는 길이 된다고 이해되기 때문이다. 그 반면, 서양에서의 철학과 종교의 확연한 구분은 그 형이상학적 이론 체계가 수행과 실천으로 유도하는 역할을 결여하고 있기 때문이라고 생각한다.

자이나 철학 체계에 있어서 실재론은 7제와의 연관을 불가분으로 하여 정립되며 곧바로 실천적 가치들의 실현을 요청하고 있다. 그리고 "실재의 동적 구조와 존재의 영속성에 대한 자이나 개념은 최고선(summum bonum)을 향한 우리의 전진을 보장하기 위해 인간 활동의 다양한 분야에서 적용될 것이다."[30)]

자이나를 비롯한 인도 철학 사상에서 최고 이상과 최고 가치를 차지하고 있는 '해탈'은 그들에게 있어서 전혀 실현 불가능하거나 공허한 관념에 그치는 것이 아니었다. 물질론자들에게조차 윤회와 해탈 개념이 차용되었던 예로도 알 수 있듯이, 형이상학적 실재론이 실천적 이상주의와 결합되는 것은 도리어 자연스러운 승화라고 보인다. 그리하여 인도 사상사의 통념이라 할 수 있는 해탈의 이상주의를 통해서 형이상학적 실재론은 지고의 가치 실현이라는 이념으로 승화되는 것이다.

30) Mookerjee(1978), p. 48.

해탈로 이끄는 실재에 대한 인식

무엇보다도 존재론은 하나의 철학 체계에 있어서 가장 근본적인 정초가 된다고 할 수 있다. 여기서는 자이나의 존재론에 대해서 실재의 개념 해석을 통해 고찰해 보고, 그 실천적 가치를 재조명하는 데 주안점을 두었다. 자이나 철학이 이론적인 사변에 그치지 않고 해탈이라는 종교적 이상을 추구하는 윤리적 수행을 수반하는 것은, 그 사상적 토대인 실재론이 실천적 가치를 확고하게 제시하기 때문이다. 물론 이 점은 자이나에만 해당되는 것은 아니다. 윤회로부터의 해탈은 인도 철학 사상 전반에 공통되는 최고의 이상이자 지향 가치이다. 그러나 동일한 지향점을 갖는다고 할지라도 인도 철학의 다양한 유파에서 주장하는 형이상학적 이론은 각기 이질적인 구조를 보여 주고 있다.

자이나에서는 다른 인도 정통 철학파와 구별되는 독특한 존재론을 그 성립 초기에서부터 정립하였다. 또한 후대 학파의 분열과 사상적 전개에도 불구하고 그 골격은 거의 그대로 유지시켜서 일관된 사상성을 띠고 있다고 평가되고 있다. 특히 실재론에 있어서 그 특징은 두드러진다.

자이나에서는 '존재하는 것(astikāya, 실재)을 고유의 본질로 하는 것'이 바로 존재라고 정의한다. 그 존재의 특성은 실체, 성질, 양상이다. 실체성은 불변하지만 그 내적 성질은 무수하며 외적 양상도 고정적이 아니라 끊임없이 변하기 때문에 사물을 어느 한 관점에서 단정적으로 판단할 수는 없다. 따라서 실재를 표상하고 있는 존재의 본성에 대한 완전지(完全知)는 업의 계박에서 해탈한 영혼만이 가능하다고 본다.

일반적으로 진리에 대한 인간의 사색, 철학의 실제적 효력은 존재자의 세계에 한정된다. 하지만 자이나에서는 존재의 세계와 존재자가 없는 비세계를 가정하고 있다. 따라서 "실재로 구성되어 있는, 세계와 비세계의 모든 현상에서 해탈하여 전지자(全知者)가 되는 것"이 자이나 철학의 최고 가치가 된다.

자이나 체계에서는 실재를 존재의 요소로서 파악하는 관점을 독특하게 제시하여 그 사상의 중심축을 세우고 있다. 먼저 범주적 실재론으로 해석되는 6실재를 인정한다. 즉 영혼과 비영혼에 속하는 운동, 정지, 공간, 물질, 시간이 그것이다. 여러 실재들은 범주를 달리하지만 각기 존재의 요소적 구성물이 된다. 영혼은 그것이 머무는 신체에 따라 그 크기가 변형되며 선업과 악업의 주체가 된다. 업의 과보 또한 영혼이 받는다고 본다. 그러한 영혼과 반대되는 특성을 지닌 것이 비영혼이라 할 수 있다. 그것은 경험의 대상이 된다.

특히 비영혼과 구분시켜 주는 영혼의 속성 중 하나가 정신작용이다. 그것은 다시 직관과 인식의 두 가지로 구분되는데, 그 둘을 매개로 하여 영혼은 외계의 대상을 포착한다. 영혼은 업의 구속이 없는 상태에서 4무량덕을 가지며 해탈에 이른다.

그러나 윤회의 세계에 속박된 영혼은 업의 장애로 인하여 완전지를 갖지 못한다. 따라서 완전지를 획득하기 위해서는 업을 지멸시켜야 하며 그 실천적 방법으로서 다른 종교 철학에서는 보기 어려울 정도의 극단적인 고행이 제시된다. 여기서 자이나 철학의 독특한 견해는 업을 물질적 요소로 본다는 점이며, 고행의 실천만이 업의 지멸을 가져온다고 강조한다. 이러한 철학적 이론을 종합하여, 영혼, 비영혼, 업의 유입, 계박, 제어, 지멸, 해탈 등은 자이나교의 7제라고 불린다.

자이나의 인식론에 따르면, 개별적 실재란 보편성을 지닌 부정적인 것이다. 그러므로 해탈한 영혼, 완전지를 성취한 자를 제외하고는 실재에 대한 바른 인식을 가질 수 없다. 실재에 대한 부정주의적(不定主義的) 견해는 인식 기준으로서 개연론과 7구 표시법을 제시한다. 존재는 상대주의적인 조건 아래 파악될 수 있을 뿐이며, 단정적인 판단으로는 그 참된 본성이 결코 파악될 수 없다는 것이다.

이러한 자이나의 인식 논리는 우리들이 실재에 대한 일면적이거나 절대적인 판단을 유보하게 한다. 오로지 가능한 최선의 판단은 철저하게 상대적이고 다면 복합적인 인식일 뿐이라는 것이다. 이처럼 지극히 각성된 의식 상태를 요구하는 자이나 철학은 결코 타력에 의지하지 않고 실재에 대한 바른 인식과 행위의 결과로써 공덕이라는 선업의 물질을 낳고, 그것이 해탈의 바탕이 되어 영혼은 업의 계박을 받지 않는 완성자로서의 전지(全知)를 성취한다고 주장한다. 그러나 실재에 대한 바른 인식과 해탈 사이에는 업의 지멸을 위한 고행이 교접점의 역할을 한다. 외형적인 수행을 통해 얻어지는 결과물인 해탈의 획득은 결국 내적인 주관 영역에 속하게 되는 것이다. 자이나 철학에서 해탈이란 영혼의 본질적 상태를 뜻하기 때문이다. 이러한 면에서는 자이나도 주관주의적이며 관념주의적인 경향을 띤다고 본다.

어느 철학 체계에 있어서도 존재의 문제는 가치론을 떠나서 성립될 수 없다. 우리가 자이나의 실재론을 통해서 알 수 있는 점은, 자이나 체계에서의 가치들도 모든 존재의 이념, 바로 해탈을 실현한다는 지고의 가치로 집중되어 있다는 것이다.

다른 인도 사상과 마찬가지로 자이나 철학에서도 현실의 실존 조건을 고(苦)로 파악하고 업의 속박에서 벗어난 해탈 상태를 추구한다. 또 어떠한 인격적 신도 인정하지 않지만 완전지를 얻은 성취자를 상정하여 현재의 상태에서 추구해 가는 신성한 정점을 제시하고 있다. 자이나 교도들이 그 정점에 도달하기 위해 고행하는 일체의 수행 방법은 그야말로 인간 의지의 극한을 보여 주는 것이다. 결국 철저한 고행을 통하여 업을 지멸시키고, 실재에 대한 바른 인식을 획득하여 윤회에서 벗어나서 해탈을 성취한다는 것이 자이나 철학의 요체를 이룬다.

이러한 점은 존재론적으로 볼 때, 주관적 가치에 따라 객관의 대상을 해석하는 이상주의적 성향을 띤다. 그러나 실재론에는 범주적 다원론의 입장에서 존재를 해명하고 있기 때문에 관념론적인 해석의 대칭에 서 있다고 말할 수 있다. 이러한 실재론과 윤리적 가치론의 관계를 보면 자이나 철학에서도 의지와 욕망을 대립 구조로 파악하고 있는 것이 분명하다. 의지의 억제력을 강조하는 실천적 가치관은 자연스럽게 금욕주의의 가치를 증대시킨다. 이러한 가치론이 윤리적 실천에 그치는 것은 결코 아니다. 목적론적으로 해탈과 완전지를 상정하고 있기 때문이다. 자이나 철학에서는 실재, 존재의 본질을 투철하게 직시하여 해탈을 얻을 수 있다는 것을 이론적인 면뿐만 아니라 실천적인 면에서도 인도의 어느 철학파보다 더 명쾌하게 제시하였다고 본다.

모름지기 위대한 사상이란 시대를 넘어설 뿐 아니라 끊임없이 재해석되고 새롭게 승화된 형태로 재정립되어 인류의 정신사에서 결코 사라지는 일이 없다. 그러나 새로운 시대 정신의 적절한 이해와 공감을 얻기 위해서는 해체와 재구성 작업 또한 피할 수 없을 것이다. 마치 호박(琥珀) 안의 화석 곤충이 그 화석 표면의 놀랄 만한 보존 상태와는 달리 그 내부는 텅 비어 있거나 석영 등으로 치환되어 버린 것처럼, 고대에 연원을 둔 여느 철학 사상도 화석의 형태에 그치거나 그 내용은 완전히 변질된 형태만 남겨져 후대에 전해지고 있는지도 모른다. 하지만 문자가 아닌 암송과 구전으로만 전해진 시대적 배경을 감안해 보더라도 기록에 의거하지 않고 전승되었던 경전 공백기를 사상적 화석의 형태일 따름이라고는 그 누구도 말할 수 없을 것이다. 대부분의 사람들이 후세에 남겨진 기록이나 유물에 더 큰 신빙성의 추를 놓는 것은 아마도 서구적 합리 정신이 낳은 또 다른 비합리적 태도일지 모른다.

중요한 것은, 벌이 꿀을 모으듯이 오로지 '전지자'로부터 전수를 받은 사상의 진수이다. 그리고 실제로 철학, 종교, 사상, 그 무엇이든지 살아서 숨을 쉬는 인간 속에서 함께 명멸(明滅)하며 그 나름대로의 생명을 유지한다는 점이다. 왜냐하면 인간의 어떤 이론이나 관념 작용과는 무관하게 '진리' 자체는 활성화되어 존속될 것이기 때문이다.

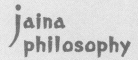

제 2 장

시간의 실재성

그들은 초월한 자로 불린다고 나는 말한다.
신체가 괴멸할 때에 이르러 그는 전투의 지휘자라고 불린다.
그야말로 그는 피안으로 간 성자이다.
그는 괴로워하는 일 없고,
시간(kāla)에 맡겨 신체가 소멸하는 때에 이르기까지
죽는 시간을 기다릴 뿐이다.

《아야랑가 수트라》

jaina philosophy

자이나의 시간론

시간(時間)에 대한 탐구는 수많은 철학자와 학파들의 핵심적인 논점이 되어 왔으며 자이나 철학에서도 예외가 아니었다.

망고 열매는 시간의 흐름에 따라 조금씩 커져서 점차로 익어 가며, 새로운 모든 것들도 세월에 따라 낡아져서 마침내 사라져 간다. 이와 같이 모든 존재의 변화는 시간을 매개로 하여 진행되며, 동시에 그러한 변화는 시간의 존속을 추론할 수 있는 근거가 된다. 그런데 시간이 실체(實體) 내지 궁극적인 실재(實在)에 속한 것인지 아니면 단지 추상적인 개념이나 관념에 불과한 것인지에 대해서는 학자나 학파에 따라 많은 논란이 있다.

자이나 철학에서는 시간을 실재의 하나로서 인정하고 실재론의 기본 범주로서 논하고 있다. 하지만 그러한 논의에 있어서도 이론(異論) 없이 일치하는 것은 아니다.

자이나에서 기본적으로 인정하고 있는 6종의 실재는 영혼(靈魂, jīva), 운동(運動, dharma), 정지(停止, adharma), 공간(空間, ākāśa), 시간(kāla), 물질(物質, pudgala) 등이다. 그 중에서 시간을 제외한 다른 다섯 가지 실재에 대해서는 논란의 여지가 없이 일치한다. 하지만 시간에 대해서는 자이나교의 여러 학파들과 문헌에 따라 상이한 견해를 보이고 있다.

예컨대 시간을 제외한 5종의 실재만을 인정한다든지, 시간을 포함하여 6실재를 인정하되 시간은 다른 실재와 다른 특성을 가지고 있으므로 예외적으로 인정한다는 견해를 취하기도 한다. 이처럼 학설이 일치하지 않는 첫째 이유로서는 시간의 특성을 꼽을 수 있다.

시간의 정체(正體)에 대한 오랜 탐구의 결과로 그에 대한 수많은 정의들이 있지만 무엇보다도 시간이란 눈 등의 감각을 통해서 확인할 수 있는 어떤 물리적인 형체를 가진 것이 아니다. 그렇기 때문에 시간이라는 개념은 모든 사물의 변화를 야기하는 그 무엇이 있다는 가정 아래 도출되었으나 그 정의를 명확히 하기란 쉬운 일이 아니다.

자이나에서 시간의 실재성을 인정하는 다수설에 반하여 그 실재성을 부인하는 입장의 가장 대표적인 논거는, 시간은 전충성(塡充性)을 가지지 않는다는 것이다. 시간을 제외한 다섯 종의 실재들이 전충성을 가지고 있는 것과 달리, 시간은 공간상의 한 점도 점유하지 않기 때문이라 한다. 그렇지만 이러한 견해는 실재가 모두 전충성을 지니고 있다는 전제 아래서만 가능한 주장이다.

따라서 이 장에서는 자이나 철학에서 파악하고 있는 시간의 개념과 특성을 중심으로 하여 그 실재성의 인정 문제와 전충성에 대해서 논하고자 한다. 또한 시간론에서 흔히 사용되어 왔던 '연장'(延長)이라는 용어의 문제점을 고찰한 뒤 '연속'과 '전충'이 보다 더 합리적인 용어라는 사실을 밝히고자 한다.

시간의 개념

흔히 몇 시, 몇 분, 몇 초, 또는 과거, 현재, 미래 등으로 표현되는 시간에 대한 논구는 그 역사가 매우 깊은 철학적 논제 중 하나이다. 인도 종교 철학에서도 시간에 대한 논구의 역사는 매우 깊으며 그 역사만큼 다양한 단어들이 시간을 표현하는 말로써 사용되었다. 예컨대 칼라(kāla), 사마야(samaya), 벨라(velā), 아드완(adhvan), 리투(ṛtu), 아네하스(anehas), 상밧사라(saṃvatsara) 등이 그에 해당한다.

그 중에서 가장 일반적으로 시간이라는 말의 대칭으로 사용되어 온 말은 칼라이며, 자이나에서도 '우주의 시간적 주기 중에서 한 부분이나 시대, 때'를 일컫는 말로서 상용하고 있다.

칼라는 '계산하다, 추정하다, 알다, 이해하다, 묶다, 말하다, 시간을 알리다' 등을 뜻하는 산스크리트어 칼(kal)에서 파생된 말이다. 일반적인 용례로는 '시간, 시대, 때, 기회, 운명, 죽음, 죽음의 신, 나이, 시분(時分), 시한(時限), 세(世)' 등 다양한 의미로 쓰인다.[1] 또한 수십 억 년을 주기로 하는 시간의 단위를 의미하기도 한다.

그런데 시간이 어떤 단위로써 구분 또는 분할 가능한 것인가? 만약 분할 가능하다면, 어떻게 나누어질 수 있는가? 시간을 구분하여 단위로 분별하는 것은 매우 오랜 전통을 가지고 있으며, 객관적인 시간관에 그 토대를 둔 것이다. 객관적인 시간관이란 공간에 바탕을 둔 시점(時點)의 계속적인 계열이 곧 시간이라는 설이다.

그에 반하여 '지금, 빨리, 천천히, 잠깐, 이미, 벌써' 등의 수많은

1) Apte(1986), pp. 543~544, 참조. 荻原 雲來(1986), p. 325, 참조.

시간 부사들은 주관적인 시간관의 영향 아래 놓여 있다. 시간이 늦거나 빠르게 느껴지는 것은 상황에 따라서 변동될 수 있는 것이고, 심리 상태에 따라 유동적인 것이다. 따라서 주관적인 시간관은 상대적이며 유동적인 시간 개념을 바탕으로 한다. 그에 따르면 시간은 결코 절대적인 실재성을 가질 수 없는 관념의 산물에 불과하다.

그 밖에도 시간의 개념에 대해서는 자연적인 시간, 신화적인 시간, 기계론적인 시간, 합리론적인 시간 등등 여러 설이 있다. 이렇게 다양하게 논의되는 시간에 대해서 만유(萬有)의 근원, 또는 제1 원인(原因)으로 보는 관점은 이미 고대 인도의 브라마나(Brahmaṇa) 시대로부터 유래되었다.[2] 하지만 칼라가 등장하는 최초의 문헌적 연원은 브라마나 시대 이전인 《리그베다(*Ṛgveda*)》로 소급할 수 있다.

《리그베다》의 후반부(X. 42. 9.)에 단 한 차례 나올 뿐인 칼라(kāla)의 의미는 '계절'이었다.[3] 그 당시에 이미 계절이라는 의미로 사용되고 있었던 '리투'라는 말을 대신하여 쓰였던 칼라는 그 후로 《아타르바 베다 상히타(*Atharva Veda Saṃhitā*)》와 브라마나 문헌 등에서 리투의 자리를 대신하게 된다. 농경과 목축에 종사했던 베다 시대인들에게 태양의 움직임과 계절의 변화는 가장 중요한 척도였으며, 그에 따라 칼라, 시간의 의미는 '자연적인 시절, 때' 등을 뜻했다.

그 밖에 칼라의 용례를 베다 시대 이전의 인도 사상가들인 바드와(Bādhva), 야갸발키야(Yājñavalkya) 등으로 소급하여 설명하는 경우에도 그 의미가 연(年, saṃvatsara), 한 해를 뜻하며, 추상적인 시간을 의미

---

2) 金倉 圓照(1974), p. 58.

3) Stutley(1977), p. 134.

했던 것은 아니라고 한다.[4] 하지만 이러한 자연적인 시간 개념은 점차 신화적인 시간을 내포하는 말로 변모하게 된다.

먼저 베다 시대의 용례에서 보듯이, 칼라가 의미했던 계절의 변화에는, 태양이 가장 큰 요인으로 작용한다. 태양의 영향력을 인식했던 고대인들에게 태양은 이미 창조의 동인(動因)으로서 인식되고 있었다. 그에 따라 태양과 결합된 시간 관념 또한 필연적으로 창조와 연결되었던 것은 자연스런 귀결로 보인다.

그리고 《아타르바 베다》에서 보듯이 칼라는 모든 것을 낳는 근원적인 창조주 프라자파티(Prajāpati)와 연관되어 서술되기에 이른다.[5]

이러한 점은 베다 시대의 아리야족이 자연 현상에 대한 탐구의 결과 자연 전반을 신비화시켰던 것과 같은 맥락에서 해명될 수 있다. 그 후로 점차 발전된 칼라의 개념은 창조 이전에 이미 존재하는 독립된 신격으로서 자리 잡게 되며 신화적인 시간관을 대표하는 용어로서 쓰이게 되었다.

또한 기원전 200년경부터 기원후 400년경에 걸쳐서 완성된 《마하바라타(*Mahābhārata*)》에 이르면, 칼라는 세상 모든 것의 근원이자 우주의 원인으로서 세계를 창조하고 파괴하는 가장 강력한 힘을 지닌 실재로서 묘사된다.[6]

이와 같은 신화적인 승화와 동시에 후대에도 칼라는 여전히 계절의 순환적 반복을 뜻하는 자연적 시간 용어로 사용되었다.

베다 시대 때 태양을 수레바퀴가 도는 것처럼 영원히 순환하는

---

4) Barua(1981), p. 199, 참조.

5) Barua(1981), p. 199, 참조.

6) Varadpande(1991), p. 65, 참조.

것으로 보았듯이, 칼라 또한 쉼 없이 돌고 도는 수레바퀴와 같은 것으로 보았으며, 자연적인 시간 또한 영원히 순환하는 것으로 보았다. 이러한 사고의 반영은 칼라차크라(kālacakra), 시륜(時輪)이라는 말을 낳기도 했다. 이와 같은 칼라의 개념적 발전은 거의 그대로 자이나에도 적용할 수 있다.

순환론적 시간관을 따르는 자이나에서도 우주 세계가 한 바퀴 순환하는 것을 1시륜, 즉 1하향기와 1상향기로 이루어진 시간의 1주기로 보았다. 하지만 자이나에서는 칼라의 개념이 신화적 시륜 개념에 그치지 않으며, 보다 철학적인 논의를 더하게 된다.

자이나 철학자들은 시간의 개념을 진시(眞時, kāla)와 가시(假時, samaya)로 2분하여 논하고 있다.

먼저 영원한 실재로서의 시간을 진시라 하며 포괄적이며 추상적인 시간을 가리킨다. 진시는 단일하며 시작도 끝도 없이 단순하게 경과하며 지속된다. 따라서 분할되거나 구분할 수 없는 시간으로서 우주적 근본 요소가 된다는 점에서 실재로 인정된다.

> 그들은 초월한 자(ativṛtta)로 불린다고 나는 말한다. 신체가 괴멸할 때에 이르러서 그는 전투의 지휘자라고 불린다. 그는 실로 피안으로 간 성자이다. 그는 괴로워하는 일 없고, 시간(kāla)에 맡겨 신체가 소멸하는 때에 이르기까지 죽는 시간을 기다린다.[7]

《아야랑가 수트라(*Āyāraṅga-sūtra*)》에 나오는 이 게송에서 후자의

7) 中村 元(1991), p. 337, 재인용.

'죽는 시간'이란 선형적(線形的)인 시계 시간을 가리키는 말로서 칼라가 사용된 예라 할 수 있다. 왜냐하면 어느 한 시점, 가시로서의 때를 표현하는 말이기 때문이다. 이는 관념론적인 시간관에 따른 일상적인 용례라고 보아야 한다.

가시란 일상적인 편의에 따라서 진시를 구분하기 위한 단위적인 시간으로서 경험적이며 관습적인 시간이다. 가시는 흔히 시, 분, 초, 일 등으로 인지되는 계량적인 시간을 말하며 기계적인 시계 시간에 해당한다. 따라서 가시는 구간적인 시간 단위로 표현 가능하며, 각 구간에 따라 길거나 짧다고 말할 수 있다. 공간의 한 점에서 다른 한 점으로 느리게 이동하는 물질적 단위의 변화는 가시로서 측정할 수 있으나, 진시와는 무관한 변화가 된다.

어떤 시점(時點)으로 기록하여 의미 있는 관습적인 시간이 되는 것은 가시일 뿐 진시가 아니다. 가시는 영원한 실재인 진시에 전적으로 의거하며, 임시적으로 구획된 것으로서 시작과 끝이 있다. '어제, 오늘, 내일' 등으로 표현되는 과거, 현재, 미래의 3시태(時態)는 가시에 토대한 것이다.

가시의 기준 단위가 되는 사마야(samaya)는 극미소의 시간점(時間點)이라 할 수 있으며, 극히 짧은 순간이라고도 한다. 이때 진시는 셀 수 없이 많은 사마야로 이루어져 있다고 표현하기도 하는데, 그러한 용례는 시간의 측정을 위한 척도로서 쓰이는 단위들에서 더욱 구체화된다. 사마야는 물질의 최소 단위인 미립자(微粒子, paramāṇu)가 점유하고 있는 공간상의 위치를 움직이는 것을 척도로 측정하여 시간 단위를 나누는 기준이 되기도 하는 것이다.

가시의 구분 단위로 쓰이는 시간 용어들은 눈꺼풀을 깜박이는 것, 들숨과 날숨, 맥박 등, 갖가지 척도를 기준으로 하여 매우 다양하게 표현되고 있다. 하지만 대체로 자이나에서 쓰이는 용례는 다음과 같다. 주목할 것은 자이나에서는 수(數)를 '셀 수 있는 수, 셀 수 없는 수, 무한한 수' 등으로 3분하고 있다는 점이다. 시간의 최소 단위인 1아발리카(āvalikā)는 '셀 수 없는 수' 중에서 '극최소인 수'로서 분류하며 가장 적은 시간 단위에 속한다.

자이나에서 가시의 표준으로 삼는 단위는 다음과 같다.

- 1아발리카(āvalikā)=헤아릴 수 없는 극최소의 시간 단위=45÷262,144초(약 0.00017166137……초)=극미세 시간(sūkṣmakāla)
- 1맥박 진동(또는 1호흡)=4,446×2,458÷3,773아발리카
- 1스토카(stoka)=7맥박 진동
- 1라바(lava)=7스토카
- 1날리카(nālikā)=38.5라바=24분
- 1무흐르타(muhūrta)=2날리카=224아발리카=16,777,216아발리카=48분
- 220÷3아발리카=1분
- 262,144÷45아발리카=1초
- 30무흐르타=1주야(晝夜)=1일
- 15주야=1반달
- 2반달=1달
- 30.5주야=태양력에 따른 1달
- 12달=1년
- 8,400,000년=1푸르방가(pūrvāṅga)

• 8,400,000푸르방가 = 1푸르바(pūrva)

1푸르바 다음 단위는 각각 8,400,000년씩 더하여, 트루티탕가(truṭitāṅga), 트루티타(truṭita), 아다당가(aḍaḍāṅga), 아다다(aḍaḍa), 아바방가(avavāṅga), 아바바(avava), 후후캉가(huhukāṅga), 후후카(huhuka), 웃팔랑가(utpalāṅga), 웃팔라(utpala), 파드망가(padmāṅga), 파드마(padma), 날리낭가(nalināṅga), 날리나(nalina), 아르타니푸랑가(arthanipūrāṅga), 아르타니푸라(arthanipūra), 아유탕가(ayutāṅga), 아유타(ayuta), 나유탕가(nayutāṅga), 나유타(nayuta), 프라유탕가(prayutāṅga), 프라유타(prayuta), 출리캉가(cūlikāṅga), 출리카(cūlikā), 쉬르샤프라헬리캉가(śīrṣaprahelikāṅga), 쉬르샤프라헬리카(śirṣaprahelikā) 등으로 구분한다.[8)]

그리고 푸르바 다음 상위 단위인 트루티탕가부터 쉬르샤프라헬리카에 이르기까지 총 26종의 단위가 더 열거되고 있을 정도로 자이나에서의 시간 단위는 방대하고 치밀하다. 그 다음 단계의 시간 단위는 다음과 같다.

• 셀 수 없이 많은 해 = 1팔리요파마(palyopama, 약어 : po)[9)]
• 1코티(koṭi, 俱胝, 약어 : k) = 10,000,000
• 1코티코티(k × k, 약어 : kk) = 100,000,000,000,000 = 10의 14승

---

8) Tatia(1994), p. 273, 참조.

9) 1팔리요파마는 다음과 같이 비유해서 말한다. 7일 동안 자라난 양(羊)의 새 털을 가득 채운 그릇이 있다고 하자. 그 그릇의 크기는 넓이와 깊이가 각각 1요자나(yojana : 평균 14.629킬로미터 정도)이다. 그 그릇에 가득 담긴 양털을 100년마다 털 하나씩 집어 내어, 그릇을 다 비우는 데 소요되는 시간의 길이가 바로 1팔리요파마이다.

- 10팔리요파마코티코티(po × k × k) = 1사가로파마(sāgaropama, 如海量, 약어 : so) = 1,000,000,000,000,000팔리요파마(po)
- 10사가로파마코티코티(so × k × k, 약어 : sokk) = 1상향기(上向期, utsarpiṇī) 또는 1하향기(avasarpiṇī)
- 1상향기 + 1하향기 = 1시륜(時輪, kālacakra)

이와 같이 하여 자이나 우주론의 기본 단위인 상향기와 하향기가 계산된다. 이토록 복잡 다기하게 측정되는 수량적 시간은 가시의 범주에 속한다. 그리고 시간의 단위가 매우 미묘하고 난해한 것이라는 점에 대해서 《아누요가드와라(*Anuyogadvāra*)》에서는 옷감에 비유하고 있다.

> 젊은 재단사가 옷감 한 조각을 잡아 찢는다고 할 때, 어떤 한 시간 단위와 그것이 같다고 비교할 수 있겠는가? 전혀 그렇지 않다. 왜냐하면 옷감 조각은 동시에 찢어지지 않는 수많은 실들로 이루어져 있기 때문이다. 또한 그 실들은 섬유소들로 이루어져 있고, 그것은 다시 헤아릴 수 없이 많은 물질 덩어리로 이루어져 있다. 더 큰 덩어리가 쪼개지고 나서야 더 작은 덩어리가 쪼개질 것이다. 따라서 큰 덩어리가 쪼개지는 순간은 작은 덩어리가 쪼개지는 순간과는 다르다. 하지만 시간의 단위란 이러한 과정으로 도달한 매우 미묘한 순간보다도 훨씬 더 미묘하다.[10]

---

10) Tatia(1994), p. 272.

시간의 구성 단위가 이처럼 미묘하기 때문에 일상적인 인식 능력을 통해서는 이해하기가 쉽지 않다는 전제를 강조하고 있다.

예나 지금이나 시간을 측정하는 데 가장 기본적인 단서가 되었던 것은 태양과 달 등 천체의 주기적인 변화였다. 지금도 인도에서는 태양력, 태음력, 계절력[11] 등등 다양한 책력을 동시에 상용하고 있다. 자이나 철학자들은 그러한 책력에 이용되는 시간 요소는 어디까지나 가시일 뿐이라고 한다. 달리 말해서 관념론적인 시간관에 해당하는 시간 요소가 바로 가시인 것이다.

"진시(kāla)는 가시(samaya)의 실제적인 원인(substantial cause)"[12]이 될지언정, 규제적이고 인위적으로 분할된 시간인 가시는 진시에 전혀 영향을 주지 못한다. 요컨대 진시에는 불변하는 절대성이 인정되며, 가시는 상대적이고 가변적인 시간을 가리킨다. 따라서 자이나 체계에서 실재로서 인정되는 시간은 개념상으로 진시를 가리키며 가시를 그 논의 대상으로 삼지 않는다.

11) 계절력에 따른 1년은 총 360일이다.

12) Radhakrishnan(1962), p. 317.

실재로서의 시간의 특성

일반적으로 시간을 실재로서 인정하는 입장은 보편적인 견해가 아니다. 존재를 현상(現象)과 본체 또는 본질(本質)로서 2분하여 설명하는 여러 학파에서는 시간이란 현상을 설명하는 관념의 소산일 뿐이라고 하며, 시간을 궁극적인 본체라든지, 실재로서 인정하기를 거부한다. 요컨대 관념론과 실재론이 대립된다.

인도 철학의 여러 학파들 중에서도 시간을 실재로서 인정하지 않는 학파도 적지 않다. 그 중에서도 특히 세계 전반에 대한 실재성을 인정하지 않는 베단타 학파는 원칙적으로 시간의 실재성을 인정하지 않는다.

상키야 학파에서도 시간이란 영아(靈我, puruṣa)와 원질(原質, prakṛti)의 결합(saṃgati)에 의한 결과일 뿐이라 하며 독자적인 실재로서는 인정하지 않는다.

그 밖에도 불교의 중관(中觀) 학파를 비롯하여, 관념론을 기조로 하는 여러 학파들은 시간이란 본질적으로 관념이나 추상의 산물에 불과하므로 실재 또는 실체로서 인정할 근거가 없다고 주장한다.

바이셰쉬카 학파에서 시간을 9실체(dravya) 중의 하나로서 인정하는 것과 같이, 자이나 철학에서는 시간을 근본적인 6실재의 하나로서 인정한다. 물론 비영혼은 모두 실재가 아니라고 보는 자이나 일파의 견해도 있다.[1] 백의파(白衣派)에서 전하는 우마스와티(Umāsvāti)의 저서 《진리 증득경(*Tattvārthādhigamasūtra*)》 V. 1.~2.에서는 "비영혼체는 운동, 정지, 공간, 물질 등이다."[2]라고 하여 시간을 제외한 4가지만을 비영혼에 속하는 실재로 인정하고 있다.

그러나 네미찬드라(Nemichandra)가 《실재 강요(*Dravyasaṃgraha*)》에서 '드라비야' 즉 6실재에 대한 기초 고안자로서 제24대 조사 마하비라를 거론하고 있는 것과 같이, 시간을 포함한 6실재는 자이나교의 성립 초기부터 인정되어 온 것이라 보는 것이 통설이다.[3]

자이나의 초기 경전 《웃타라디야야나 수트라》에서는 다음과 같이 실재의 종류를 정의한다.

> 운동, 정지, 공간, 시간, 물질, 영혼들. 세계는 그들로 이루어진다. 완전지(完全知)를 얻은 승리자들에 의해 그렇게 설해졌다.[4]

또한 《바르다마나 푸라나》에서도 이렇게 말한다.

> 그래서 승리자는 5가지의 비영혼에 대해 말했다. 그것은 물질·운동·정지·공간·시간 등이다."[5]

---

1) Bhattacharyya(1994), p. 448, 참조.

2) "ajīva-kāyādharma-adharma-ākāśa-pudgalāḥ." 鈴木 重信(1930), p. 80. 金倉 圓照(1944), pp. 150~151. 中村 元(1991), p. 248, 참조.

3) Ghoshal(1989), p. 4, 참조.

4) *Uttarādhyayanasutra*, XXVIII, 7. Jacobi(1968), p. 153.

5) *Vardhamāna Purāṇa*, Canto XVI. Śloka 15. "atha pudgala evātra dharmo'dharmo dvidhā nabhaḥ kālaśca

여기서 승리자란 마하비라를 가리킨다. 자이나교의 경전과 교설이 마하비라로부터 시작되었다고 보는 것은 각 교파마다 큰 차이가 없다. 다만 시간을 제외하고 5실재만을 주장하는 견해가, 시간을 포함시켜서 논의하는 문헌보다 후대에 등장하는 점이 시간의 실재성을 인정하는 설이 보다 더 오래된 것이라는 사실을 인정하는 한 단서가 되기도 한다.

따라서 이 장에서는 시간의 실재성을 인정하는 견해가 마하비라 이래의 초기 학설인 동시에 후대의 공의파를 위시한 정설의 입장을 이룬다는 점에 기초하여 논의하고자 한다.

자이나에서 인정되는 시간의 실재적 특성으로서 거론되는 것들은 다음과 같다.

첫째, 시간은 동질성을 갖는다.

시간은 모든 존재에 똑같이 동질적으로 적용되며, 시간을 통해서 판단과 측정을 할 수 있다. 즉 시간은 사물의 존재성을 결정하는 중요한 요소로서 동시 존재성을 그 특징으로 한다. 예컨대 어떤 항아리의 존재성과 비존재성은 시간과 공간, 실체성, 즉 찰흙 등의 물질적 재료 등의 요소를 종합하여 결정된다. 그 중에서도 특히 시간은 중요한 요소이다.

> 시간은 존재의 결정 인자(因子)이다. 항아리는 그 어떤 다른 시간이 아니라, 그 자체의 시간 속에 존재한다. 항아리 자체의 시간이란 현재의 시간이며, 다른 시간이란 과거 또는 미래의 시간이다. 만약 시간이 그

pañcadhaicetyajīvatattvaṃ jagau jinaḥ." Ghoshal(1989), p. 45.

러한 존재의 결정 인자가 아니라면, 항아리는 과거와 미래 속에 존재할 것이며, 그리하여 영원한 실체가 될 수 있을 것이다. '현재의 시간'에 의해서, 우리는 항아리가 그 상태를 유지하고 있는 동안, 시간이 존속하고 있다는 것을 이해해야 한다.[6)]

이와 같이 실재로서의 시간은 사물의 존재와 비존재를 판단하는 준거가 되는 존재 시점을 결정한다. 그리고 이러한 시간은 모든 존재에 동질적으로 적용된다.

둘째, 시간은 계기성을 갖는다.

시간은 계기성을 그 특징으로 가지기 때문에 전변(轉變)의 근거가 된다. 존재 양상의 변화가 일어나도록 작용하는 실재의 특성은 바로 계기성(繼起性) 때문이다. 이러한 특성으로 인해서 시간은 사물을 변화시킨다고 말할 수 있는데, 이 점에 근거하여 속제적(俗諦的) 시간(vyavahāra-kāla)이라고 부르기도 한다.

《교의 정요(教義 精要, *Pravacanasara*)》에서는 "시간의 특성은 전현(轉現, vartanā)에 있다."[7)]라고 한다. 어떤 사물이나 존재가 전현 또는 경과(經過)라는 결과를 낳는 원인에는 시간이라는 실재의 공통성(sāmānya)이 작용했기 때문이다.[8)]

모든 사물이 생(生), 유지(維持), 멸(滅) 등의 변이를 거치는 원인으로서 시간의 존재를 인정하는 것이 다수설이자 일반적인 인식이다. 논자에 따라서는 이러한 점이 시간의 실재성을 인정해야 하는 가장

6) Mookerjee(1978), p. 145.

7) 《교의 정요》, II, 42. 金倉 圓照(1944), p. 278.

8) 中村 元(1991), p. 520, 참조.

강력한 요인이 된다고 말하기도 한다.[9] 하지만 시간의 실재를 부인하는 입장에서는, 그와 같은 사물의 전변은 단지 각 존재의 특성 중 하나인 '양상'(樣相, paryāya)으로 인한 결과일 뿐 시간과 무관한 것이며, 따라서 시간의 실재성도 인정할 수 없다고 한다.

양상 자체가 시간과 관련 없이 존재의 고유한 특성에 불과한 것인지에 대해서는 존재론적 전제가 해명되어야 할 것이다. 다만 초기 자이나의 전제에 따라 논의하자면, 만약 시간이 실재하지 않는다면 양상의 변화가 일어나지 않을 것이다. 왜냐하면 존재 양상의 변화 기준은 시간상의 한 단위의 변동 또는 이동을 전제로 한다. "양상은 매 시간 단위에 따라 변화하기 때문이다."[10]

요컨대 모든 존재의 외적인 속성인 양상이 변모하는 것은 시간이 작용한 결과이며,[11] 양상의 변화에 따라 존재 각각은 다른 사물들과 구별되는 개별성을 지니게 된다. 더 나아가 자이나 철학이 존재론적으로 전변설(轉變說, pariṇāmavāda)을 취하고 있는 점도 실재인 시간의 특성이 반영된 것으로서 당연한 귀결이라고 본다.

셋째, 시간은 지속성을 갖는다.

실재적 시간은 끊임없이 지속되는 연속성을 지닌다.[12] 이러한 시간 실재의 특성으로 인해서 존재하는 모든 사물이 유지된다. 이러한 특성을 지닌 시간을 확정적 시간(niścaya-kāla)이라 부른다.

시간은 모든 것에 동등하게 동질적으로 작용하기 때문에 지속성

---

9) Battacharya(1992), p. 532.

10) Tatia(1994), p. 271.

11) Guérinot(1926), p. 115, 참조.

12) Chatterjee(1968), p. 98.

의 속도, 지속(遲速) 여하도 균질적이다. 경우에 따라서 빨리 가는 시간, 더디 가는 시간이 있다고 느끼는 것은 인간의 의식과 마음에 따라 변질된 것일 뿐이고 시간의 본질은 균질하다. 따라서 시간의 지속성이란 관념적인 시간관을 토대로 하여 파악된 시간 관념과는 전혀 무관한 고유의 실재적 특성이 된다. 또한 실재로서의 시간이 지속적이라는 점은 곧 진시가 단위적으로 나눌 수 없는 불가분성을 지니며 시작도 끝도 없이 영원하다는 것을 뜻한다. 이 점은 경험적이며 인습적인 시간 단위인 가시의 분할성과 구별되는 점이다.

시간의 특성 중에서도 지속성의 문제는 연속적인 시간이 그 구조상 직선적인 것인가, 아니면 원형적인 것인가에 대한 논란이 따른다. 하지만 분명한 것은 동질성, 계기성, 지속성, 이 세 가지 시간 실재의 특성들 중에서 하나의 특성만 결여되어도 존재는 성립 불가능하다. 결국 모든 존재는 시간이라는 실재에 전적으로 의존되어 있다고 말할 수 있다.

시간은 어떠한 존재에게도 차별적으로 적용되지 않는다. 왜냐하면 시간은 동질성을 띠기 때문이다. 또한 시간은 결코 머물고 있는 것이 아니다. 왜냐하면 계기적이기 때문이다. 그렇지만 또한 시간은 멈추어 정지하지 않는다. 왜냐하면 지속적이기 때문이다.

그렇다면 이와 같이 변하는 시간의 본질은 무엇인가? 공간 속에 존재하는 실재라고 할 수 있는가? 의식 안에 있는 관념일 뿐인가? 이 점에 대해서는 전충성이라는 개념을 중심으로 논하고자 한다.

시간의 실재성과 전충성의 관계

표준적인 자이나 체계에서 실재로서 인정하고 있는 6실재는 영혼, 운동, 정지, 공간, 시간, 물질이다. 그 중에서 영혼을 제외한 다른 5가지는 비영혼(ajīva)으로 구분되며, 물질을 제외한 다른 나머지 것들은 형체가 없는 실재로서 형체가 있는 물질과 구별된다. 그런데 시간을 제외한 다섯 가지 실재들에 대해서 대체로 이설(異說)이 없이 공통적으로 해설되고 있으나, 특히 시간에 대해서는 논란이 적지 않다.

시간의 실재성을 인정하는 데에 의문을 표시하거나 부정하는 입장을 취하거나, 또는 실재로서 인정하되 '아스티카야'(astikāya)의 특성을 지닌 것은 아니라고 열외에 둔다거나 준실재(準實在 ; quasisubstance) 등으로 인정하는 논의의 근거는 무엇인가?

필자는 그러한 논란의 쟁점은 시간의 구조를 어떻게 보느냐, 즉 시간이 공간 속에서 전충하는가 여부에 달려 있다고 생각한다.

먼저 자이나에서 실재로서의 공통점은 전충성이라고 한다. 실재란 하나의 미점, 즉 공간점(空間點, pradeśa) 한 개 이상을 점유하는 것을 기본으로 하는데, 그것이 바로 전충성이다. 실재가 1공간점 이상을 공간에서 점유하고 있어야 하는 것은 자이나에서 실재로서 성립하는 기본 조건이다.

전충성이란 흔히 '연장성'(延長性)으로 번역되어 사용되는 말로서, 공간상의 한 점을 차지하는 실재의 특성을 가리킨다.

프라데샤는 공간점, 미점(微點), 점 등으로 번역되는데, 원뜻은 어떤 것의 일부분을 이룬 것을 말하며, 지점, 장소, 부위, 잠시(暫時), 일분(一分), 소분(少分), 처소(處所), 방처(方處) 등을 뜻한다. 프라데샤는 더 이상 분할할 수 없는 최소 단위의 공간점으로서 실재의 근거가 된다.

그런데 시간론에서 흔히 번역되어 사용되는 '연장'이라는 단어의 우리 말뜻은 '길이, 또는 길게 늘어남' 등을 가리키는 말로서, 자이나에서 사용하는 의미와 전혀 합치하지 않는다. 즉 연장, 또는 연장성이라고 할 때에는 어떤 시간이 그 특성상 공간의 한 점을 메운다는 뜻은 전혀 포함하지 않는다. 따라서 필자는 자이나의 시간론에서 연장 또는 연장성이라는 말은 적절한 용어가 아니라고 본다.

김규영은 아우구스티누스(Augustinus, Aurelius, 354~430년)가 《고백록(*Confessiones*)》에서 밝고 있듯이, "측정되는 시간은 다만 연장(延長 ; 延期) 이외의 아무것도 아닐 것이다."[1]라는 관점에 대한 부연 설명에서 다음과 같이 말한다.

> 어떤 물체의 소리가 울리기 시작했다고 하자. 그것이 울리어 오고, 그리고 들리다가 끊기고 말아 지금은 묵연히 그 소리가 지나가고 말면 벌써 소리는 아닌 것이다. 그렇다. 그 소리가 울리기 이전에 그것은 미래이었고, 그리고 측정되지 않았다. 아직도 있지 않았기 때문이다. 그러

1) 김규영(1987), p. 84, 재인용.

> 나 지금은 그것이 측정되지 않는다. 이미 있지 않기 때문이다. 그러므로 그것이 울리고 있던 사이[間]는 측정할 수도 있었던 것이다. 측정될 수 있는 물건이 있었기 때문이다. 그러나 그 때에는 그것은 머물러 있는 것은 아니고, 지나가면서 또 지나가면서 있었기 때문에, 그 때문에 오히려 그것은 측정될 수 있었던 것인데, 그것이 지나가는 사이[間]는 그것이 시간의 어떤 길이에까지 넓혀져서(it was being extended into some space of time), 그것으로써 측정될 수 있었던 것이다. 현재에는 아무런 길이도 없기 때문이다.[2]

이러한 진술은 시간론에서 '연장'이라는 단어가 사용되는 가장 기본적이고 대표적인 예가 될 것이다. 아우구스티누스의 시간론은 서양 철학사에서 선구적인 것으로서 대표적으로 언급되고 있으며, 그에 따른 후대의 번역에서는 대체로 '연장'이라는 단어를 사용해 왔다. 하지만 그에 반하여, 전충성(extension)이라는 단어는 그 사전적 어의만으로도 '물체가 공간을 점유하는 성질, 또는 물질이 공간을 메우는 성질'을 뜻하므로 그 고유의 용례에 보다 합치하는 말이다. 따라서 필자는 시간의 특성을 논하는 경우, 특히 자이나의 시간론에서는 전충성이라는 말이 적절하다고 본다.

시간의 전충성을 부정하는 입장에서는 "시간은 존재성(astitva)을 지니지만 크기(kāyatva)는 지니지 않는다."[3]라고 한다. 시간은 그 실재로서의 존재성은 인정되지만 물체적 크기는 없다. 물체적 크기란 공간

---

2) 김규영(1987), p. 84.
3) Radhakrishnan(1962), p. 316.

에서의 점유 여부, 전충성을 말하는 것이다. 시간은 공간점을 점유하지 않기 때문에 실재가 아니라는 것이다. 이러한 주장의 근거는 실재 또는 실체란 공간을 차지하는 물체라는 점에 기반을 두고 있다.

앞서 고찰한 바대로, 자이나 체계에서 시간을 실재로서 인정한 것은 칼라 개념의 발전에 따른 자연스런 귀결이라고도 할 수 있다. 그런데 논리적으로 볼 때, 실재인 시간의 특성으로서 인정되는 추상성(抽象性)과 불가분성(不可分性)은 공간상의 1점 이상을 차지해야 한다는 '실재'의 특성과 모순이 된다고 지적되기에 이른다.

그 결과, 시간의 실재성을 인정하는 입장에서는 공간점의 문제 또는 '카야'(kāya)의 해석을 어떻게 할 것인지에 대해서 다양한 논의가 전개되었다.

먼저 시간은 공간점을 점유한다고 인정하여 그러한 모순점을 해결하는 입장이 있다.[4] 이러한 견해에서는 시간점이 각각 공간점을 점유하는 근거로서 제시된다. 공간점을 점유하는 시간점의 증가 또는 감소가 미래와 과거, 현재의 논거가 된다. 예를 들어서, 현재를 기준으로 하여 시간점이 늘어나는 것이 미래, 줄어드는 것이 과거라는 것이다.

논자에 따라서 이 경우에도 시간 자체는 전충하지 않지만, 물질이 전충하여 그러한 물질을 통해서 간접적으로 시간이 전충한다는 견해를 취하기도 한다. 그러나 위와 같은 논의에서 간과하고 있는 점이 있다.

먼저 시간의 실재성 인정 여부는 공간점의 유무와 무관하다는 것이다. 프라데샤란 공간을 분할하는 단위 또는 공간을 측정하는 도구

---

4) Ghoshal(1989), pp. 65~68, 참조.

개념일 뿐이다. 예컨대 공간 자체의 실재성 인정은 공간점의 유무와 무관하다는 점을 고려해 볼 때, 시간의 공간 점유 여부를 실재성의 판단 기준으로 삼는 것은 균형적인 논의로 볼 수 없다. 왜냐하면 공간은 공간점의 대상일 뿐, 공간 자체가 공간점을 점유하고 있다고 말할 수 없기 때문이다. 공간은 공간점의 유무 또는 공간점의 점유와는 무관하게 그 자체만으로 실재로서 인정되는 것이다.

또한 실재의 특성상 요구된다고 말해지는 '카야'(kāya), 체성(體性) 또는 물체성(物體性)은 공간점의 점유를 필요 충분 조건으로 요구하는 것이 아니다. 단지 집합적인 의미를 담고 있는 어미사에 불과한 것이다. 그러므로 아스티카야란 '있는 것들, 유취(有聚), 실재하는 것들'이라는 의미 이상의 것이 아니다.

논의의 요체는 시간 그 자체를 실재에 포함할 것인지 아닌지, 그것만이 문제이며 공간점의 유무라든가, 체성(體性)의 요건 충족 등이 부수되어야 하는 것은 아니다. 그러므로 시간의 실재성 여부와 전충성의 문제는 전혀 별개의 논점으로 다루어야 한다. 그리고 시간점이란 가시의 대상으로서 전충 여부와 무관한 것이란 점이다. 시간점은 일상적인 시점을 기록하기 위한 관념적 구분 단위일 뿐 실재하는 진시와는 별개의 것이다. 따라서 시간점의 전충 여부는 시간의 실재 인정 여부와는 전혀 관련이 없다.

공간에서 전충하는 시간

흔히 시간은 흐르는 강물에 비유되곤 한다. 인도에서는 그보다 더 빈번하게 돌고 도는 수레바퀴에 비유하였다. 자이나에서의 시간 또한 쉼 없이 흐르는 직선적인 강물인 동시에, 멈추지 않고 같은 자리를 순환하는 원형적인 수레바퀴의 이미지를 갖는다.

영원하고 절대적인 실재로서의 시간은 신화상의 시간 개념을 그대로 포용하고 세계 위에 군림하고 있다. 세계 모든 곳의 모든 존재는 동시에 동일한 하나의 실재로서의 시간에 의해서 지배되고 있는 것이다. 하지만 그러한 시간의 이면에는 일상적인 변화 속에서 분할된 시각으로서 인식 안에 포착되는 가시를 공존시켰던 합리성이 내재되어 있다.

필자는 여기에서, 특히 공간점의 점유 여부, 전충성 문제로 제기되었던 시간의 실재성 논란은 본질적으로 실재로서의 시간의 인정 여부와는 무관한 문제라는 것을 밝히고자 하였다. 시간의 특성상, 궁극적인 실재로서 인정할 것인지 여하는 공간점의 점유 문제보다 우선하는 선결 문제이기 때문이다. 그리고 절대적이며 항상 불변하는 실재로서의 시간과 동시에 가변적이며 분할적인 일상적 시간 관념을 동시에 용인하는 자이나의 시간관에는 절대적이며 완전한 지식(kevala jñāna)

과 일상적이며 불완전한 인식(pramāṇa)을 동시에 채용했던 상대주의적 인식론이 그 바탕에 깔려 있다는 점도 유추해 볼 수 있다. 이러한 인식론적 태도는 자이나 철학의 대표적 특징으로 꼽히는 점이기도 하다. 상대주의적 인식론을 토대로 하여 모순을 지양하고 보다 합리적인 세계관을 구축하고자 했던 자이나 철학자들의 시간론은 현대 과학적 연구 성과, 특히 양자론(量子論) 등과 밀접한 교차점이 있다는 것이 필리타 바루차(Filita Bharucha)에 의해 주장되기도 하였다.[1)]

덧붙여서 여기에서 언급하지 못했지만 자이나에서 인정하고 있는 또 다른 실재 중 하나인 운동과 시간의 관계는 별도의 논의가 필요하다는 점을 언급하고자 한다. 시간 자체를 운동과 따로 구분하지 않는 서양 철학의 일파를 비롯하여 운동을 실재로서 인정하고 있지 않는 인도 철학 내 다른 학파들의 시간론과 비교해 볼 때 자이나 철학의 실재론적 관점은 매우 독특하기 때문이다.

---

1) Bharucha(1993), 참조.

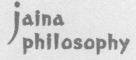

제 3 장

영혼의 색채 이론

자이나교와 불교는 분명히 인도인의 것이지만,
결코 힌두교에서 비롯된 것은 아니다.

자와하를랄 네루(Jawaharlal Nehru)

jaina
philosophy

레쉬야의 의미

일반적으로 레쉬야(leśyā) 이론은 자이나 특유의 것으로서 알려져 있다. 자이나에서는, 각각의 영혼(jīva)은 다양한 활동, 즉 업에 따라서 각기 방출하는 색이 다르다고 한다.

산스크리트어, 레쉬야는 단순히 색(色, color), 빛(光, light) 등이라고 번역되기도 하지만, 실제 용례는 매우 다양하며 복합적인 의미를 지닌다. 예를 들어서 '업의 기질'(karmic strain)이라는 해석을 대치하거나, '마음의 상태'(states of mind), '관념의 색채'(thought complexions)라고도 한다. 그 밖에도 레쉬야는 영혼의 순수성의 정도를 표현하는 색, 감정의 정도를 나타내는 색 등으로도 해석되고 있다.

헤르만 야코비는 혼성(hybrid) 산스크리트어인 레쉬야가 '클레샤'(klêśa)에서 유래한 '레사'(lêsâ)에서 비롯된 단어임을 밝힌 뒤에, 이는 상당히 기발하지만 옳다고 말하면서, 레쉬야가 영혼에 영향을 주고 실재(substance)의 한 종류로 여겨지는 클레샤들이 된 것 같다고 한다.[1] 이는 자이나의 레쉬야 이론과 불교의 번뇌(煩惱, kleśa) 이론의 관련성을 제시하는 것으로서 매우 흥미로운 견해로 보인다. 다만 이러한 주

1) Jacobi(1968), p. 196.

장은 어원 분석에 근거하여 추론한 견해일 뿐이고, 레쉬야와 클레샤는 그 내용상 차이점이 매우 크기 때문에 그 둘의 발전적 유사성조차 인정하기란 쉽지 않을 것이라 생각한다. 크리스티 L. 윌리 또한 레쉬야가 클레샤에서 나왔다는 설은 많은 학자들에 의해서 거부되었다고 말한다.[2)]

일설에 따르면 레쉬야의 어근이 '슐리슈'(śliṣ)라고 한다. 슐리슈는 '불타다, 빛나다'를 뜻하며, '어떤 색으로 빛난다'라는 의미까지 확대시킬 수 있는 단어라고 한다.[3)] 나트말 타티아는 레쉬야란 '영혼의 변질이며 마음의 활동에 따라 변하는 것'이라 하였다.[4)] 파드마 수디는 자이나 아가마에 나오는 단어 레쉬야는 타밀어로는 티루바시(tiruvāsī), 그리스어로는 님버스(nimbus, 後光),[5)] 영어로는 헤일로(halo, 圓光),[6)] 신지학적(神智學的) 용어로는 오러(aura, 靈氣),[7)] 또 다른 산스크리트어 내지 힌디어로는 프라바발리(prabhāvalī, 光明, 放光) 등과 유사한 개

---

2) Wiley(2000), p. 361.

3) Wiley(2000), p. 361, 재인용.

4) Wiley(2000), p. 349.

5) 신의 광휘(光輝) 또는 신적인 영성(靈性)이나 권능을 상징하는 후광(aureole : 하늘 나라의 寶冠, 光背, 光輪)은 때로는 사자(死者)를 상징하는 도상으로 쓰이기도 한다. 도상학적으로 볼 때, 후광은 태양에서 본뜬 것이라는 설이 있다. 태양을 숭배하던 이들은 깃털로 만든 둥근 관을 썼는데, 이는 새의 깃털이 태양의 빛살, 즉 광선을 상징한 데서 유래한 것이다. 깃털 관을 쓴 이는 태양신과 동일시되었고, 거기서 비롯되어 머리 뒤에 둥근 후광을 넣게 되었다고 한다. 그리고 세월의 변천에 따라 깃털 관은 점차 왕관으로 변모되었다.

6) 성상(聖像)에 수반되는 원광은 여러 종교 예술에서 유사한 형상으로 그려져 왔다. 동서양의 고대로 올라가는 후광의 기원을 정확히 알기란 쉬운 일이 아니다. 크리스트교 미술에서 후광은 서기 2세기경부터 등장한다. 크리스트교의 후광은 일반적으로 원형이며, 백색 또는 황금색을 띠고 있으며, 그리스 정교의 후광은 원형 안에 십자가를 그려 넣기도 한다. 종교적 전통에 따라서는 원형 외에도 삼각형, 사각형, 육각형, 타원형 등으로 다양하게 형상화되며, 머리 주변뿐 아니라 전신을 감싸는 모양으로 그려지기도 한다.

7) 사람의 몸을 감싸고 있는 영기는 에너지 장(場)과 유사하다고 설명한다.

념이라고 정의한다.[8] 그리고 더 나아가 인도의 조형 예술에 나타나는 원광(halo)은 자이나의 레쉬야 이론에서 비롯되었다고 한다.[9]

그리고 나카무라 하지메는 레쉬야를 영혼의 '유형'(類型)이라 해석하고, '영혼이 오염된 정도'에 따라 각각의 레쉬야가 달라진다고 설명한다.[10]

이러한 다양한 용례를 요약해 보자면, 레쉬야의 본질을 무엇으로 보느냐에 따라 그에 대한 해석이 달라진다는 것을 알 수 있다. 즉 레쉬야의 물리적 형상 내지 색채에 중점을 두느냐, 아니면 그 작용 또는 기능에 중점을 두느냐에 따라서 레쉬야의 번역 용례가 달라지고 그에 대한 이해도 달라진다.

필자는 레쉬야의 본질을 그 기능과 구별하여 이해해야 한다고 본다.

먼저 레쉬야는 그 개념상 영혼의 색채를 가리킨다. 그러나 엄밀하게 말하자면, 업 물질(pudgala)과 영혼이 결합된 결과, 즉 업신(業身)이 띠게 되는 색채의 차이로 인해서 영혼들이 차별적으로 달라지는 결과가 된다는 것은 아니다. 자이나 교설상, 각 영혼의 기질적인 차이나 특성의 변화는 없다고 전제되어 있기 때문이다. 영혼은 어떠한 업 물질과 결합하더라도 그 고유의 성질을 상실하지 않는다. 다만 업 물질의 내용 여부에 따라서 고유의 능력을 방해받을 뿐이다.

따라서 나카무라 하지메나 하인리히 짐머가 말하듯이, 레쉬야가 '영혼의 유형'이라고 하거나, '영혼의 6종 형태' 등으로 설명하는 것은

8) Sudhi(1988), p. 1.
9) Sudhi(1988), p. 9.
10) 中村 元(1991), pp. 257, 259.

적절한 이해가 아니라고 본다. 업 물질의 작용으로 인하여 각각의 색채를 띤 것으로 보이는 영혼들이 있을 따름이다.

레쉬야는 업 물질의 작용과 분리해서 설명될 수 없는 매개적 개념이다. 그러므로 레쉬야는 업 물질과 영혼 사이의 관계 작용, 계박(bandha)의 결과로 파생된 현상이라고 보아야 한다.

레쉬야의 종류

《웃타라디야야나 수트라》 34장에서는 6종의 레쉬야의 특성에 대해서 상세히 설명하고 있다.[1)]

① 흑색의 영혼

무자비하고 잔인하며 무지한 사람들의 영혼은 흑색(kṛṣna)이다. 이들은 다른 영혼들을 고통스럽게 하고 상해를 입힘으로써 악업을 쌓은 결과로 흑색의 영혼을 갖는다. 폭력과 살생을 일삼는 사람들이 여기에 해당한다.

② 청색의 영혼

악한 일을 자행하고 탐욕스럽고 타락하여 음란하고 변덕스러운 사람들의 영혼은 청색(nīla)이다. 사기나 기만을 일삼는 경우가 이에 해당한다.

---

1) *Uttarādhyayanasūtra*, 34. Jacobi(1968), pp. 196～203, .

③ 회색의 영혼

무모하고 경솔하여 다루기 힘들고 화를 잘 내는 사람의 영혼은 회색(kapota)이다. 특히 이교도나 도둑의 경우가 많다.

④ 적색의 영혼

신중하고 정직하며 관대하며 독실한 사람들의 영혼은 적색(tejas)이다. 여기에 해당하는 이들은 자이나 교리를 잘 실천하고, 수행에 힘쓴다.

⑤ 황색의 영혼

동정심 많고 사려 깊고 이타적이며 비폭력적이고 자기 제어에 능한 이들의 영혼은 황색(padma)이다. 명상 수행을 충실히 하는 사람들이 여기에 해당한다.

⑥ 백색의 영혼

공평 무사하여 일체 감정에 치우침이 없으며 편견 없이 공정한 사람의 영혼은 백색(śukla)이다. 정법 수행자의 영혼이 여기에 해당한다.

이상과 같은 6종의 색채론에 대해서, 고전 상키야와 베단타 이론 중의 3성질(tri-guṇa)과 '정확히 상응한다'고 보는 견해가 있다.[2] 즉 고전 상키야의 암질(暗質, tamas), 동질(動質, rajas), 순질(純質, sattva)이

---

2) Zimmer(1974), pp. 229～230.

각각 흑색, 적색, 백색로 표현되고 있는 점에 착안하여 자이나의 6종 색채론과 동일 비교하는 설이다.

어두운 암질은 흑색이며, 불과 같은 동질은 적색, 밝고 빛나는 순질은 백색이라 하듯이, 6종의 색채를 흑색과 청색, 회색과 적색, 황색과 백색으로 각각 둘씩 묶어서 3구분한 뒤에 그 각각을 암질, 동질, 순질에 대칭시킬 수 있다고 한다.[3)]

그러나 필자는 이러한 비교는 적합하지 않다고 본다. 왜냐하면 고전 상키야의 3성질은 원질(原質, prakṛti)에 속하는 것이며, 이 점은 자이나의 영혼(jīva)이 원질에 비교되기보다는 도리어 영아(靈我, puruṣa)에 근접한다는 것을 고려할 때 더욱 합당하지 않다고 보기 때문이다.[4)] 다만 색채의 분류와 그에 따른 각 색채의 특성만을 단순 비교하는 경우에는 상호 유사성을 찾을 수 있을 것이다.

필자는 상키야에서 3성질의 색채적인 특성은 말 그대로 각각의 성질을 색채로 비유하여 표현한 것이라 본다. 이는 《수론송(數論頌)》에서 설명하고 있는 예로서도 짐작할 수 있다.

"순질은 가벼움이요 비춤이고, 동질은 자극함이요 움직임이며, 암질은 오직 무거움이요 덮음이라고 인정된다. 그래서 등(燈)처럼 목적을 위해 작용한다."[5)]

다시 말하면, 암질은 게으르고 둔하며 화를 잘 내는 기질을 띠며,

---

3) 크리스티 L. 윌리는 고전 상키야의 3성질과 자이나의 6종의 레쉬야를 동일하게 다루는 대표적인 예로서 하인리히 짐머를 들고 있으며, 그 밖에도 고전 상키야와 자이나의 관련성을 논하고 있는 자료를 거론하고 있다. Wiley(2000), pp. 360～361.

4) 하인리히 짐머도 영아(puruṣa)와 원질(prakṛti)은 각각 자이나의 영혼과 비영혼에 비견할 수 있다고 설명하고 있다. Zimmer(1974), pp. 241～242, 참조.

5) *Sāṃkhyakārikā*, 13. 정승석(1992), p. 207.

동질은 적극적이며 대담하고 거만한 기질을 띠며, 순질은 평온하며 온화하고 이해심이 많은 기질이라 한다. 따라서 상키야의 진술은 어디까지나 3성질의 '색채'보다는 각 성질의 특성 자체 또는 원질의 성질 분석에 그 중점이 있다고 본다. 물론 3성질 자체에 대한 분석에 따라서 상호간의 유사성을 찾을 수도 있다는 점은 별개의 문제라 생각한다.

그 반면에 자이나에서는 '업 물질' 자체가 영혼과 결합하되, 그 업 물질의 내용에 따라 영혼의 색채가 달라진다고 설명한다. 그러므로 상키야의 원질이 3종의 요소로 구분되며, 3종의 요소가 저마다 고정된 특성들을 가지고 있다고 분석되는 것과는 그 기반이 서로 다르다는 점을 간과해서는 안 된다.

P(원질)
- 순질 : 백색 - 평온, 온화
- 동질 : 적색 - 대담, 거만
- 암질 : 흑색 - 나태, 우둔

표 4. 상키야의 3질의 색채와 성질

그리고 《웃타라디야야나 수트라》 34장 56, 57절에서 보듯이 레쉬야는 크게 2분된다.[6] 흑색, 청색, 회색은 저급하고 악한 레쉬야이며, 적색, 황색, 백색은 좋고 선한 레쉬야이다.

이어서 56, 57절의 각 대구에서는 '악한 레쉬야로 인해서 비참한 삶으로 추락하며, 선한 레쉬야는 행복한 삶으로 이끈다.'라고 한다.

---

6) *Uttarādhyayanasūtra*, 34. Jacobi(1968), pp. 202～203.

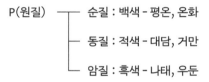

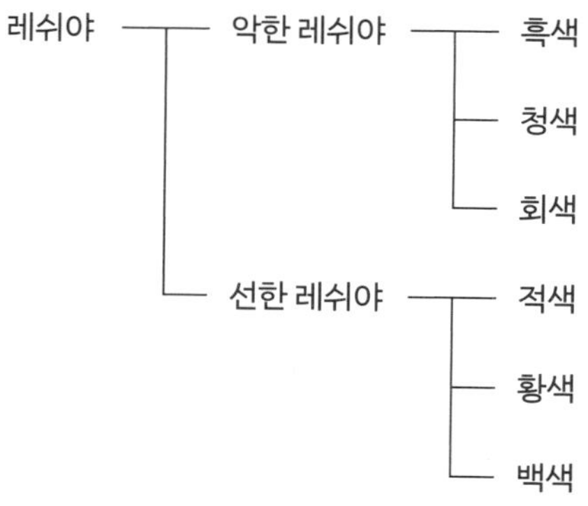

표 5. 레쉬야의 종류

그러므로 레쉬야 이론을 바르게 이해하기 위해서는 자이나에서 말하는 영혼의 본질과 업의 특성을 숙지하는 것이 관건이라고 본다. 레쉬야를 2분하여 묶는 것은 어디까지나 업 물질의 내용이 선한 것과 악한 것으로 나뉘기 때문이다.

이 경우에 악한 업이란 영혼의 본성을 저해하는 유해한 업(ghāti-karma)으로서 8종의 근본 업 중, 인식의 장애(jñānāvaraṇīya) 업, 직관의 장애(darśanāvaranīya) 업, 미망(迷妄, mohanīya) 업, 장해(障害, antarāya) 업 등이 해당한다.

선한 업이란 유해하지 않는 업(aghāti-karma)으로서 8종의 근본 업 중에서 감수(感受, vedanīya) 업, 수명(壽命, āyuṣka) 업, 명칭(名稱, nāma) 업, 신분(身分, gotra) 업 등이다.

이와 같은 레쉬야의 구분은 고전 상키야의 3질론보다도 도상학에서 말하는 후광과 그림자의 2분적 상징에 보다 더 근접한다고도 볼 수 있다. 후광은 천상의 빛을 상징하는 영적인 투명성을 띠고 있는 것이며, 그림자는 영성과 반대되는 물질적인 본성을 나타내는 징표로서

탁하고 어두운 빛으로 표현된다. 그리하여 종종 '영성은 그림자가 없다.'라는 말로써 비물질성을 상징하기도 한다.

더 나아가서 필자는 자이나에서의 영혼의 색채론상 중시되어야 하는 점은 색의 종류가 아니라고 본다. 논의의 핵심은 업 물질의 내용에 따라서 영혼의 단계가 달라진다는 점에 있다. 이에 대한 다른 논거로서는 자이나에서 거론하는 6종의 색채가 일반적인 색채 상징론에서 쓰이는 상징 내용과 사뭇 다르다는 점에서도 추출할 수 있다.

예를 들어서 일반적으로 인도에서는 청색의 상징은 하늘이며, 신을 상징하는 대표적인 색으로 쓰인다. 특히 힌두교의 대표적인 신인 크리슈나의 몸이 푸른 빛을 띠고 있는 것과 자이나에서의 청색의 영혼을 대비해 보면 그 차이는 매우 두드러진다. 자이나 성상들의 몸은 결코 청색으로 치장되지는 않을 것이다. 왜냐하면 청색은 흑색에 버금가는 악한 업을 상징하고 있기 때문이다.

영혼의 색채와 업의 관계

자이나에서 "업은 단지 인간의 운명을 지배할 뿐만 아니라, 영혼의 레쉬야, 유형(類型)과도 관계가 있다."[1]라고 하며, "업 물질은 생명 단자(life-monad), 즉 영혼(jīva)에게 색채를 전달한다."[2]라고도 말한다. 그리고 "마치 물이 수로를 통해서 연못으로 흘러가듯이, 여섯 가지 색채의 업 물질은 육체적 기관들을 통해서 단자로 흘러 들어간다."[3]라고 하면서, 업 물질이 색채를 띠고 있는 것으로 설명하고 있다. 그에 따르자면, 업 물질이 업의 내용에 따라서 다른 색을 띠고 있으며, 그것에 영혼이 물들어 색채를 지닌 영혼이 된다는 것이다. 그렇지만 이와 같은 견해는 레쉬야 이론이 영혼의 색채에 대한 것이 아니라, 업 자체의 색채에 대한 논의로 귀결된다.

자이나에서는 수많은 업 물질들 중에서 가장 중요한 근본 업으로서 8종을 꼽고 있다. 그 중에서도 각 존재의 성격이나 개성을 결정하는 역할을 하는 '명칭 업'에 해당하는 것으로서 5종의 색(varṇa), 즉 흑색, 청색, 적색, 황색, 백색 등을 거론하고 있다.

---

1) 中村 元(1991), p. 257.
2) Zimmer(1974), p. 229.
3) Zimmer(1974), p. 230.

본래 레쉬야는 자이나의 초기부터 영혼의 색채에 대한 논의로서 발전된 것이다. 이는 그 기원의 유사성을 보여 주고 있는 아지비카(ājīvika)의 아비자티(abhijāti) 개념과 비교하면 더 분명히 알 수 있다. 내용상의 차이는 있으나, 양자가 동일하게 6종으로 나누어 색채를 대비한 것 등의 유사성으로 인해서 그 연원이 동일시되기도 한다.

아비자티의 내용은 다음과 같다.[4]

제1 부류는 유백색(乳白色, parama-sukka)으로 막칼리 고샬라(Makkhali Gośāla, ?~B. C. 484년경)와 그의 두 계승자, 즉 난다 밧차(Nanda Vaccha), 키사 상킷차(Kisa Saṅkicca)를 추종하는 이들이 포함된다. A. L. 바샴은 제1 부류에는 막칼리 고샬라, 난다 밧차, 키사 상킷차 등 세 사람만 속한다고 전제한 뒤, 이러한 설에 따르면 너무나 적은 수만이 이 부류에 해당되는 결과가 되기 때문에, 모든 아르한트(arhant)들, 티르탕카라(tīrthaṃkara)들과 아지비카의 신화적 압타(āpta)들도 포함시켜야 한다고 말한다.[5]

제2 부류는 백색(sukka)으로서 아지비카의 다른 파들이 포함된다. 아지비카의 남성과 여성 고행자 모두가 여기에 해당한다.

제3 부류는 녹색(halidda)으로서 흰 옷을 입은 재가자들과 아첼라카(acelaka : 裸形者)들이 포함된다. 여기에는 다른 교단의 고행자들 이상으로 승격된 아지비카의 재가자들이 해당된다.

제4 부류는 적색(lohita)으로서 단 한 벌의 옷만을 입고 지내는 니간타(nigaṇṭha)들이 포함된다.

---

4) Bhattacharyya(1976), p. 176. Basham(1981), pp. 139, 243.

5) Basham(1981), p. 244.

제5 부류는 청색(nīla)으로서 불교의 출가 수행자 빅쿠(bhikkhu : 불교 수행자, bhikṣu)들이 포함된다.

제6 부류는 흑색(kaṇha)으로서 도둑이나 사냥꾼, 어부, 교도소의 간수 등을 비롯하여 폭력과 상해, 학살을 일삼는 이들이 포함된다.

일견하면, 이러한 아비자티의 6부류는 레쉬야의 분류와 매우 유사하다는 것을 보여 주고 있다. 숫자로서의 6분류도 그렇고 분류의 단계에서 갖가지 색상의 개념을 사용한 것도 동일하다. 그러나 아비자티의 본래 뜻은 '혈통, 출생, 신분'으로서 '인류(人類), 인간성' 등 다양하게 번역되고 있지만, 흔히 '6종의 인간'으로 해석되듯이 단순히 인간의 계층적 분류에 그치고 있다.

반면에 레쉬야는 영혼의 순수성을 토대로 하여 레쉬야가 결정된다는 점이 그와 다르다. 물론 A. L. 바샴의 경우와 같이, 아지비카의 아비자티 또한 심령의 색(psychic color) 또는 정신적 색채(spiritual color)에 근거하여 분류한 것이라는 점이 타밀(Tamil) 문헌들에 의해 입증되었다고 하는 설도 있다.[6)]

영혼의 순수성은 자이나에서 가장 강조되고 있는 점이다. 흔히 해탈하는 영혼은 마치 수정(水晶)처럼 맑고 투명하다고 표현된다. 이러한 영혼에 업 물질이 유입되어 생겨나는 반영(反映)과도 같은 것이 레쉬야인 것이다. 다시 말하면, 악업의 유입을 통해서 영혼의 색채는 점차로 탁해지는데, 그 정도에 따라서 백색에서 흑색으로 짙어간다. 반면에 선업이 유입될수록 영혼의 색채는 점차로 밝아져서 마침내 백색이 된다는 것이다.

---

6) Basham(1981), pp. 243～244.

그러므로 엄밀하게 말하자면, 업 또는 업 물질 자체에 색이 있는 것도 아니며, 영혼 그 자체에 색깔이 있는 것도 아니다. 업 물질과 영혼이 결합된 결과로 채색되어 비추는 업신의 상태를 레쉬야라 부르고 그 각각의 빛깔을 구분하여, '흑색의 영혼 …… 또는 백색의 영혼' 등으로 부르는 것이다. 업 물질은 영혼과 결합되면 업신(業身, karma-śarīra)이라 불린다. 따라서 레쉬야란 업신의 색채를 지칭한다.

수행에 따른 영색의 정화

자이나의 레쉬야 이론에서 가장 중요한 요점은 영혼의 색채, 영색(靈色)이 바뀔 수 있다는 것이다. 왜냐하면 레쉬야의 갖가지 색채란 영혼의 고유의 색이 아니기 때문이다. 레쉬야가 업신의 색채이기 때문에 그 색은 바뀔 수 있다. 그것은 영혼의 정화와 비례한다.

업신의 색채를 레쉬야로 보는 경우에, 레쉬야의 색은 6종에 국한되지 않는다는 사실과도 논리적 정합을 이룬다. 수많은 업 물질이 영혼과 결합되는 한, 수없이 많은 계층적 변화의 단계를 만들어 낼 것이라는 사실을 미루어 짐작하기란 어렵지 않다. 다만 6종의 대표적인 색을 추출하여 영혼을 분류하고 그 특징을 분류하고 있다.

더 구체적으로 말하자면 레쉬야는 수행의 각 단계, 14구나스타나(guṇasthāna)에 따라 달라진다.

이러한 자이나의 관점은 색채에 대한 과학적인 일반 이론과 유사한 기반을 가지고 있다는 것을 알 수 있다. 사실 과학적인 색채론을 거론할 필요도 없이, 색채 자체가 어떤 물체에 달라붙어 있는 고유한 본질이 아니라는 점은 이미 널리 알려진 바이다. 하지만 주목할 점은 고대 자이나 이론에서 이러한 색채 이론적 관점을 업론과 수행론을 관련시켜서 논의하고 있다는 것이다.

자이나의 레쉬야와 유사한 점을 보이고 있다고 말해지는 아지비카의 아비자티라든지 다른 학파의 성질론과 함께 진술되는 색채론에서는 고정적인 분류를 기본으로 하고 있는 데에 반해서 레쉬야는 유동적이며 변경 가능하다는 점 또한 그 특징으로 꼽힌다.

결국 업의 정화를 위한 수행을 해야 하며, 그러한 수행의 각 단계, 즉 14구나스타나에 따라 보다 나은 레쉬야를 갖게 되고, 궁극적으로는 해탈에 이를 수 있다는 것이 자이나의 업론이자 해탈론의 요체이다.

그리고 자이나의 레쉬야 이론은 후대 인도 철학에서 다양하게 전개되었던 성질(guṇa)에 대한 논의에 가장 근본적인 영향을 끼쳤다는 하인리히 짐머의 평가를 굳이 거론하지 않더라도,[1] 자이나의 영혼의 색채론은 후대의 여러 인도 철학에서 분석의 일례로 다양하게 쓰이고 있는 색채 상징론의 원형을 보여 준다는 점에서도 시사하는 점이 적지 않다.

1) Zimmer(1974), p. 230.

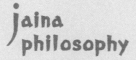

제 4 장

업과 영혼의 관계

탄생이 비참하고,
노년이 비참하며,
또한 병과 죽음이 그러하며,
아아, 윤회는 비참할 뿐이며,
그 속에서 사람들은 고뇌로 고통을 받는다.

《웃타라디야야나 수트라》

jaina
philosophy

업과 윤회

인도 철학에 속하는 여러 학파들 중에서 카르마(karma) 개념을 채용하지 않는 경우는 거의 없다고 해도 과언은 아닐 것이다. 소수의 물질론 계통의 학파 외에는 고금의 인도 종교 철학들이 카르마, 즉 업(業) 이론의 영향을 받았으며 그 이론을 토대로 하여 자파의 교설을 세우고 있다. 또한 물질론적 학파일지라도 정작 그들의 교의는 다른 학파의 업 이론을 부정하는 데 그들의 주안점을 두기도 한다.

자이나 학파에서도 역시 업 개념을 채용하여 그 이론을 구축하였다는 점에서는 동일선상에 있다고 말할 수 있으나, 실제로 그 내용을 살펴보면 인도의 다수설의 업 이론과는 다른 점이 많으며, 개념적 기반 자체가 매우 특이하다는 것을 알 수 있다.

그러한 상이점 중에서도 업이 물질성을 지닌 유형의 것이라는 입장은 가장 독특한 점으로 꼽힌다. 이러한 점은 불교와 힌두 학파에서 일반적으로 말하듯이 '업이란 내적, 외적인 경험적 사실 또는 심리적 측면이나 형이상학적인 것 등과 관련된 것'으로 보는 것과는 많은 차이를 보여 준다.

더구나 물질적인 업이 영혼(jīva)과 결합하여 윤회 세계에 얽매이게 된다는 기조는 궁극적 목표인 해탈의 방법론을 결정하는 데에도 중요한 관건으로 작용하고 있다.

따라서 이 장에서 자이나 철학 특유의 업 개념과 영혼의 관계, 즉 결합과 분리 과정을 통한 해탈의 성취에 대해서 분석함으로써 물질적인 업이 윤회와 해탈이라는 존재의 매트릭스(matrix) 속에서 어떠한 역할과 작용을 하고 있는지 밝혀 보고자 한다.

표준적인 자이나 철학에서는, 업과 영혼에 대한 기본적인 교리는 마하비라가 고행하던 당시에 이미 성립된 교설이라는 것이 정설로 받아들여지고 있다.[1] 물론 후대의 논서들에서 전개된 업 개념은 훨씬 더 정치하고 복잡하게 발전되었지만, 여기에서는 초기 자이나의 이론에 의거하여 논술하고자 한다.

1) 백의파(白衣派)와 공의파라는 2대 교단을 비롯하여 다양한 분파들에도 불구하고, 기본적인 교설의 차이가 거의 없다는 점은 자이나 교단의 안정성 중에서도 첫째로 꼽히는 점이기도 하다. 또한 이 점은 동시대에 태동하여 유사한 점이 많은 불교와 비교해 볼 때, 인도에서 불교의 명맥이 약화된 것에 비하여 자이나교는 끊이지 않고 존속했던 하나의 이유가 되기도 한다.

업의 개념과 특성

인도 철학의 핵심적 개념이라 할 업의 사상적 시원에 대해서는 많은 논란이 있으며, 그에 대한 명확한 확정을 긋기란 쉬운 일이 아니다. 일반적인 설명에 따라 간단히 말하자면 첫째로 선악의 과보를 낳은 행위를 가리키며, 둘째로 존재 상태, 운명을 결정하는 추상적이며 포괄적인 힘을 뜻한다. 어떤 의미를 지니고 있든지 대부분의 학파에서는 업의 개념을 윤회와 해탈의 결정 요인으로 보고 있다.

그런데 자이나를 제외한 그 외 철학에서는 윤회와 해탈 등과 불가분적인 관계를 가지고 있는 것으로서 업을 상정하여 설명하고 있으면서도, 업을 물질적이라거나 실체적인 것으로 보는 예는 거의 찾아볼 수 없다. 다시 말해서 '카르마'라는 개념의 이해 기반이 다르다고 할 수 있는데, 이 점은 자이나 철학의 독창성을 대변하는 일면이기도 하다.

인도 철학 일반에서는 '행위나 동작'의 대칭 개념으로서 카르마라는 단어를 구사하고 있으며, 그에 대한 의미 대칭으로서 '업'이라는 용어를 써야 한다면, 자이나에서의 카르마에 대해서는 '업'이라는 용어가 적합하지 않을 것이다. 왜냐하면 자이나에서는 그와 같은 행위나 동작의 개념으로는 '요가(yoga)'라는 단어를 사용하며, 그러한 요가의 결과로 생겨난 것, 즉 어떤 물질(pudgala)을 직접 지시하는 말로 카르마를 사용하고 있기 때문이다. 행위 그 자체만이 아니라, 그로 인한 결과적 산물까지 포함하는 것이 자이나에서 말하는 카르마이며, 곧 물질적인 업이다. 따라서 자이나의 카르마 개념은 전혀 추상적이거나 관념적인 것이 아니며, 구체적이고 물질적이라 할 수 있다.

그리고 자이나에서의 업의 첫째 특성으로 꼽히는 물질성에 대해서는 업이란 미세한 성질을 지니고 있어서 쉽게 지각할 수 없는 미립자(paramāṇu)의 형태로 떠돌다가 업의 주체자인 영혼과 결합하여 부착된다고 한다.

또한 업이 형체를 지니고 있으며 변형이 가능한 물질이라는 점은, 영혼이 형체 없는 것이라는 점과 대비되고 있다. 마치 우유가 응유(凝乳)가 되거나 버터밀크 또는 버터 등으로 변할 수 있는 것처럼, 업 또한 다양한 형태로 그 모양이 바뀔 수 있지만, 영혼은 형체가 없기 때문에 그러한 변모는 불가능하다는 것이다.

이와 같이 형체를 지닌 물질적인 업이 형체 없는 영혼과 결합한다는 것이 자이나 철학의 기본적 관점인데, 이러한 업과 영혼의 관계는 물질주의와 관념주의의 결합 또는 절충으로 설명되는 근거가 되기도 한다.

업의 종류

일반적으로 업의 종류를 신업(身業), 어업(語業), 의업(意業) 등, 3업으로 나누는 것은 다른 철학파와 동일하다. 자이나에서도 신, 구, 의, 3종은 영혼이 업을 짓는 3종의 통로가 되는 셈이다.

하지만 자이나 경전에서는 단순히 3업으로만 업을 분류하지 않는다. 업의 유형과 형태, 지속 기간, 강도, 양, 질 등등을 세밀하게 분석하여 무수한 종류의 업으로 구분하여 설명하고 있다.

《탓트와르타 수트라》 제8장에서는 업 물질이 영혼과 결합하여 계박(bandha)되어 있는 상태는 네 가지에 따라 달라진다고 하면서 그 본성(prakṛti), 지속(sthiti)의 정도, 강도(anubhāga) 즉 계박의 위력, 그리고 미점(pradeśa)의 양 등에 따라 업의 물질이 영혼과 결합하는 정도가 결정된다고 설명한 뒤,[1] 8가지의 근본 업에 대해서 설명하고 있다.[2]

8가지의 근본 업은 다음과 같다.[3]

① 인식의 장애(jñānāvaraṇīya) : 사물을 분별하는 인식 능력, 즉 감

1) Tatia(1994), 8장, 참조.

2) "ādyo jñāna-darśanāvāraṇa-vedanīya-mohanīya-ayuṣka-nāma-gotra-antarāyāḥ."Tatia(1994), p. 191.

3) Kalghatgi(1965), p. 231, 참조.

관지(mati-jñāna)를 방해한다. 감관지는 간접지(parokṣa-jñāna)에 속한다.

② 직관의 장애(darśanāvaranīya) : 초자연적인 직관 능력인 직관지(直觀知, avadhi-jñāna)를 방해한다. 직관지는 직접지(avadhi-jñāna)에 속한다.

③ 감수(感受, vedanīya) : 기쁨과 슬픔, 고통 등의 감정을 낳는다.

④ 미망(mohanīya) : 3보(寶) 중에서 정견(正見)과 정행(正行)을 방해한다.

⑤ 수명(āyuṣka) : 인간, 동물 등 각 존재의 수명을 결정한다.

⑥ 명칭(nāman) : 각 존재의 성격이나 개성을 결정하는 역할을 한다.

⑦ 신분(gotra) : 카스트, 가문이나 사회적인 지위를 결정한다.

⑧ 장해(障害, antarāya) : 선한 행동을 하는 것을 방해하며, 영혼이 지닌 선천적인 힘을 가로막는다.

이와 같은 8가지의 업을 다시 세분하면, 적어도 148가지, 또는 158가지를 헤아린다고 설명한다.

8가지 근본 업들이 영혼과 결합하는 데 있어서 그 작용은 동일하지 않으며, 크게 두 가지로 다시 분류된다.

먼저 ① 인식의 장애(jñānāvaraṇīya), ② 직관의 장애(darśanāvaranīya), ④ 미망(mohanīya), ⑧ 장해(antarāya) 등에 속하는 업은 영혼의 본성, 즉 완전지(kevala-jñāna), 완전견(完全見, kevala-darśana), 정신(正信, samyaktva) 등을 저해하는 유해한 업(ghāti-karma)에 해당한다.

그리고 ③ 감수(vedanīya), ⑤ 수명(āyuṣka), ⑥ 명칭(nāman), ⑦ 신

분(gotra) 등은 유해하지 않은 업(aghāti-karma)으로서, 유해한 업보다는 훨씬 약하며 영혼에도 그다지 해가 되지 않는 업이다. 유해하지 않은 법의 경우에는 보다 한정적이며 특정한 업을 낳을 뿐이어서, 유해한 업보다 훨씬 덜 파괴적이라 한다. 이처럼 자이나에서는 영혼의 본성에 끼치는 영향력의 강도에 따라서 업을 구분하고 있는데, 여기서 주목할 점이 있다.

흔히 자이나에서는 신업, 어업, 의업 등 3업 중에서 다른 업보다 신업을 중시한다는 점이 강조되어 왔다. 이 점은 특히 불교의 입장에서 외도였던 니건자(尼乾子, Nirganṭha : jaina)의 나형(裸形) 고행 등이 해탈의 성취에 무의미하다는 것을 비판할 때 주로 진술되었던 것이다.

그러나 필자는 자이나에서 특히 신업만을 다른 2업에 비해서 중시하거나, 무게를 두었던 것은 아니다. 앞서의 해석은 불교 경전에서 진술하는 자이나의 견해를 자설(自說)의 주장과 대비하여 과장시킨 것일 뿐, 자이나측의 경전에서 그러한 점이 특히 강조된 것으로는 보이지 않는다.

왜냐하면 2업, 8업, 148업, 또는 158업 등의 분류는 모두 영혼의 본성, 즉 해탈의 성취를 방해하는 업의 종류를 동등하게 나열한 것이며, 시종 일관하여 강조된 것은 업 자체의 특성, 즉 물질성이다. 여기에 자이나에서 중요시했던 것은 열반 또는 해탈로 이끄는 주체인 영혼을 방해하는 것은 물질적인 업이 영혼과 결합되어 있기 때문이라는 점이었고 그러한 물질적인 업은 수행을 통해서 제어, 지멸시킬 수 있다는 점이었다. 더 나아가 그와 같이 업이 갖가지로 달리 분류되고 설명된 것은 그러한 업 물질이 영혼과 결합되어 있는 상태, 계박 상태에 있어서 차이가 나기 때문이다.

이와 같이 여러 가지 업의 종류가 영혼과 계박된다는 결합 관계를 전제로 하여 성립된다는 점은, 자이나의 업론이 영혼과 불가분적인 상호 관계 속에서 논의되어야 한다는 점을 반증하는 것이기도 하다.

업과 영혼의 결합

영혼의 본성

자이나 철학에서 영혼과 비영혼이라는 대범주로 실재론을 전개하는 데 대해서, 논자에 따라서 자이나가 이원론을 취하고 있다고 하거나, 상키야 철학의 이원론, 즉 푸루샤(puruṣa)와 프라크리티(prakṛti) 이론과 대칭하여 설명하기도 한다. 그 경우에 특히 비영혼(ajīva)은 업 물질과 동치하여 설명하면서, 영혼은 업 물질과 완전히 별개로 독립된 생명 있는 단자(單子, life-monad)와 같다고 말한다.[1)]

그러나 무엇보다도 영혼이 다른 실재들, 비영혼에 속하는 실재와 구분되는 가장 큰 특징은 바로 의식(cetanā)을 갖는다는 점이다. 형체를 갖지 않음에도 불구하고, 의식을 지닌 실재로 인정하고 있는 점을 지적하여 "정신적 생명을 갖는다."라고 해석하는 견해도 있다.[2)]

《탓트와르타 수트라》에서는 "[영혼의] 특징은 정신 작용이

---

1) 생물적 단자(life-monad)인 푸루샤(puruṣa)와 무생물적 물질인 프라크리티(prakṛti)는, 생물적 단자와 같은 영혼과 업 물질인 비영혼과 유사하다고 설명하기도 한다. Zimmer(1974), pp. 241~242, 참조.

2) 山本 智教(1981), p. 288.

다."(upayogo lakṣaṇam)"라고 규정하고 있으며,[3] 《웃타라디야야나 수트라》에서는 영혼의 구체적인 특징으로서 "인식(jñāna)과 직관(darśana), 쾌감(sukha), 고감(duḥkha), 행위(carita), 고행(tapas), 정진(vīrya)"[4] 등을 열거하고 있다.

일반적으로 영혼의 본성으로서 열거되는 것들은 완전지(kevala-jñāna), 완전견(完全見, kevala-darśana), 정신(正信, samyaktva), 정행(正行, cāritra), 영속 불멸(akṣayasthiti), 무형성(無形性, amūrtatva), 정진(vīrya), 무과실(無過失, avyāvādha) 등이다.

이러한 본성을 지닌 "영혼은 마치 등불처럼, 신축 자재하다."[5]라고 말한다. 영혼은 그것이 머무는 신체에 따라 그 크기가 저절로 변형되는데, 이는 영혼 자체의 형태가 변형된다는 의미는 아니다. 또한 선업과 악업을 낳는 주체가 되는 영혼은 당연히 업의 과보를 받는 주체이기도 하다.

이와 같이 자이나에서 영혼이란 무한한 기쁨과 직관력 등을 지니고 본래 오염되지 않은 순수한 실재이지만, 현실의 윤회 세계에서는 업 물질과 결합되어 다양한 생존체 속에서 고통의 삶을 반복하고 있다고 보았다. 그러기에 생존의 고통을 벗어나는 길은 곧 업 물질의 제거와 동치될 만큼 강조되었던 것이다. 그것이 영혼의 본성을 회복하는 길인 동시에, 해탈자(mukta)이자 완전자(kevalin)가 되는 길이기 때문이다.

---

3) *Tattvārthasūtra*, 2. 8. 金倉 圓照(1944), p. 117.
4) *Uttarādhyayanasūtra*, XXVIII, 10～11. p. 153. 中村 元(1991), pp. 250 f., 참조.
5) *Tattvārthasūtra*, 5. 16. 鈴木 重信(1930), p. 81.

업신(業身)과 영혼

신체와 말, 의식 등의 활동으로 인하여 영혼이 외계에 가득 차 있는 업 물질과 결합되는 과정은 9제(諦)의 하나인 유입(āsrava)의 원리로 설명된다.[6] 또한 유입의 원리 외에도 업진(業塵, raya ; rajas)을 취득한다는 점이 부가되기도 한다.[7]

그런데 독립적이고 독자적이며, 아무런 형체도 없는 영혼이 업 물질과 결합될 수 있는 근거, 즉 유입 과정 자체는 어떻게 생겨날 수 있는가 하는 의문에 대해서는 6실재 중의 하나인 운동(運動, dharma)와 정지(停止, adharma)의 원리로 설명할 수 있다. 즉 미립자(paramāṇu) 상태로 우주에 충만해 있는 업 물질이 영혼 속으로 이끌려 들어가는 것은 운동(dharma)이라는 실재가 있기 때문이며, 영혼과 결합하여 그 상태를 유지하고 있는 까닭은 정지(adharma)라는 실재가 있기 때문이다.

물론, 유입을 일으키는 운동과 정지의 실재가 작용하는 데에는 영혼이 업 물질을 끌어당기는 유인 작용을 했다는 것이 전제가 된다. 업 물질의 유입을 야기하는 주체도 영혼인 것이다. 그 결과 영혼은 마치 빛나는 보석에 먼지가 달라붙는 것과 같이, 업 물질이 영혼에 들러붙게 된다.

---

6) 자이나 철학의 핵심적 교리인 9제(諦) 이론 중에서, 유입, 계박, 제어, 지멸 등 네 가지가 업과 직접적인 관련이 있는 항목이며, 다른 세 가지 공덕, 죄과, 해탈 등도 업과 밀접한 관련 아래 전개되는 항목이다.

7) 여기서는 업과 영혼의 결합에 대해서 유입에 한정하여 논하였다. 이와 달리, 업진에 대한 논의는 pudgala와 karma의 개념과 특성 자체에 대한 것이다. 煎本 信行(1986), pp. 908~911, 참조.

이러한 유입의 과정은 그 종류에 따라 크게 4종으로 나뉘는데, 그 각각의 내용을 합하면 모두 17종으로 분류된다.

① 5감각을 통해서 유입되는 업 : 청각, 시각, 취각, 미각, 촉각 등 5종
② 4가지 오염된 감정으로 유입되는 업 : 성냄, 교만, 기만, 탐욕 등 4종
③ 5대서계(mahāvrata)를 어겨서 유입되는 업 : 살생, 거짓말, 도둑질, 탐욕, 음행 등 5종
④ 3가지 억제를 잘못하여 유입되는 업 : 마음, 행위, 말 등 3종

이상의 17가지의 유입 방법 외에도 25가지가 더 거론되며, 모두 합하여 업의 유입에는 42가지 통로가 있다고 설명하기도 한다.

이러한 유입의 과정을 통해서 영혼과 결합된 업 물질을 가리켜 업신(業身, karma-śarīra)이라고 한다. 따라서 업 물질이 영혼과 결합되지 않고 외계에 미만해 있는 상태일 때에는 단순히 업 물질이라고 하지만, 일단 영혼과 결합한 상태라면 업신이 되는 것이다.

영혼 속으로 업 물질이 유입되어 업신을 형성한 뒤에는, 업 물질이 많든 적든 그에 상당한 시간 동안 유지되어 머물며, 영혼이 그에 해당하는 과보를 향수토록 한 뒤에 없어지기도 한다. 영혼의 내부에 침입한 업 물질이 영혼과 결합하여 계박(bandha)된 채로 지속되는 기간에 대해서는 《탓트와르타 수트라》 제8장에서 매우 구체적으로 설명

하고 있다.[8)]

몇 가지 예를 들자면 다음과 같다.[9)]

최장의 존속 기간 / 최단의 존속 기간

① 인식의 장애 :	30sokk	<1m
② 직관의 장애 :	30sokk	<1m
③ 감수 :	30sokk	12m
④ 미망 :	70sokk	1so
⑤ 신분 :	20sokk	8m

---

8) "[8종의 근본 업 중에서] 앞의 세 가지 [즉 인식의 장애, 직관의 장애, 감수]와 장해의 업은 최대한 30sokk 동안 머문다. 미망의 업은 70sokk 동안 머문다. 명칭과 신분의 업은 20sokk 동안 머문다."(āditas tisṛṇām antarāyasya ca triṃśatsāgaropamakoṭīkoṭyaḥ parā sthitiḥ. saptatir mohanīyasya. nāma-gotrayoṛ viṃśatiḥ.) Tatia(1994), p. 200, 참조.

9) sokk : sāgaropama×koṭi×koṭi
so : sāgaropama ; 여해량(如海量)
1so 10po×k×k
po : palyopama ; 셀 수 없이 많은 해(year)
1kk 100,000,000,000,000
kk : koṭi×koṭi
k : koṭi ; 俱胝
1koṭi 10,000,000
1m : muhūrta ; 약 48분 16,777,216a
a : āvalikā
10sokk 1 상향기(上向期, utsarpiṇī) 또는 1 하향기(下向期, avasarpiṇī)에 해당한다. 상향기와 하향기는 자이나 우주론의 기본 단위이다. 자이나의 수(數) 관념은 인도 전통에서도 매우 치밀한 것으로 알려져 있는데, 현대의 미터법으로 산정하기란 쉽지 않다. 자이나에서는 수를 다음과 같이 3분한다. ① 셀 수 있는(saṃkhyeya) 수 : 최하의 수, 최고의 수, 중간의 수. ② 셀 수 없는(asaṃkhyeya) 수 : 거의 셀 수 없는 수, 정말로 셀 수 없는 수, 셀 수 없을 정도로 셀 수 없는 수. ③ 무한한(ananta) 수 : 거의 무한한 수, 정말로 무한한 수, 무한히 무한한 수.

그러나 영혼은 다종다양한 업 물질과 쉼 없이 결합하면서 그것들의 지배를 받고 있기 때문에, 새로운 업의 유입을 막고 아울러 과거의 업을 적극적으로 소멸시키기 위한 금욕과 고행을 실천하지 않는 한, 영원히 윤회의 세계로부터 벗어날 수 없다고 한다. 그것은 9제 중의 제어(saṃvara)와 지멸(nirjarā)로 설명된다.

제어란 업이 더 이상 유입되지 않도록 차단하고, 업 물질과 영혼의 결합을 약화시켜서 결국에는 업 물질이 떨어져 나가게 되는 것을 말한다.

업의 제어 방법으로는 "규율(gupti), 용심(用心, samiti), 법행(法行, dharma), 성찰(anuprekṣā), 인내(parīṣahajaya), 자제행(自制行, cāritra), 고행(tapas)"[10] 등이 열거된다.

제어와 지멸은 달리 말하자면, 업신의 해체와 소멸이라 할 수 있다. 영혼과 계박된 업 물질을 떼어 내지 않고서는 결코 궁극적인 해탈을 얻을 수 없다는 것이 자이나의 기본 교리적 전제이다. 그리고 그에 의거하여 업신의 해체를 위한 방법, 즉 갖가지 고행이 제시된다.

10) *Tattvārthasūtra*, 9. 2～3. : sa gupti-samiti-dharma-anuprekṣā-parīṣahajaya-cāritraiḥ. tapasā nirjarā ca. Tatia(1994), p. 219.

업의 지멸과 해탈

윤회와 업의 관계

인도 철학 전반에서 업과 고행, 해탈, 이 셋의 관계는 거의 도식적으로 설명될 만큼 기본적인 개념들이다. 즉 업은 고통스러운 윤회의 원인이므로 고행을 통해서 업을 소멸하여, 마침내 해탈에 이르게 된다는 공식이 그것이다. 자이나 또한 그 예외가 아니다.

> 탄생이 비참하고, 노년이 비참하며,
> 또한 병과 죽음이 그러하며, 아아, 윤회는 비참할 뿐이며,
> 그 속에서 사람들은 고뇌로 고통을 받는다.[1)]

자이나 철학에서도 윤회는 고통일 뿐이고, 그로부터 벗어나 해탈하는 것만이 진정한 목표이자 궁극적인 지복의 경지가 된다. 그러한 해탈은 영혼이 그 본성을 회복하는 것이며, 물질적 업을 모두 제거하는 것이다. 영혼이 물질성을 극복하고 순수 영혼, 절대 영혼으로 복귀

---

1) *Uttarādhyayanasūtra*, 19. 15. Hermann Jacobi(1968), p. 90.

하는 것이 곧 '해탈'이다. 영혼이 업 물질의 작용으로부터 자유롭지 않는 한 모든 존재는 윤회의 흐름에서 벗어날 수 없다. 따라서 윤회 속의 존재 상태를 결정하는 것은 바로 업 물질이라 할 수 있다. 영혼과 결합된 업 물질, 즉 업신의 정도 여하에 따라 미래의 존재가 결정되기 때문이다.

그런데 수많은 업 중에서도 윤회 세계에 속박되는 데 가장 큰 요인이 되는 것은 분노(krodha), 교만(māna), 기만(māyā), 탐욕(lobha)의 네 가지 감정이라는 데 견해가 일치한다. 이러한 네 가지의 오염된 감정은 예탁(穢濁, kaṣāya)으로 분류되며 영혼의 미혹을 초래하는 근본적인 원인이 된다. 따라서 "윤회의 원인은 감관의 대상(kama-guṇa)에 집착하는 데 있고, 그 집착을 끊는 것, 바꿔 말하면 감관을 제어하는 것에 따라 해탈을 얻는다."[2]라고 한다.

업신과 결합된 영혼이 윤회 세계에서 어떠한 상태로 존재하는가에 대해서 세분하여 논하는데, 《탓트와르타 수트라》에서는 5가지로 나눈다.[3]

① 지업 상태(止業, aupaśamika bhāva) : 업의 제어 상태로서, 더 이상 업 물질이 유입되지 않는 상태의 영혼이다.

② 멸업 상태(滅業, kṣāyika bhāva) : 업의 지멸 상태로서, 영혼으로부터 업 물질이 떨어져 나간 상태이다.

③ 혼업 상태(混業, kṣāyopaśamika bhāva) : 업의 제어와 지멸이 혼합

---

2) 谷川 泰敎(1981), p. 428.

3) *Tattvārthasūtra*, 2. 1. : aupaśamikar-kṣāyikau bhāvau miśraś ca jīvasya svatattvam audayika-pāriṇāmikau ca. Tatia(1994), p. 33.

되어 있는 상태이다.

④ 활업 상태(活業, audayika bhāva) : 업의 활동 상태로서, 인식의 장애, 직관의 장애, 감수, 미망, 수명, 명칭, 신분, 장해 등 8종의 근본 업 물질이 활발히 유입되고 있는 상태이다.

⑤ 성숙업 상태(成熟業, pāriṇāmika bhāva) : 업의 성숙 상태로서, 영혼이 업과 무관하게 그 본성만을 유지하고 있는 상태이다.

이와 같이 영혼의 상태를 구분하여 설명하고 있으나, 업신과 영혼은 결코 단 한 순간도 고정적이거나 부동의 상태를 유지하고 있지 않다는 데서도 자이나의 상대론적 입장이 반영되어 있다는 것을 알 수 있다.

영혼은 매 순간마다 윤회와 해탈의 세계 가운데서 업신의 정도만큼 상승과 하강을 되풀이하고 있는 것이다.

업과 영혼의 분리

자이나에서의 영혼과 업의 관계가 긴밀한 만큼, 해탈을 성취하기 위한 교설의 대부분은 영혼으로부터 업을 어떻게 분리시키는가, 즉 영혼과 계박되어 있는 업 물질을 모두 발산시켜 버리는 데 치중하고 있다.

이미 논술했듯이, 필자는 자이나에서 강조되는 고행의 논거는 업의 물질성에 있다고 본다. 업의 특성상, 형체를 지닌 물질이기 때문에 영혼과 결합될 수 있었듯이, 그 제거도 또한 가능하다는 것이 자이나의 논리이다.

흔히, 자이나교는 극단적인 고행의 길이라거나 금욕적인 수행을 대표하는 종교 철학으로 알려져 있는데, 자이나에서의 고행이나 모든 수행의 목적은 오로지 영혼이 업의 작용에서 완전히 분리되어 그 본성을 회복하는 것을 목적으로 삼는다.

다시 말해서 "자이나에서 말하는 해탈은 지바(jīva)가 물질적 업을 버리고, 지바(jīva) 본래의 성격을 회복하는 데에 있다."[4] 자이나에서는 완전지(kevala-jñāna)를 획득하여 업의 장애로부터 벗어나기 전까지는 어떠한 영혼도 해탈을 성취할 수는 없다고 한다.

그렇다면 업 물질은 어떻게 영혼에서 분리되는가? 고행(tapas)으로써 업이 소거되는 구체적인 상태적 과정에 대해서 상세히 전하고 있는 자이나 문헌 자료는 그다지 많지 않다. 하지만 대부분의 문헌에서는 고행을 통해서 적극적으로 업 물질을 제거할 수 있다는 데 일치하고 있다.

고행은 업 물질을 인공적으로 소멸시키는 최선 최상의 방책으로 제시되는데, 영혼에서 업 물질이 분리되는 과정은 √dhū, 즉 '떨치다, 떨쳐 버리다, 없애다'라는 표현을 사용하고 있다.[5]

고층(古層) 경전 중에서는 《아야랑가숫타(*Āyāraṅgasutta*)》, 《수야가당가숫타(*Sūyagaḍaṅgasutta*)》, 《웃타라자야나숫타(*Uttarajjhayaṇasutta*)》, 《다사벨야리야숫타(*Dasaveyāliyasutta*)》 등에서 그와 같은 표현을 많이 찾아볼 수 있다.[6]

---

4) 谷川 泰教(1981), p. 427.

5) 榎本 正明(1984), p. 700, 참조.

6) *Āyāraṅgasutta*, I. 2. 6. 3. I. 4. 4. 2 ; *Sūyagaḍaṅgasutta*, I. 2. 2. 27. I. 7. 30. I. 8. 10, I. 15. 22 ;

그렇다면 물질적인 업을 모두 떨쳐 낸 다음 영혼의 상태는 어떠한가? 업 물질이 완전히 제거된 순수 영혼은 물질적 특성이 완전히 제거된 형체 없는 존재자(arūvīsattā), 즉 형체 없는 영혼이 된다.[7] 그 상태의 영혼이 바로 해탈을 성취한 최상의 존재 상태이며, 자이나의 우주론에 따르면 최고천(īsīpabbārā)에서 지복(至福)을 누리는 궁극의 영혼이 되는 것이다.

영혼과 결합된 업 물질의 유입이 그치고, 이미 유입된 업 물질을 모두 제어하여 마침내 완전히 지멸시켜 버린 뒤, 비로소 순수한 영혼만이 남아 있는 상태, 그것이 바로 해탈자(mukta)이다. 그때 비로소 업의 구속이 전혀 없는 영혼은 깃털처럼 가벼워져서 최고천으로 상승하는 것이다.

자이나의 인간론은 업과 영혼이 결합된 존재, 업 물질의 속박에서 고통 받는 영혼을 전제하는 데서 출발한다. 그러나 자이나 철학이 결코 염세적 비관주의가 될 수 없는 이유 중 하나는 이와 같이 업과 영혼이 분리되는 가능성을 제시하고 최고천의 지복이라는 비전을 제시하고 있기 때문일 것이다.

Uttarajjhayaṇasutta, 12. 40. ; *Dasaveyāliyasutta*, 4. 20.～21. 9. (3) 등. 榎本 正明(1984), p. 143.

7) *Uttarādhyayanasūtra*, 36. 36. : arūviṇo jīva-ghaṇā. 谷川 泰教(1981), p. 427, 참조.

업 물질의 제어와 해탈

현대에 이르러 자이나의 궁극적 목적인 해탈보다는 오히려 그에 대한 실천 방편에 불과한 고행이 그 중심 과제가 되어 버린 감이 없지 않다. 자이나 교도로서의 삶은 해탈을 성취하기 위한 고행을 실천하는 길이라기보다, 고행 그 자체를 위한 전력투구로써 삶의 전반을 채우고 있다고 해도 전혀 지나침이 없을 정도이기 때문이다.

필자는 그 이유 중 하나가 자이나의 독특한 업론에 있다고 본다. 업의 물질성을 전제하고 영혼과 결합 또는 분리될 수 있는 성질을 인정함으로써, 업을 주체의 노력 여하에 따라 제어 또는 지멸할 수 있는 대상으로서 상정했던 것은, 결국 수행론이 중요한 관건으로 귀착될 것이라는 점을 예정하는 것과 같다. 하지만 업 물질을 제어하는 방법 내용에서도 보았듯이 자이나에서의 고행 특히 육체적 고행은 수많은 고행 방법 내지 제어 방법 중의 한 가지에 불과하다. 자이나 교의상 분명히 육체적인 고행과 동시에 정신적인 수행을 강조하고 있다. 그럼에도 불구하고 자이나의 수행 방법을 불교의 중도 수행법과 비교하여, 극단적인 육체적 고행 집단으로 비판하는 것은 자이나의 본의를 오해하는 것이 아닐까 생각한다.

자이나 철학에서는 인간은 본래 불완전한 존재라고 본다. 인간이란 존재는 마치 광산의 원석 속에 금이 내재해 있듯이, 불순물과 같은 업의 오염으로 가득한 존재의 깊은 곳에 금과도 같은 영혼(jīva)이 들어 있기 때문에 존재 그 자체는 불완전할 수밖에 없다고 한다. 그러나 영혼은 자기 본성의 지배자이므로 주체적이며 의지적으로 고행을 실천함으로써, 불순물과 같은 업 물질을 제어하고 마침내 영혼에서 모든 업 물질을 떨쳐 냄으로써 완전히 해탈을 성취할 수 있다는 희망을 제시한다.

고대 그리스의 금언 중에 "고통이 따르지 않는 쾌락을 취하라. 더 가혹한 고통이 따르거나 더욱 더 큰 쾌락을 빼앗아 가는 쾌락을 피하라. 쾌락이 따르지 않는 고통을 피하라. 더 큰 쾌락이 따르거나 더욱 더 가혹한 고통을 없애 줄 수 있는 고통은 감수하라."라는 말이 있다.

자이나의 엄혹한 고행주의는 금언에서 말하듯이 '더욱 더 가혹한 고통을 없애 줄 수 있는 고통'에 집중하고 있는지도 모른다. 윤회하는 삶 자체가 극도의 고통이라고 인식했으며, 그 고통의 원인은 업에 있고, 업은 물질적 성격을 지니고 있기 때문에, 고행을 통해서 제어하고 지멸시킬 수 있는 대상으로 보았던 자이나의 업론은 한편으로는 매우 명쾌한 동시에 논리적인 합리성도 적지 않다.

다만 업 물질 자체에 대한 해명은 어느 정도 모호한 점이 없지는 않다. 업이 형체를 지닌다는 것은 실재로서의 물질이 갖는 여러 가지 특성들, 즉 '형(形), 색(色), 향(香), 미(味), 촉(觸)' 등 중 한 가지만 거론한 것이다. 그렇다면 형, 색, 향, 미, 촉 등은 물질의 공통성(sāmānya)으로 인정되는 것이므로, 형 이하 색, 향, 미, 촉 등도 인정되는 것인가? 또한 후대 논서에서 정신적 업(bhava-karma)과 물질적 업(dravya-karma)으로 이분하게 되었던 점도 거론할 수 있을 것이다. 그렇더라도 물질적 개념으로서 업을 이해한 자이나 철학의 독창성은 인도 전통에서도 거의 유례를 찾기 힘들 정도로 특기할 만하다고 본다.

여기서는 자이나 특유의 업론에 대해서 주체자인 영혼과 결합하거나 분리되는 과정에 중점을 두고 고찰함으로써, 모든 존재가 윤회에서 벗어나 해탈로 상승하는 것을 지상 최대의 목표로 두는 한, 업 물질의 제거를 위한 자발적인 수행을 멈추어서는 안 된다는 것이 자이나 업론의 핵심인 동시에, 해탈론과 수행론의 요지라는 점을 밝히고자 하였다.

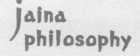

제 5 장

상대주의적 인식론

자이나 다르마를
견고하게 해 주는 난공불락의 요새는
바로 개연론(蓋然論, syādvāda)이다.

람 미슈라(Ram Misra) 아차리야

jaina philosophy

자이나교의 인식론

자이나교의 인식론(pramāṇavāda)에 대한 논의 중에서 첫손에 꼽히는 주제는 '상대주의'(sāpekṣatva)라는 데 큰 이견이 없을 것이다. 다른 학파와 비교해 볼 때 상대주의적인 특징이 매우 두드러지는 자이나교의 인식론은 인도의 철학적 전통에서도 독창성이 매우 높다는 평가를 받아 왔다.

자이나교의 인식론적 핵심 논점은 다면론·관점론·개연론 등 세 가지를 꼽을 수 있다. 그러한 이론들은 다음과 같이 요약할 수 있다.

자이나교의 인식론 → 상대주의(sāpekṣatva)

- 다면론(anekāntavāda) : 다원적인 실재 이론
- 관점론(nayavāda) : 관점의 차이 이론
- 개연론(syādvāda) : 개연적 판단 이론

표 6. 자이나 인식 이론

여기에 부연하자면, 관점론은 주로 논리적인 사고를 주제로 삼

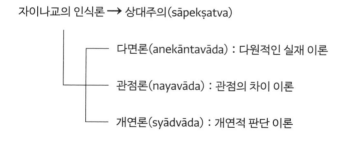

고 있으며, 개연론은 언어적 영역에서의 인식을 주요 대상으로 하고 있다. 그리고 이러한 두 가지 설과 더불어서 자이나 인식론을 총합적으로 정리하는 이론이 바로 다면설이라고 할 수 있다.

흔히 비유하기를, 다면론을 한 마리의 새라고 한다면 관점론과 개연론은 그 새의 양 날개와 같다고 한다. 왜냐하면 다면론에 근거하여 자이나교의 인식론이 전개되며, 관점론과 개연론은 다면론과 불가분의 상보적 관계를 맺고 있기 때문이다.

그런데 일설에서는 자이나교의 인식론은 여러 학설을 융합시킨 혼합주의(syncretism)에 불과하다는 비난을 가한다. 하지만 과연 혼합주의라는 비판이 합당한 것일까? 또한 상대주의는 부정주의(不定主義)와 다를 바 없다고 하면서 회의론 또는 불가지론(不可知論, ajñānavāda)을 비판하는 것과 동일한 내용의 비난을 가하기도 한다. 여기에 더하여 관점론은 종합주의적인 특성을 갖고 있으며, "상대주의나 회의주의가 아니다."[1]라는 주장도 있다.

이 장에서는 먼저 관점론의 중요 술어들을 고찰한 다음에, 자이나교의 상대주의적 인식론의 가치를 재고(再考)하는 데 중점을 두고 논의를 전개하고자 한다. 다만 자이나교의 인식론에 대한 여러 각도의 비판들이 관점론에만 국한되는 것은 아니지만 여기서는 그 논의 범위를 관점론으로 한정하였다. 왜냐하면 세 가지 인식 이론 중에서도 특히 관점론은 다른 학파에서는 유례를 찾을 수 없는 것이며 자이나교의 인식론을 대표하는 것으로도 잘 알려져 있기 때문이다. 그리고 무엇보다도 관점론은 어떤 사물이나 실재에 대한 인식이 이루어질 때,

1) 허우성(1992), p. 131.

개연론이나 다면론에 따른 인식보다 앞서서 가장 먼저 이루어지는 인식 판단을 그 대상으로 삼고 있기 때문이다.

관점의 개념

나야(naya)란 '관점, 요지(要旨), 의미, 경전, 교의(教義), 논리상의 오류(誤謬), 부분적 조망, 부분적 견해, 태도, 원리, 방법, 여실(如實), 도덕이나 정치상의 방식 또는 차이, 논리적인, 도덕적인, 공정한' 등 여러 가지 뜻을 가진 말이다.[1] 이러한 '관점에 대한 이론'(nayavāda)은 관방론(觀方論), 관찰법(觀察法), 부분적 고찰 등으로 다양하게 번역된다.[2]

자이나교의 인식론과 논리학적 용례에 따른 나야는 '조건적 가정'이라는 의미를 지닌다. 그래서 다수의 학자들은 이러한 의미를 반영하여 '관점'이라고 번역하여 사용하고 있다. 이와 같은 나야의 의미, 즉 '관점'이라는 개념은 자이나교의 철학적 이론들 중에서도 특히 존재론과 실재론적 의미와 밀접한 관련성을 갖는다.

자이나교의 존재론에 따르면, 모든 존재는 실체(dravya)를 기반으로 하여, 성질(guṇa)과 양상(paryāya)이라는 끊임없는 변화(pariṇāma) 속에 있다. 우리는 이러한 존재의 복합적인 다면성을 전체적이며 총합

---

1) Maharaj(1988), Vol. 3, p. 272, 참조.

2) 다수의 학자들이 나야에 대해서 '관점'이라고 번역하지만, 나트말 타티아는 '철학적 관점'(the philosophical standpoint)이라고 번역하고 있다. Tatia(1994), p. 23.

적으로 파악할 수 있는데, 이를 인식(pramāṇa)이라 한다.

그에 비하여, 어떤 특정한 가정적 조건 아래서 어떤 대상을 파악하여 아는 경우에, 이를 가리켜 하나의 '관점'이라 부른다. 이와 같은 관점에 따른 판단은 전체적 종합적 인식과는 달리, 보다 구체적이며 분석적인 지식을 갖게 하는 것이 특징이다.

찬드라다르 샤르마는 지식이 인식과 관점이라는 두 부류로 나누어진다고 설명한다. 그는 인식이란 있는 그대로의 어떤 사물에 대한 지식을 뜻하고, 관점은 관계 속에서의 어떤 사물에 대한 지식이라고 구분하고 있다.[3)]

그에 따르면, 관점이란 관계성에 토대를 두고 있기 때문에 상대적일 수밖에 없다는 결론이 도출된다. 물론 관계란 결코 고정 불변일 수 없기 때문에 그 점을 근거로 하여 상대적인 관점론을 이끌어 내는 것도 무리는 아니다. 그러나 필자는 그러한 관계 또는 관계성이란 파생적인 것이며, 그 이전에 사물, 즉 존재 자체의 특성으로서 변화를 인정하고 있다는 점을 보다 본질적인 논거로 삼아야 한다고 본다.

---

3) Sharma(1976), p. 49, 참조.

관점론의 성립과 기원

어떤 한 존재가 지니고 있는 내적인 성질과 외적인 양상은 고정된 것이 아니라 항상 변화하는 것이므로, 그 존재에 대한 인식과 판단도 무한할 수밖에 없다. 이는 곧 무한 다수의 속성을 지닌 존재에 대해 어떤 인식을 하여 판단한 후에 그것을 표시하는 방법도 무한할 수밖에 없다는 것을 뜻한다.

자이나 철학자들은 전통적으로 그처럼 무한한 판단들을 가장 최소한의 범주로 정리하고자 시도해 왔으며, 그 결과 7종 관점으로 요약해 놓았다.

그런데 관점 이론이 최종적으로 7종의 범주로 정립된 시기에 대해서는 논란이 있으며, 구체적인 관점의 분류에 대해서도 문헌과 학자에 따라 다양한 설을 보이고 있다.

가장 일반적인 학설에 따르자면, 7종 관점이 최초로 정리되어 표현된 문헌은 《탓트와르타 수트라》이다. 그 이후 다수의 공의파, 백의파의 문헌들이 《탓트와르타 수트라》에 의거하여 7종 관점으로 정리하여 논하고 있다. 이를 '고전적인 7종 관점'이라 한다. 하지만 《탓트와르타 수트라》의 판본에 따라서 달리 설명되고 있거나, 문헌에 따라서 《탓트와르타 수트라》의 7종 관점에 포함되지 않는 다른 범주의 관점들도 제시되고 있다.

그러나 관점론의 기원과 관련하여 간과해서는 안 될 사실은, 관점론을 비롯한 자이나교의 인식론이 최소한 마하비라 시대 때에 이미 그 기원으로 삼을 만한 주장들이 선행되었을 것이라는 점이다. 그 한 예로 제3 주지(主支, aṅga)인 《스타낭가 수트라(*Sthānāṅga Sūtra* : St.)》에서는 다음과 같이 7종의 관점을 열거하고 있다.

> 근본적 관점들은 일곱 가지이다. 그것은 바로 종합적, 보편적, 개별적, 현재적, 의미적, 어원적, 사실적 [관점들]이다.[1)]

이와 같이 St.에서 열거하는 7종의 관점들은 《탓트와르타 수트라》의 관점들과 전혀 다르지 않다.

St.는 14원경(元經, pūrva)의 편린들이 상당히 많이 담겨 있다고 인정받는 주지 성전(聖典) 중의 하나이다. 따라서 St.의 한 부분, 예컨대 St. 7. 38.의 내용이 구체적으로 언제 성립된 것인지를 정확히 판별하기란 쉽지 않은 일이며, St.의 편찬 연대를 확정하는 것도 간단치 않은 문제들을 야기한다.

《탓트와르타 수트라》를 7종 관점의 기원으로 삼는 것은 St.를 비롯한 다른 문헌보다 《탓트와르타 수트라》의 편찬 시기가 보다 빠르다고 보는 설을 토대로 한 것이다.

박찬드라 자인은 팔리 문헌 속에 제시되는 관점론이 자이나 철

---

1) "St. 7. naya-pada 38. : satta mūla ṇayāpaṇṇattā, taṃjahā ṇegame, saṃgahe, vavahāre, ujjusute, sadde, samabhirūḍhe, evaṃbhūte." Maharaj(2004), p. 295.

학적 용례를 보인다고 하면서, 초기 불교 문헌 속에 등장하는 관점론은 자이나교의 영향을 받은 것이 명백하다고 결론을 내린다. 그는 이를 근거로 하여 불교보다 더 먼저 자이나교에서 관점론을 정립시켰다고 주장한다.[2)]

그러므로 필자는 관점론의 기원에 대해서 명확하게 말하기란 쉽지 않지만, 인도의 어떤 학파보다 먼저 관점론을 주장했던 것은 자이나교였으며, 그 이론이 다른 학파에 영향을 주었다고는 말할 수 있다고 본다. 그리고 다수의 학자들은 대부분의 자이나 철학 이론이 마하비라 시대 또는 그 이전에 태동되었다고 간주하듯이 관점론도 그 예외가 아니라고 한다. 다만 보다 더 엄밀히 말하자면, 관점론은 경전 시대 때에 정립되었다고 말할 수 있을 것이다.[3)]

---

2) Jain, Bhagchandra(1944), pp. 384～385.

3) 일반적으로 자이나교의 사상적 발전은 다음과 같이 크게 셋으로 구분한다. 첫째, 경전(āgama) 시대는 기원전 4세기경부터 서기 4세기경까지이다. 둘째, 철학(darśana) 시대는 서기 4세기부터 5세기까지이다. 셋째, 논리(tarka) 시대는 서기 5세기부터 17세기까지이다. Jhaveri(1990), pp. 83～91, 참조.

관점의 분류

관점론이 존재에 대한 인식에 관한 이론인 만큼 일곱 가지 관점 이론은 존재론과 불가분의 관계를 갖고 있다.

인식 판단의 대상인 존재의 3특성은 실체·성질·양상이다. 관점론에서는 먼저 존재의 3특성을 토대로 하여 실체적이 측면과 양상적인 측면으로 2구분하여 나눈다. 성질에 대해 별도의 관점을 설정하지 않은 이유는 양상 속에 성질을 포함시켰기 때문이다.

성질과 양상은 각각 내적 특성과 외적 특성을 뜻하며 둘 다 변화성이라는 공통점을 갖고 있다. 바로 이 점은 고정 불변성이라는 실체의 특성과 대조를 이룬다. 따라서 실체와 양상이라는 두 측면만 고려한 듯 보일지라도 사실상 존재의 성질이라는 측면도 포함하고 있다.

일곱 가지의 관점들은 다음 표와 같이 나눌 수 있다.

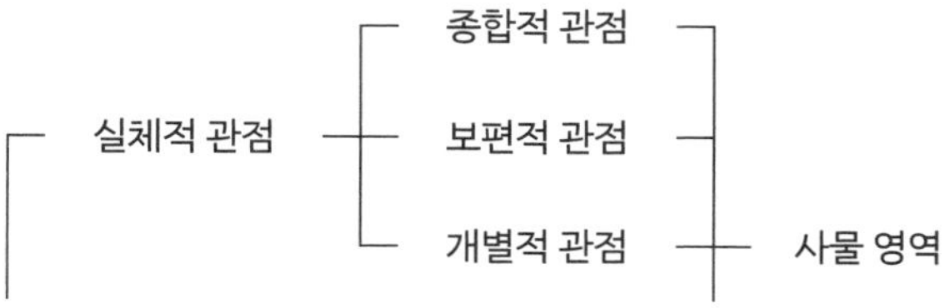

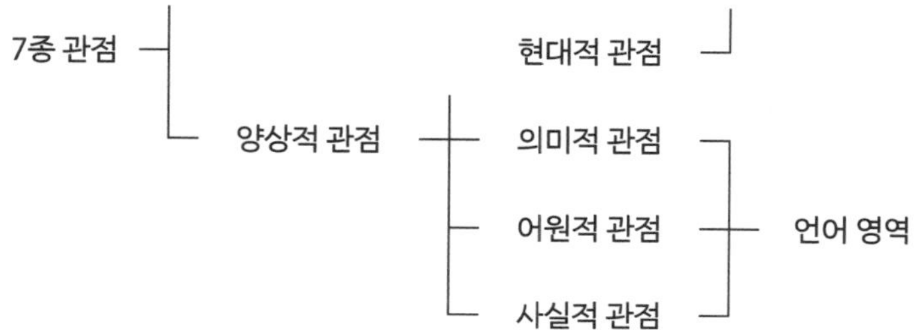

표 7. 7종 관점

이는 《탓트와르타 수트라》에 따른 것으로서 그 세부적인 내용은 다음과 같다.[1)]

실체적 관점

실체적 관점(dravyāstika-naya)이란 하나의 사물과 동일한 종류에 속하는 보편성에 관한 것으로서 실체에 대한 분석 판단의 일종이다. 일반적이고 일상적인 경우에 내리게 되는 판단이 해당한다.

구체적으로 세 가지 관점으로 나누어진다.[2)]

첫째, 종합적 관점(naigama-naya)이다.

이 관점은 사물의 보편성(sāmānya)과 특수성(viśeṣa)을 구별하지

---

1) "naigama-saṃgraha-vyavahāra-ṛjusūtra-śabda-samabhirū-ḍhai-vambhūtā nayāḥ." Tatia(1994), p. 23.

2) Shastri(1983), pp. 303～312, 참조.

않는 경우로서 일상적인 판단이라 할 수 있다. 어떤 존재의 보편성과 특수성은 명확히 분리될 수 없는 것이므로 한번에 전체적으로 파악할 수밖에 없는 경우가 해당하며 상식적인 판단이기도 하다. 예를 들자면, 저녁 끼니때가 되어 부엌으로 들어가는 여자를 보고서 '밥하러 가는 것이다.'라고 판단하는 경우와 같다. 이는 부엌으로 들어가는 목적을 고려하여 판단하는 관점이다. 또 다른 예로는 어떤 나무를 볼 때 전체적인 크기나 모양, 수종(樹種) 등을 종합적으로 한눈에 알아보고 그 나무가 '망고 나무'라고 판단하는 경우이다. 종합적 관점은 그 범위 면에서 볼 때, 가장 광범위하다는 점에서 다른 관점과 구별된다.

둘째, 보편적 관점(saṃgraha-naya)이다.

이는 사물의 보편성에 한정하여 판단하는 일반적인 관점을 뜻한다. 어떤 망고 나무가 일반적인 개념상의 망고 나무에 합치한다는 뜻에서 보편적인 망고 나무라고 판단하는 것이다.

셋째, 개별적 관점(vyavahāra-naya)이다.

이는 사물의 보편성과 특수성을 대조하여 경험적으로 인정된 개별성을 강조하는 실용적인 관점이다. 예컨대 "이것이 내 몸이다."라고 하는 경우와 같이 나 자신과 몸을 동일시하는 관점이 여기에 해당한다. 또한 어떤 나무의 특질을 고려하거나 의식하지 않고 단순하게 '그 나무가 바로 망고 나무'라고 판단하는 경우이다.

양상적 관점

양상적 관점(paryāyāstika-naya)이란 하나의 사물에 내포되어 있는 특수성에 관한 것으로서 양상에 대한 판단이다.

여기에 네 가지 관점이 속한다.[3]

첫째, 현재적 관점(ṛjusūtra-naya)이다.

사물의 과거나 미래가 아닌 현재상(現在相), 즉 현재의 양상만을 보는 방법이다. 즉각적이며 직접적인 판단을 하는 경우에 해당한다. 예를 들면 지금 이 순간에 보이는 상태를 보고 판단하는 것이다. 지금 잘 익은 과실이 주렁주렁 매달린 나무도 과거에는 어린 묘목이었고, 어느 미래 시점에는 땔감이 되고 말겠지만, 지금은 '잘 익은 열매가 달린 나무'라고 판단하는 경우이다.

둘째, 의미적 관점(śabda-naya)이다.

하나의 사물을 지시하는 단어와 그 특수성을 나타내고 있는 말들을 대조하거나, 문법적 형태를 이해하여 사물의 보편성을 보는 방법이다. '망고'라는 말의 함축적인 의미뿐만 아니라 뉘앙스 등을 고려하여 '망고 나무'라고 판단하고 이해하는 경우이다.

셋째, 어원적 관점(samabhirūḍha-naya)이다.

사물을 지시하는 말의 어원적 의미의 차이에 따라 달라지는 것

---

3) Shastri(1983), pp. 312~320, 참조.

을 통해서 사물의 특수성을 아는 방법이다. 예컨대 소(gau)는 그 어원인 '가다'(gam)라는 행위를 할 때, 여실하게 소라고 판단한다는 관점이다.

넷째, 사실적 관점(evaṃbhūta-naya)이다.

하나의 사물을 표현하는 말의 어원과 의미 등을 모두 고려해서 실제적인 특수성을 보는 방법이다. 예컨대 누군가를 가리켜 사자라고 부를 때, '사자'라는 별칭이 생긴 연유는 사자의 용맹성과 함께 사자가 '백수의 왕'이라고 불리는 것 등을 모두 고려하여 사실상 '사자' 그 자체를 의미하는 것이 아니라 힘과 용기의 면에서 '영웅'을 의미한다고 판단하는 경우가 여기에 해당한다. 사실적 관점은 다른 관점들과 비교해 볼 때, 그 범위가 가장 협소하다.

이러한 양상적 관점 중에서도 의미적, 어원적, 사실적 관점 등은 언어 영역에 속하는 것으로 현재적 관점과는 구별된다. 현재적 관점은 존재하는 사물에 대한 판단이므로 언어와 관련된 판단을 내리는 다른 관점과는 다르다.

언어 영역에 대한 관점론은 문법학과 의미론을 중시하는 인도 철학적 경향과 밀접한 관련성을 갖는 것으로 보인다. 인도 철학 일반에서 그러하듯이 사물을 인식하는 가장 중요한 기제는 '언어'와 '시각 정보'라는 것은 자이나 철학에서도 예외가 아니기 때문이다.

그런데 자이나 인식론에서는 언어와 시각 정보의 오류 가능성을 간과하지 않는다. 인식이 의존하는 감각적 정보의 오류 가능성과 그에 종속되기 마련인 언어의 한계성을 비판하면서, 공평하고 정확하게 인식을 수립하는 방법을 제시하고자 고안한 것들이 상대주의적 인식론이다. 따라서 기본적으로는 오류일 수밖에 없지만, 어떤 관점을 정확하게 잘 세운다면, 그 판단에 따른 인식은 합리적이고 보편적인 바른 인식이 된다고 보았다.

어떤 존재에 대해 바르게 인식한다는 것은 위와 같은 다양한 관점에 따라 다양한 판단을 거친 후에 성립한다는 것이 바로 관점론의 요지이다. 오로지 어느 한 관점만을 절대적으로 옳다고 판단하는 것은 다른 관점에 따른 판단들을 배제시키는 결과를 초래하기 마련이며, 그러한 절대적인 관점에 따라 내려진 판단과 인식은 결국 부분적인 진리 또는 진실만을 반영한 것이므로 오류라고 판명된다.

그리하여 일견 번쇄하기가 이를 데 없는 것처럼 보이는 자이나의 인식 판단 이론도 결국은 실재에 대한 바른 인식을 추구하는 엄밀한 태도에서 비롯된 것이므로, 무의미한 희론으로 여겨서는 안 될 것이다. 그러나 자이나교의 관점론을 비롯한 상대주의적 인식론에 대한 타 학파의 논박의 수위는 여기에서 그치지 않는다.

상대주의적 관점론에 대한 논박

자이나교의 상대주의적 인식론은 다른 철학파들의 견해와 대립하는 입장에 서 있다.

먼저, 베단타 학파에 따르면 실재는 유일하고 보편적인 존재이며 어떠한 차별이나 구별도 있을 수 없다는 절대주의적인 일원론을 취한다. 그러나 자이나교에서는 상대주의에 입각하여 이러한 베단타의 견해를 비롯해서 상키야, 불교, 차르바카 등의 실재론적 입장을 비판하고 있다.

"실재의 속성은 항상 유무(有無)의 복합체"이므로 상대적인 판단만이 가능한 최선의 인식이며,[1] 그러한 상대적인 인식 판단은 절대적인 것이 아니다. 베단타, 상키야 등의 학설은 부분적인 것을 절대적인 진리로 규정하므로 합리성이 결여된 주장이라는 결론에 도달한다.

일설에서는, 언어 또는 소리(śabda) 자체가 영원 상주한다고 보는 주장까지도 어떤 관점에서 보면 그럴 수도 있다고 말할 수 있다는 식으로 해석이 가능하다고 말하면서 상대주의적 인식론의 포용성을 거

1) Mookerjee(1978), p. 30. 이 책의 pp. 23~48에서는 자이나교의 상대주의적 인식론에 입각하여 타 학파의 견해들을 상세하게 비교 서술하고 있다.

론하기도 하지만, 필자는 그러한 설명은 자이나교의 상대주의적 인식론을 잘못 이해한 것이라고 본다.

자이나교의 상대주의적 인식론이란, 실재 자체의 특성을 파악하고자 할 때 가장 최선의 이론이 '상대주의적인 관점론'이라는 것이 그 요체이다. 따라서 베단타의 경우처럼, 실재 자체가 절대주의적 일원론을 띠고 있다고 보거나 또는 불교와 같이 실재가 공한 것이라는 주장, 또는 미망사와 같이 소리의 영원 상주성을 주장하는 것 등은 상대주의적인 여지, 즉 다원적인 실재의 복합적인 특성을 무시하는 입장에 서기 때문에 타당한 인식이 아니라고 본다. 즉 실재의 특성을 온전히 반영한 것이 아니라는 입장을 취하는 것이다. 상대적인 인식의 타당성을 조건적으로 인정하는 것과 부분적이고 일면적인 인식만을 절대적인 진리라고 주장하는 것은 분명히 차이가 있다.

필자는 특히 상대주의적 인식론의 착안점이 절대주의적인 인식론을 비판하는 데 있었다고 본다. 상대주의는 모든 진리나 가치의 절대적 타당성을 부인하고, 모든 것은 상대적이라고 주장하는 이론적 입장이다. 따라서 모든 인식은 인식의 주체와 대상의 관계, 인식 주체의 처지와 태도, 대상의 존재 방식 등으로 제약되므로 상대적 타당성을 가질 뿐이라는 것이 상대주의적 인식론이다. 이와 반대되는 입장이 절대주의적 인식론이다.

그런데 자이나교에서도 전지자(全知者)의 인식이라는 절대지(絶對知)를 인정하고 있기 때문에 궁극적으로 볼 때 자이나교 또한 상대주의적 인식론에 근거한다기보다는 절대주의적 입장을 취하고 있다고 보아야 한다는 비판이 제기되기도 한다.

물론, 전지자를 상정하고 있는 자이나 철학에서, 바른 판단의 유일한 기준은 전지자의 의식이라고 할 수 있으며, 리샤바에서 마하비라에 이르기까지 전지자들에 의해 자이나 철학은 정립되었다. 그에 따르면 전지자를 제외한 일상인의 관점으로는 절대적인 진리의 판단이 불가능하며, 일상적인 판단에서 가능한 최선의 판단 방법은 일정한 기준에 의한 상대적인 판단을 내렸을 경우뿐이다. 그리고 전지자에 의해 실재가 완전히 인식될 수 있다고 하여도, 어떤 판단 자체로서는 모두 불완전한 개연성만을 표현할 수 있을 뿐이다. 이러한 인식적 태도를 지칭하여 상대주의와 개연론의 입장을 취한 것이라고 말한다.

그런데 닷타(D. M. Datta)와 찻테르지(S. Chatterjee)를 비롯한 일부의 학자들은 개연론(syādvāda)이라는 용어는 시야트(syāt)라는 단어를 '아마도'(maybe)라고 번역했기 때문에 빚어진 오류라고 주장한다. 그러한 입장에서는 시야드바다(syādvāda)를 '개연론'이라고 번역하는 것은 자이나 철학을 오해한 것이며, '시야트'라는 말도 '아마도'라고 해석해서는 안 된다고 한다. 특히 '시야트'를 '아마도'라고 번역한다면 회의론(skepticism)을 띠는 것으로 보아야 하는데, 이는 자이나교의 철학적 입장과는 합치하지 않는다. 따라서 시야드바다는 개연성과는 무관하며, 개연론도 아니라고 한다.[2)]

그러나 자이나교에서 시야드바다를 주장했던 이유는 절대주의적인 실재 이론을 비롯한 다른 학파의 이론을 비판하고 그에 대응하는 인식 이론을 제시하는 과정에서 수립된 것이라고 보아야 한다. 따라서 시야드바다는 다른 인식 이론들과 함께 상대주의와 연결된 것

2) 파르타 고세(Partha Ghose)에 따르면 "마할라노비스(Mahalanobis), 할데인(Haldane), 코타리(Kothari)" 등을 비롯하여 많은 이들이 시야트라는 단어를 '아마도'(maybe)라고 번역하고 있다. Ghose(2000), p. 82, 참조.

이며, 결코 철학적 회의론과 연계되지는 않는다. 이 점은 마하비라가 그 당시 대표적인 회의론자로 꼽혔던 산자야 벨랏티풋타(Sañjaya Belaṭṭhiputta)의 회의론적인 입장을 비판했다는 점으로도 분명히 알 수 있다.

그러므로 필자는 시야드바다를 개연론이라고 번역하여도 회의론과 혼동될 염려는 전혀 없다고 본다. 게다가 자이나교의 인식론이 상대주의를 띠고 있다고 보는 한, 개연론이라는 말이 더욱 합당한 용어라고 본다. 개연론이란 상대주의적 인식 이론과 배척되기보다는 도리어 상보적인 동류의 입장에 서 있기 때문이다.

사실 실재의 인식 문제에서 가장 원초적인 선결 문제는, 어떤 대상의 실재성에 대한 판단 기준이라 할 수 있으며, 인식의 한계 문제도 실재와 비실재를 구분하는 판단 기준이 어디에서 연유하는지가 관건이 된다. 이러한 판단의 문제에 대한 자이나교의 해결 방안이 바로 관점론이다.

그런데 관점론을 비롯한 자이나교의 인식론이 종합주의 또는 혼합주의라고 보는 견해가 있다. 그러나 필자는 관점론을 비롯한 자이나교의 인식론적 입장에 대하여 혼합 또는 종합주의라는 평가는 여러 가지의 판단을 동시에 인정하는 것이라고 오해한 데서 비롯된 것이라고 본다.

다양한 관점들을 '일정한 조건 아래 타당한 인식'으로 인정한다는 것은 인식 판단의 다양성, 즉 열려진 가능성에 중점을 두는 것이다. 이러한 태도가 곧 갖가지 관점들을 다 혼합한다거나 종합하는 것을 중시하는 것이라고 볼 수는 없다. 관점론을 통한 판단의 개방성이 중요하다는 입장은 명백히 자이나교의 실재론에 기반을 두고서 성립되었기 때문이다. 다시 말해서, 실재의 복합적인 특성상 다양한 각도에서 판단하는 여러 가지 타당한 관점들이 성립할 수 있다는 입장은, 다원론적 실재론뿐만 아니라 실체와 양상을 동시에 인정하는 존재론의 특성에서 비롯된 것이다.

그러한 전제 아래서 다양한 관점에 따른 여러 가지 인식 판단이 가능하다는 귀결에 이르는 것이며, 인식 판단이 다양하게 성립하므로 다원적 실재론 또는 존재론적 특성이 도출되는 것이 아니다. 물론 자이나 철학자들은 관점론과 개연론이 인식의 가능성들을 남김없이 구명하기 위한 필요 충분 조건이라고 말하기도 한다.[3] 그렇지만 필자는 그러한 해명이 혼합주의 또는 종합주의와 같은 맥락에서 이루어진 것이 아니라는 것은 재론할 여지가 없다고 본다.

그럼에도 불구하고 자이나교의 인식론이 혼합주의라거나 종합주의라는 주장이 제기되는 근본적인 이유는, 각각의 관점들이 서로 다른 학파들의 입장을 반영한 것이라고 해석할 수 있다는 데서 기인한다고 본다. 종합적 관점은 니야야와 바이셰쉬카 학파, 보편적 관점은 베단타 학파, 개별적 관점은 상키야 학파, 현재적 관점은 불교 학파에 해당한다는 것이다.[4]

그러나 자이나교에 따르자면, 각각의 여러 관점들이 서로 다른 학파의 견해를 반영한 것처럼 설명될 수 있지만, 그와 달리 각 학파의 내부에서는 그러한 자기 관점만을 오로지 절대적인 진리로 고수하고 있다는 것이다.

---

3) Mahalanobis(1990), p. 38, 참조.

4) Dasgupta(1975), pp. 177～179, 참조.

이와 같이 적용하는 사례는 개연론에 의거한 7구(句) 관점(saptabhaṅgī-naya)에서도 그대로 볼 수 있다. 예컨대 7구 관점의 각각에 대하여 다음과 같이 여러 철학파의 주장을 대입시켜서 설명하고 있다.

제1구, '어떤 관점에서 볼 때는 실재이다.'(syādasti.)라는 관점은 상키야 학파의 주장과 같다.

제2구, '어떤 관점에서 볼 때는 비실재이다.'(syātnāsti.)라는 관점은 불교의 중관학파의 주장과 같다.

제3구, '어떤 관점에서 볼 때는 실재이며 또한 비실재이다.'(syādasti nāsti ca.)라는 관점은 니야야 학파의 주장과 같다.

제4구, '어떤 관점에서 볼 때는 말할 수 없는 것이다.'(syādavaktavyaḥ.)라는 관점은 베단타 학파의 가현론(假現論), 특히 샹카라의 주장에 해당한다.

제5구, '어떤 관점에서 볼 때는 실재이며 또한 말할 수 없는 것이다.'(syādasti ca avaktavyaśca.)라는 관점은 상키야 학파의 설을 반영한 가현론의 주장과 같다.

제6구, '어떤 관점에서 볼 때는 비실재이며 또한 말할 수 없는 것이다.'(syātnāsti ca avaktavyaśca.)라는 관점은 중관학파의 설을 반영한 가현론의 주장과 같다.

제7구, '어떤 관점에서 볼 때는 실재이며 비실재이고 또한 말할 수 없는 것이다.'(syādasti nāsti ca avaktavyaśca.)라는 관점은 니야야 학파의 설을 반영한 가현론의 주장과 같다.

이상과 같이 개연론의 7구 관점 하나하나가 각 학파의 입장을 요약한 것과 다를 바 없으며, 그 각각의 학설들은 일면론(ekāntavāda)적 성격을 갖고 있다. 그와 달리 자이나교의 인식론은 7구 관점들을 총합하여 하나의 학설로 정립하였는데 그것이 바로 다면론(anekāntavāda)이라는 것이다. 그러나 이러한 총합적인 특성을 띠는 다면론에 대해서 '혼합주의 또는 종합주의'라는 평가 또는 비판을 가하는 것이 불합리하다는 것은 관점론에 대한 경우와 전혀 다를 바 없다.

더구나 자이나교의 상대주의가 부정주의 또는 회의론이나 불가지론과 다를 바 없는 귀결에 이른다는 비판에 대해서, 자이나 교도들은 '마하비라가 무한한 지식을 획득하고 모든 것을 아는 전지자이기 때문에 모든 것을 등불과 같이 명백히 밝혀 주었다.'라는 점을 토대로 하여 반박을 가한다.[5)]

다시 말하자면, 자이나교의 인식론적 태도가 상대주의적이라 하여, 어떤 인식 판단에서 불확실하게 남겨 둔 부분은 전혀 없다는 것이다. 따라서 자이나교에 대한 부정주의 내지 불가지론이라는 비판도 전혀 적절하지 않다고 본다.

5) Law(1949), p. 13, 참조.

상대주의적 관점과 인식 이론

자이나교의 상대주의적 관점론을 비롯한 인식 이론이 인도 철학사에 공헌한 바는 적지 않다. 특히 실재에 대한 다양한 견해들, 예컨대 베단타 학파의 영원, 불변, 유일, 절대주의라든지, 불교의 무상(無常), 변화, 현상주의 등에 대치하여 상대주의적인 관점을 견지하고 다원적 실재론을 전개했던 자이나교의 입장은 여러 학파 사이의 첨예한 대립이나 편견의 길이 아닌 관용과 공생의 길을 모색하는 방법론을 제시해 준다는 점에서 그 의의가 매우 크다고 본다.

더 나아가 자이나교의 상대주의적인 인식론은 과학적인 세계관의 토대가 된다는 평가도 받고 있다. 경우에 따라서는 아인슈타인의 상대성 원리마저도 자이나교의 상대주의적 세계관을 확장시킨 것으로 해석할 수 있다는 주장이 제기되기도 한다.

예컨대 메타는 다음과 같이 말한다.

> 마하비라가 직관과 추론에 의해서 얻었던 것을, 아인슈타인이 서기 1905년에 시공에 대한 물리학적 이론으로 입증해 냈다. …… 따라서 자이나교의 사상과 형이상학 분야에서의 상대성 이론은 물리학 분야에서의 이와 같은 과학적 이론의 정립을 통해서 충분한 뒷받침을 얻고

있다.[1]

그러나 필자는 일상 생활에서 특히 정치적인 견해의 대립이나 종교적인 교리의 대립에서 자이나교의 상대주의적 관점론이 유용한 해결책을 제시해 줄 수 있다는 것은 분명히 실용적인 장점으로 인정할 만하지만, 관점론 또는 자이나교의 인식론이 아인슈타인의 상대성 원리까지 연계되어 이해가 가능하다는 입장에 대해서는 동의하지 않는다.

물론 필자 또한 자이나교의 인식론에 토대를 둔 세계관이 다양한 세계 속에서 다양한 삶의 양태들을 직시하기 위한 한 방안으로서 충분한 가치를 지니고 있다는 것은 부인하지 않는다. 그와 동시에 자이나 철학에서 관점론을 중시했던 본래의 취지는 여러 가지 관점들을 종합하여 판단하자는 데 있는 것이 아니라, 예컨대 꽃다발을 이루고 있는 각각의 꽃들이 모두 동등한 가치를 갖고 있다는 것을 강조하는 데 있다.

이 세계를 이루고 있는 수많은 존재들이 공통적으로 지니고 있는 본질, 존재의 세 가지 특성에 착안하여 바른 인식 방법의 하나로서 고안한 것이 바로 자이나의 상대주의적 관점론이라고 본다.

1) Metha(1993), p. 142.

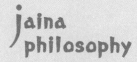

제 6 장

요가 수행론

자이나 다르마는
너무나 역사가 깊어서
그 기원을 알거나
최초의 시작을 알기란
결코 쉬운 일이 아니다.

칸눌랄 조드푸리(Kannulal Jodhpuri)

jaina
philosophy

자이나의 요가 전통

밧타차리야는 "자이나 전통에서는, 마하비라 조사가 12년 동안 주로 요가 수행에 전념했다고 말하며, 자이나교의 경전 문헌들은 요가의 구성 요소들을 매우 중요하게 여기고 있다."[1]라고 하면서 베다 학파의 요가 체계가 자이나교에 영향을 주었다고 보았다. 하지만 자이나 요가는 아리야족이 이전에 이미 성립되어 '선사적'(先史的)인 유래를 가지고 있으며, 그 기원은 브라만교보다 우선한다거나,[2] '역사적으로' 알려진 최초의 요기(yogi)는 제23대 조사 파르슈와라고도 말한다.

자이나 교단사에 따르자면, 파르슈와와 마하비라 이전에 22명의 조사들이 모크샤를 얻었다고 하듯이, 제1대 조사 리샤바를 요가 수행의 시발점으로 보는 입장이 당연시되고 있다.

예컨대 "《바가바타 푸라나》에서는 자이나교의 기초자이자 요가의 마스터인 리샤바의 인생사에 대해 존경을 바치면서 서술하고 있다."[3]라는 경우에서 보듯이, 리샤바에 대한 수식어로서 '위대한 요기

---

1) Bhattacharyya(1999), p. 212.
2) Jain, Dharam Chand(2002), p. vii, 참조.
3) Sekhar(2003), p. 11.

또는 요가 마스터'라는 말을 쓰고 있다.[4)]

이처럼 자이나교에서는 리샤바에서 마하비라에 이르기까지 티르탕카라들은 모두 요가의 길을 걸었던 뛰어난 전범(典範)으로서 언급되고 있다.

자이나교의 요가에 대하여 이처럼 다양한 견해들의 논점을 요약하자면 다음과 같다.

첫째, 인도 요가의 기원은 언제부터인가? 과연 자이나교에서 요가를 최초로 고안했는가?[5)] 또는 자이나교의 요가 전통이 가장 오래된 것이라고 말할 수 있는가?

둘째, 자이나교의 제1대 조사 리샤바가 요가를 수행했다고 볼 수 있는가?

셋째, 파르슈와와 마하비라가 실천했던 요가는 구체적으로 어떤 것이었는가?[6)]

넷째, 자이나교의 요가 사다나(sādhana)[7)]가 베다 학파의 요가 내

---

4) '머리를 땋은 모습'(jaṭā-jūṭa)을 한 '위대한 요기'로서의 리샤바는 외모 면에서도 쉬바와 유사성을 지니고 있다고 상호 비교되고 있다. Tiwari(1983), p. 25, 참조.

5) 인도 요가의 기원이 선사 시대의 샤머니즘적 전통에서 비롯된 것이라고 보는 설도 있다. Dhanda(2001), pp. 93～96, 참조.

6) 자인(Jain, H. L.)은 《물라차라 밧타케라(*Mulācāra Vattakera*)》 등의 문헌을 근거로 하여, 제1대 조사와 제24대 조사가 "chedopasthāpanāsaṃyama"라는 수행법을 설했고, 제2대부터 23대까지는 "sāmāyika saṃyama"를 설했다는 논점을 중심으로 하여, 조사들의 수행법을 2부류로 대별시켜 논의하고 있다. Rampuria(2001), pp. 166～175.

7) 사다나의 원어로 'sādhanā'라고 쓰는 경우도 적지 않지만, 필자는 'sādhana'를 택했다. 《梵和大辭典》에서는 두 단어를 별도의 항목으로 처리하고 양자의 의미를 구분하고 있다. 즉 "sādhana"는 성취, 수습(修習)을 뜻하며, 《리그베다》에서는 '목표에 도달하다, 바르게 도달하다'라는 의미를 나타내는 반면에, "sādhanā"는 마술(魔術)을 뜻한다. 荻原(1986), p. 1458, 참조.

지 파탄잘리(Patañjali)의 요가와 구별되는 점은 있는가? 차이점이 있다면 무엇인가?

'사다나'의 어원은 사드(sādh), 즉 '목표를 향해 곧장 가는 것'이라는 말에서 비롯되었다. 사다나란 '어떤 목적을 성취하기 위해 실천하는 자기 노력, 또는 정신적인 수련, 수단, 방도' 등을 의미한다. 일반적인 인도 철학적 용례로서는 '모크샤에 이르는 수단'을 뜻하는 말이며, 한마디로 말하자면 '성취법'(成就法)이라 할 수 있다.[8]

이상의 논점들은 자이나교의 요가를 논할 때 선결되어야 할 문제들인 것은 부인할 수 없다. 하지만 동시에, 쉽사리 결론을 내릴 수 없는 역사학적인 관련성으로 인해서 단정하기가 어려운 논제로서 거론되고 있다.

다만, 여기서는 자이나 교단에서 '요가'라고 부르는 수행 방법과 인도 철학 일반에서 논의하는 '요가' 사이의 상호 관련성과 차이점에 중점을 두고서, 자이나교의 요가 사다나에 대해 서술하고자 한다. 왜냐하면 인도의 3대 민족 종교로 꼽히는 힌두교, 자이나교, 불교의 심신 수행법을 각각 '힌두 요가, 자이나 요가, 불교 요가' 등으로 부를 만큼 보편적인 용어가 요가이며,[9] 특히 자이나교에서 '요가'라는 말은 베다 학파에서만큼 널리 쓰이는 말이 아니다. 사다나의 일종으로서 요가라는 용어가 자이나교에서 쓰이고 있기는 하지만, 요가라는 말로써 사다나의 전반적인 내용이 포섭되지 않기 때문이다. 자이나교에서의 요가

8) Grimes(1996), p. 261, 참조.
9) Pruthi(2004), p. 138, 참조.

는 사다나의 일종으로서 부분적 위치를 점유하고 있을 뿐이라고 보아야 할 것이다.

그런 까닭에 필자는 '자이나교의 요가'라는 말보다 더 한정적인 '자이나교의 요가 사다나'라는 어구를 사용하는 것이 일반적인 요가의 용례를 자이나교에 적용시켜서 논의하는 데 보다 적절한 표현이라고 본다. 이러한 관점을 기반으로 하여, 자이나교에서 쓰이는 요가의 용례를 분석한 뒤, 요가 사다나의 내용과 특징에 대해서 논의해 보고자 한다.

요가의 용례

요가는 거의 모든 인도 종교에서 채용하고 있는 수행법으로서 범종파적(汎宗派的) 개념이며, 푸르바 미망사 학파만이 그 예외로서 간주된다. 푸르바 미망사 학파는 제식(祭式)에 중점을 두는 특성 때문에 요가를 수용하지 않고 있기 때문이다.

인도 철학상 요가의 일반적인 용례로서는 파탄잘리의 요가에서 사용되는 의미가 가장 널리 알려져 있다. 즉 '묶다, 결합하다'라는 어의에서 비롯된 요가라는 말은 '자아와 신성한 존재 또는 우주적인 근원, 보편적 존재 등과 합일시키는 것'을 뜻한다. 그리고 '집중'이라는 의미를 가지게 된 것은 파니니(Pāṇini, 기원전 7세기경) 시대부터라고 보고 있다. 하지만 자이나교에서는 그와 같은 의미에서의 요가라는 말이 그다지 일반적인 쓰임새를 가지고 있는 것은 아니다. 그 이유 중의 하나로서는, 자이나교에서 요가라는 말은 매우 다양한 쓰임새를 가지고 있다는 점을 거론할 수 있다.

요가라는 단어에 대한 자이나교의 용례는 다음과 같다.[1)]

---

1) 자이나교의 초기 문헌들에서 '조가'(joga)가 나오는 경우 : I 22, 4 b ; I 9, 28 b ; I 33, 3 c ; I 9, 26 b ; I 17, 3 d ; U 7, 24 d ; U 19, 19 b ; U 19, 21 b ; U 11, 14 b ; U 34, 27 d ; U 34, 29 d ; U 12, 44 b ; U 27, 2 c ; D 8, 17 b ; D 8, 84 a. Yamazaki & Ousaka(1995), pp. 94～95.

몸·마음·말의 활동

요가(yoga)는 프라크리티(prakṛti) '조가(joga)'에서 비롯된 말로서 제1 지시 의미는 '활동, 행위'를 뜻하는데, 특히 몸·마음·말의 활동을 말한다.[2] 이러한 뜻은 사실상 '몸·마음·말이 불안정한 상태에 있다.'라는 것과 다를 바 없다.

따라서 불안정하게 움직이고 있는, 활동 상태에 있는 것, 즉 요가를 대상으로 하여, 다음과 같이 표현하고 있다. '행위의 제어(yoga nigraha), 행위의 지멸(yoga nirodha), 행위의 부정(不正, yoga vakratā)' 등과 같은 경우가 그 예로, 이 때 요가란 모두 몸·마음·말의 행위를 뜻한다.[3] 또한 영혼의 정화 단계 중 제13단계에 해당하는 '사요가'(sayoga<saṃjoga)의 경우에도 몸·마음·말의 활동이 있다는 뜻을 지닌다.[4]

이와 같이 자이나교에서는 몸·마음·말이라는 세 가지 원인에 의한 기능적 활동을 3요가(triyoga)라고 하며, 그 각각을 몸 요가(kāyayoga), 마음 요가(manoyoga), 말 요가(vacanayoga)라고 한다. 이러한 3요가의 결과로 인해서 카르마가 영혼으로 유입(āśrava)되는 결과를 초래한다. 따라서 인간의 존재 활동을 몸·마음·말의 활동이라는 3범주로 크게 나누었을 뿐, 모든 존재 활동이 '요가'라는 한 단어로 귀결된다

---

2) 쿤다쿤다(Kundakunda)의 《니야마사라(*Niyamasāra*)》에 있는 용례는 다음과 같다. "vivarīyābhiṇivesaṃ paricattā jeṇhakahiyataccesu. jo juṃ jadi appāṇaṃ ṇiyabhāvo so have jogo."(ni. sā. 139.) Mehta, Mukul Raj(2000), p. 118.

3) Jain, N. L. (1995), p. 153.

4) 영혼의 정화 단계 중 제13 단계는 '활동 있는 전지자'(全知者) 단계, 즉 사요가 케발린(sayoga kevalin)이라고 불린다.

고 할 수 있다.

영혼의 진동

영혼의 진동이란, 영혼과 카르마가 결합할 때 영혼이 반응하면서 생겨나는 미세한 떨림을 뜻한다.

자이나교에서는 영혼의 기능으로서 요가와 우파요가(upayoga), 2종이 있다고 말한다. 그 때 요가는 영혼의 진동을, 우파요가는 그 진동의 결과로서 일어나는 영혼의 반응 작용을 가리키며, 일반적으로 '정신 작용'이라고 한다. 이 의미로서는 카르마 이론에서 가장 많이 사용되고 있다.

자기 절제의 수행

일반적인 수행도(修行道)에서 고행의 일종으로서 '요가 사다나'라고 말하는 경우가 여기에 해당한다. 이러한 용례로서는 백의파였던 헤마찬드라(Hemacandra, 1089~1172년)가 《요가 샤스트라(*Yogaśāstra*)》를 비롯한 다양한 요가 관련 저술을 편찬한 이후부터 자이나교에서 두루 사용되기 시작한 것으로 보고 있다.

나카무라 하지메는 "자이나 교도는 명상(瞑想, yoga)을 하였다. 자이나교의 제어(制御, saṃvara) 개념과 파탄잘리의 요가(yoga) 개념은 본질적인 의미에서 일치하고 있다."[5]라고 한다.

이 경우의 요가 개념은 베다 학파에서 수행법, 즉 사다나의 한 종류로서 요가 개념을 사용하는 것과 동일한 용례이며, 자이나교의 명상과 요가를 상호 동등하게 이해하고 있다고 보여진다.

그러나 사다나의 일종으로서의 요가의 용례는 '마음의 집중 또는 조절, 제어, 자기 억제'라는 의미를 가지며, 그 방법과 내용에 따라서 여러 가지의 세칙들로 분류되고 있다. 따라서 가장 큰 외연(外延)을 가진 말은 사다나이며, 그에 속하는 요가라는 개념 속에 다시 여러 가지 구체적인 방법들이 있고, 그 중의 하나가 명상이라고 보아야 할 것이다.

다만, 실제에 있어서 사다나로서의 요가는 명상과 구분하기가 쉽지 않으며, 거의 혼용되어 쓰이기도 한다. 그렇지만 요가와 명상, 두 단어는 서로 외연과 내포가 다르기 때문에 결코 동일한 개념으로 다루어질 수는 없다고 본다.

합삭과 행성들의 근접

천문학상의 용어로서, 달과 태양의 황경(黃經)이 같아지는 합삭(合朔)이나 행성들의 근접 등을 의미한다. 이는 자이나교의 천문학과 관련된 문헌에서 볼 수 있는 용례이다.[6]

---

5) 中村 元(1991), pp. 779, 792의 각주 44, 45.

6) Shah(2004), p. 293, 참조.

그에 따르자면, 천체의 출몰 방위각에 따른 합삭, 즉 요가의 종류는 비슈쿰바(viṣkumbha), 파리티(parīti), 아유슈만(āyuṣmān) 등등 총 27종을 헤아리며, 그 각도는 0도부터 360도까지 달라질 수 있다.[7)]

결합과 관계

요가는 "합일, 접촉, 결합"의 의미를 지닌다.[8)] 《리그베다》 이래로 인도 철학에서 가장 보편적으로 쓰이는 요가의 의미 중 하나가 바로 '결합 또는 관계'이다.

자이나 경전 중 《아누요가드와라(*Anuyogadvāra*)》에서의 요가는 '결합, 종합' 등을 의미한다. 아누요가란 "anu + yoga"로서 '의미 있는 말의 결합'이라는 뜻이다. '아누요가드와라'는 프라크리티 '아누오가다라'(Aṇuogadāra)에서 비롯되었다. 아누요가는 니요가(niyoga)와 동의어이고, 니요가에서의 요가도 같은 의미를 지닌다.[9)]

샤스트리는 요가라는 말이 《리그베다》에 가장 먼저 나오는데 그 때의 의미는 '관계, 연결'이었고, 그 후로 기원전 7세기경까지는 '감각들의 활동'을 의미하는 말로 쓰였으며, 기원전 6세기경부터 5세기경까지는 '감각들을 조절하는 것'으로 쓰였다고 시대적으로 구분하고 있다.

샤스트리는 요가와 관련하여 다음과 같이 설명하고 있다.

---

7) Lishk(2000), p. 184, 참조.

8) Maharaj(1988), Vol 2, p. 869. "JOGA"항목.

9) Puṇyavijaya & Mālvaṇiā & Bhojak(1968), pp. 47～49, 참조.

yoga는 yuj(관계하다)와 ghañ이 결합되어 생겨난 말이며, 인도 철학에서 가장 보편적으로 쓰이는 요가의 의미는 '관계 또는 마음의 집중(manaḥ samādhi)'이다. 요가라는 말은 《리그베다》 1. 4. 9. / 1. 5. 3. / 1. 18. 7. 등에 나오며, 그 의미는 '관계, 연결'이었다.

그리고 《카토파니샤드》 1. 2. 12.에 이르러서야 정신적인 의미를 나타내는 것으로 보이는 표현이 등장하고, 몇몇 우파니샤드, 즉 《요가라자오파니샤드(*Yogarājaopaniṣad*)》, 《아드와야타라코파니샤드(*Advayatārakopaniṣad*)》 등에서 요가 명상을 수행한다는 표현이 나타난다.[10)]

자이나교의 경우에도 이러한 시대적인 의미 구분을 적용할 수 있을지 의문스럽다. 왜냐하면 기원전의 자이나교의 문헌에 대한 명확한 시대 산정은 매우 어려운 문제인 데다가, 기원후의 문헌들 속에서는 각종 의미들이 산발적으로 문맥에 따라 공용되고 있기 때문이다.

이상에서 살펴본 바와 같이, 자이나교 문헌에서 요가라는 단어는 위와 같은 다양한 의미로 자유롭게 쓰여져 왔으며, 문장 속의 맥락에 따라 적절히 해석되어 왔다.

다만, 문헌 연구에 따르자면, 첫째와 둘째 의미, 즉 '몸·마음·말의 활동'과 '영혼의 진동'이라는 의미가 보다 더 선행하여 두루 쓰였던 것 같으며, '자기 절제의 수행'이라는 의미로 쓰이게 된 것은 하리바드라(Haribhadra, 7~8세기경)의 요가 관련 저술 이후부터 교단 내에서 쓰이는 빈도가 차츰 더 높아져 가기 시작했다고 보는 것이 다수설의 입

---

10) Shastri(1996), p. 2, 참조.

장이다.

특히 자이나교의 요가 사다나에 대하여 일획을 그은 것으로 유명한 헤마찬드라 이후에도 다른 용례가 두루 함께 쓰이고 있는 점은, 인도의 다른 철학파에서의 요가 용례와는 매우 다른 점으로 꼽히고 있다. 그 까닭은 자이나교에서 요가라는 말이 실천적인 수행 방법이라는 용례로 쓰이기 전에, 이미 형이상학적인 개념으로서 카르마 이론을 설명하는 데 핵심적인 용어로서 정립되었기 때문이라고 생각한다.

사다나와 요가의 관계

요가라는 말이 사다나의 일종으로서 자이나교에 채용된 뒤에도 다른 용어가 혼용되어 왔는데, 그 중 대표적인 것이 브라타(vrata)이다.

단적인 예를 들자면 윌리엄스의 《자이나 요가》는 그 분야에서 선구적이며 독보적이라 할 만큼 정평이 있는 저서이다. 하지만 정작 그 내용은 '자이나 브라타'의 세부 내용을 열거해 놓은 것이라 해도 다를 바 없을 만큼 갖가지 브라타의 세칙들로 채워져 있다. 그 중 대표적인 자이나교의 브라타로서는 대서계, 소서계로 알려져 있는 마하브라타(mahāvrata), 아누브라타(aṇuvrata) 외에도 구나(guṇa) 브라타, 쉬크샤(śikṣā) 브라타, 살레카나(sallekhanā) 등이 있다.[1]

이로써 우리는 자이나교의 요가를 찾아가는 길은 결국 브라타의 길로 들어설 수밖에 없다는 것을 깨닫기 마련이고, 갖가지 브라타와 요가가 서로 다른 말이 아니라는 것을 알게 되기까지 긴 시간을 요하지도 않는다. 더 나아가 "브라타는 그 중심적인 특징으로서 단식을 하는 종교적인 규율의 한 형태이다."[2]라고도 하며, 브라타의 의미가 '단

1) Williams(1998), 참조.

2) Denton(2004), p. 31.

식과 축제'라는 양면성을 지닌 말로 쓰이기도 한다.

그러므로 자이나교에서 브라타는 단순히 '서원(誓願) 또는 서계(誓戒)'에 그치지 않고 '수련, 고행' 등을 내포하는 말이기 때문에 수행 방법을 지시하는 '요가'라는 말과 같으며, 브라타가 요가 사다나의 한 특징으로 간주되고 있다고 보아야 할 것이다. 브라타를 비롯한 갖가지 요가는 사다나를 통해서 목적을 성취하는 데에 필수적인 수단으로서 그 기능을 다하는 데에 의의가 있으며, 자이나교에 입문한 사람이라면 누구나 요가 사다나를 실천하는 것은 당연한 의무이기도 하다.

이처럼 자이나교에서 사다나를 중시하는 이유는, 영혼의 본성이 '평정(samatva)'하므로 영혼이 있는 자는 모두 사다나를 통해서 그러한 평정성을 실현시킬 수 있다고 보기 때문이다. 또한, 영혼의 평정성은 3보(三寶, tri-ratna)로서 구체화된다고 한다. 결국 정견(正見), 정지(正知), 정행(正行), 3보가 자이나 사다나의 또 다른 말로서 동일시되는 것이다.

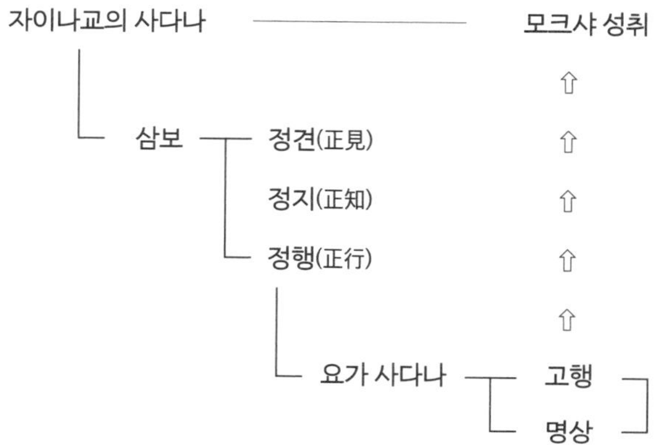

표 8. 자이나교의 사다나

이러한 사다나를 실천하는 사람들, 즉 사다카(sādhaka)들은 일반적으로 자기보다 앞서 수행했던 스승들이 정립해 놓은 규칙들을 준수하고자 노력하는 경향을 보여 주는데, 자이나 사다카들은 3보를 수단으로 하여 전지자(全知者, kevalin)라는 완성의 경지, 즉 모크샤를 추구한다.

이러한 내용은 표에서도 보듯이, 자이나교에서는 요가 사다나가 정행의 핵심이 된다고 보며 크게 2분하여 설명한다. 즉 고행과 명상, 두 가지는 그 내용적 특성상 각각 외적인(dravya) 사다나와 내적인(bhāva) 사다나를 이루는 것으로서 두 가지 모두 갖추어야 최종적인 모크샤에 이를 수 있다고 본다.[3)]

2종의 요가 사다나를 간단히 정리하면 다음과 같다.

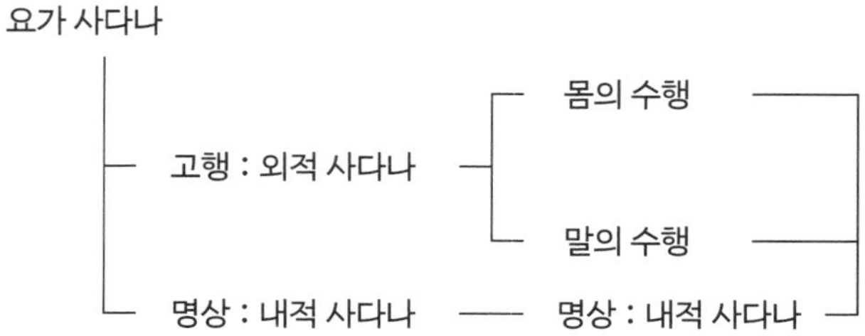

표 9. 요가 사다나

이와 같이 2종의 요가 사다나라는 구조를 띠고 있는 자이나교의 수행법 중에서 특히 고행적 측면에 입각하여, 불교의 수행과 비교했던 김인종은 다음과 같이 말하고 있다.

---

3) Chanchreek & Jain(2004), p. 137, 참조.

이러한 타파스(tapas)에 대한 시각을 마하비라는 업 소멸을 근간으로 하는 철저한 신체적 고행주의의 가르침을 제시하였고 반면에 붓다는 선정주의도 고행주의도 아닌 중도주의의 가르침을 제시하고 있다.[4]

그에 따르자면, 고행주의와 선정(禪定, dhyāna)주의, 중도주의 등 세 가지의 유형이 고행의 정도에 있어서 차이가 나는 단계적 국면의 양상을 띠고 있으며 그 범주를 달리하는 수행법으로 보고 있다. 그러나 앞서 살펴보았듯이, 이러한 견지가 타당한 것인지는 의문이다.

단적으로 말하자면, 자이나교에서 명상 요가 내지 선정이 재가자와 출가자를 불문하고 예나 지금이나 중시되고 있는 최상의 사다나이며, 모크샤로 이끌어 주는 최고의 수단이기 때문이다.[5]

2종의 요가 사다나 중에서 마하비라가 닦았던 사다나는 내적인 사다나였다고, 즉 마음의 수행을 핵심으로 삼았다고 보았던 이는 아그라왈이다.[6] 그는 일반적으로 강조되어 있는 것처럼, 마하비라가 행위를 중심으로 한 외적인 사다나를 수행했을 뿐만 아니라 보다 더 근본적으로는 명상을 중심으로 하는 내적인 사다나를 수행하는 데 전념했다고 말하면서, "그의 중심적인 사다나는 외적인 것이 아니라 내적

---

4) 이 부분은 원문을 그대로 옮겼으나, '…… tapas에 대한 시각을 …… 고행주의의 가르침으로 제시하였고, 반면에 ……'라고 해야 그 의미가 더 명료해진다. 김인종(1992), p. 189.

5) 《탓트와르타 수트라》 9. 29～30 : "고뇌, 해악, 미덕, 순수, [네 가지의 디야나]가 미래에 모크샤의 원인이 된다."("ārta-raudra-dharma-śuklāni, pare mokṣahetū.") Jaini(1974), pp. 186～187.

6) V. R. Agrawal, "Mahaveer's Path of Sādhanā"(Das & Kumar(2002), p. 95. 같은 책에서 니라즈 쿠마르 또한 마하비라는 타고난 사다카였고 위대한 정신적 사다카였다고 논하고 있다. Das & Kumar(2002), pp. 183～188), 참조.

인 것이다."[7]라고 보았다. 이러한 견해는 마하비라의 일생을 통해서 볼 때, 너무나도 분명한 사실로 보여진다.

물론 상대적인 비교를 통해서 마하비라를 비롯한 자이나교의 사다나가 고행에 치중한 몸 수행을 강조하는 듯이 여겨질 수도 있다는 것을 부인하지는 않는다. 그렇지만 자이나교의 내부에서 강조하는 내용과 교단에서의 실제를 알고 나면 정작 중요한 핵심은 내적인 사다나를 닦는 데로 확연하게 저울추가 기울고 있다는 것을 쉽게 파악할 수 있다.

흔히 말하기를, 자이나교에서는 몸을 통한 고행 수행을 강조하며, 그 이유로서는 물질성인 카르마의 제거에 치중하기 때문이라고 한다. 그러한 설명이 오류인 것은 아니다. 그러나 전체적인 수행론에서 보자면 정작 자이나교에서 강조하는 핵심은 그보다는 카르마를 만들어 내고 결국 모크샤에서 멀어지게 하는 최대의 원인 네 가지, 즉 분노(krodha), 교만(māna), 기만(māyā), 탐욕(lobha)의 4예탁(穢濁, kaṣāya)이 모두 심리적 감정적인 요인이라는 데 있다.

결국 강조하는 것은 심정적 상태를 조절하여 카르마의 유입을 억제하고자 수행을 해야 한다는 것은 절대적 명제이며, 그 지름길이 바로 명상 수행이라는 것이 자이나교 수행론의 근간을 이루고 있다.

7) Das & Kumar(2002), p. 101.

명상 요가의 종류와 특징

'지식의 실천이 곧 요가'라는 입장은 베다 학파를 비롯한 인도 종교 일반에 두루 적용될 만큼 인도의 정신적 사다나를 대표하는 말이 요가이다. 그래서 흔히 말하기를, "지식은 앞서 가는 것이고, 요가는 뒤따르는 것이다."라고 말하면서 "실천 없는 지식은 공허할 뿐"이라고 강조한다.

이러한 기조는 자이나교에서도 예외가 아니다. 실천과 수행을 강조하는 자이나교에서 특히 요가 사다나는 다른 여느 학파와 비할 바 없이 중시되고 있는데, 그 중에서도 명상이 최상의 위치를 차지하고 있다. 이 점은 다른 인도 철학파와 그다지 다를 바 없는 점이기도 하다.

자이나교에서의 명상 요가는 문헌과 시대에 따라서 다양한 범주로 나누어질 수 있으나, 현대 자이나 교단에서도 전승해 오고 있는 명상을 토대로 하여 가장 기본적인 것을 중심으로 정리해 보자면 다음 표와 같다.

이러한 명상 요가의 종류들은 통칭하여 '요가 무드라'(mudrā) 또는 '지나(jina) 무드라'라고 한다.

요가 무드라란, '신체의 다섯 부분, 즉 두 무릎, 두 손, 머리 등을 묶은 상태'를 뜻한다. 다시 말해서 신체의 각 부분을 움직이지 않고 평정하게 고정시킴으로써 심신의 안정을 얻어서 모크샤를 성취하여 궁극적인 승리자가 될 수 있도록 해 주는 자세를 총칭하는 말이다.

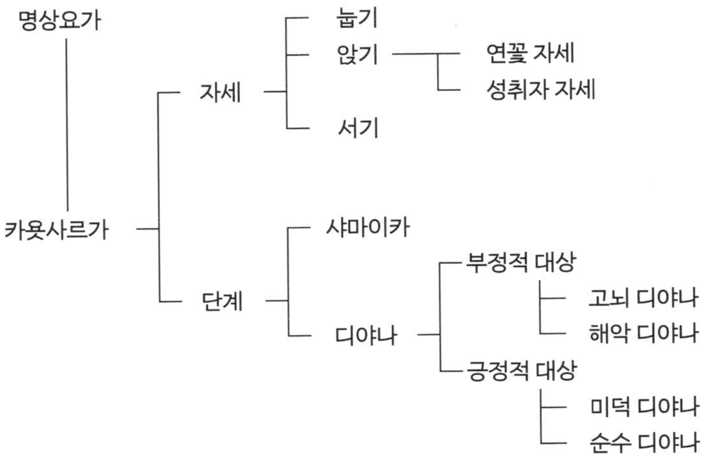

표 10. 자이나 명상 요가

자이나교에서는 명상을 할 때 몸을 고정시키는 것을 중요시하는데, 그 이유는 몸을 고정시킨 후에야 비로소 마음을 평정하게 유지할 수 있다고 보기 때문이다. 이렇게 고정된 자세로 명상하는 것을 가리켜 '스타나(sthāna) 요가' 또는 '스티라(sthira) 요가'라고도 한다.[1]

그런데 위의 표에서도 보듯이, 자이나교에서는 명상 요가가 곧 '카욧사르가'라는 말로 동일시되고 있다.

어원적으로는 프라크리티 '카웃삭가(kāussagga)'에서 유래된 카욧

1) Singh, Nagendra Kr.(2001), Vol. 23, p. 6157.

사르가(kāyotsarga)란 "몸(kāya) + 없애다(utsarga)" 즉 '몸을 없애는 것'을 뜻하고 있다.

외면적으로 볼 때에는, 명상을 통해서 몸이 전혀 움직이지 않는 상태에 이르는 것을 목표로 하는 것이 카욧사르가 명상이다. 그 이유는 몸과 결합되어 있는 영혼의 순수성을 드러내고자 하는 데 있다. 카욧사르가를 통해서 우리는 몸으로부터 분리되는 자아를 경험할 수 있으며, 차츰 깊어지는 명상의 단계에 따라서 궁극적으로 모크샤를 성취하는 데 이른다. 하지만 카욧사르가 명상은 "자각이 있는 완전한 이완 상태"[2]라고 설명되듯이, 무의식의 트랜스 상태라든지 무아경의 엑스터시와는 분명히 구별되는 의식 상태를 특징으로 한다.

다음 그림에서 보듯이, 카욧사르가는 자세에 따라 눕기·앉기·서기 등 세 가지로 나뉜다.

《웃타라디야야나 수트라》 29. 1.에서는 "카욧사르가는 몸의 특정한 자세"라고 하며, 30. 36에서는 "수행자가 눕거나, 앉거나, 똑바로 서서 움직이지 않는 것, 이것은 몸을 포기한 것."[3]이라고 한다.

먼저 누운 자세는 신체상의 문제로 인해서 등을 곧게 펴고 앉을 수 없는 사람에게 바람직한 자세로 권해진다. 이 자세로 명상할 때에 주의해야 할 사항은, 얼굴을 북쪽이나 동쪽으로 두고 그림처럼 편안히 누워서 호흡을 깊게 하고 전신을 이완시켜 나간다는 점이다.

일반적인 요가 체계에서는 송장(śava) 자세라고도 한다.[4]

---

2) Mishra(2004), p. 139.

3) Jacobi(1968), pp. 159, 180.

4) 현대 프레크샤(prekṣā) 명상 요가에서는 힌두 요가의 다양한 자세들을 채용하고 있는데, 그중 누워서 행하는 카욧사르가 자세를 송장 자세라고 한다. Mishra(2004), p. 124, 참조. 누운

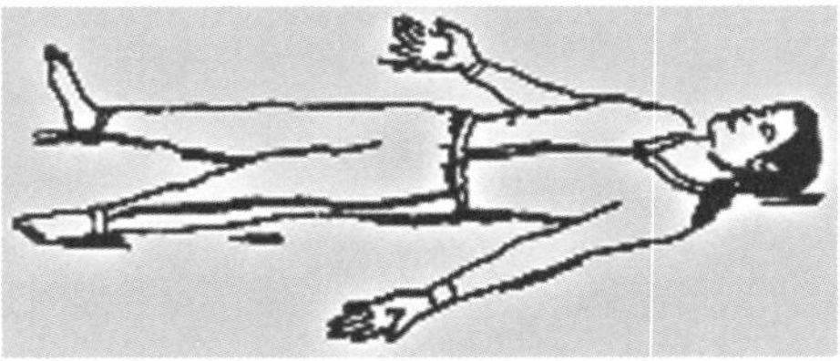

누운 자세

다만 실제로 명상 요가를 행할 때에는 누운 자세보다는 앉아서 하는 명상이 적극 추천되고 있다. 따라서 누운 자세는 예외적인 경우에만 한정적으로 취하게 되는 자세이며, 그런 까닭에 대부분의 요가 관련 문헌에서도 누락된 경우가 적지 않다.

아래 그림은 입 가리개와 털채를 가지고 있는 자세의 경우이다. 가부좌를 하고, 털채는 무릎에 놓고, 입 가리개를 오른쪽 손에 가볍게 쥐고, 양손을 두 무릎 끝에 놓는데, 손바닥이 위를 향하게 놓아야 한다.

앉은 자세

입 가리개를 하고 앉아서 명상하는 사드위

자세의 그림은 Jain, B. L.(2001), p. 147에서 가져온 것이다.

이 때 주의할 사항은, 허리는 바르게 곧추 세우고 두 눈은 완전히 감거나, 다 떠서도 안 된다는 점이다. 이는 성취자(siddha) 자세 또는 가부(跏趺, paryaṅka, palyaṅka) 자세 등으로 부른다.

털채와 입 가리개가 없는 경우에도 이와 똑같이 자세를 취하고 명상을 하는데, 이 자세는 출가와 재가를 불문하고 일상적으로 가장 많이 취하는 명상 자세이기도 하다.

그런데 자이나 도상 중에서 좌상일 경우에 대부분의 성상은 성취자 자세보다는 연꽃 자세(padmāsana)를 취하고 있다. 그 점은 조사들의 일대기와 밀접한 연관이 있다. 예컨대, 제1대 조사 리샤바는 반얀 나무 아래서 선 자세로 완전지(完全知)를 얻었으며, 카일라샤 산에서 연꽃 자세를 한 채로 니르바나에 들었다고 전한다.[5]

그 이후로부터 지금까지 이 두 자세는 자이나교의 모든 성자와 수행자, 재가자들이 따라 행하는 전범적(典範的)인 명상 자세로서 이어져 오고 있다.

5) Shah(1987), p. 113, 참조. 연꽃 자세를 평가부(平跏趺, samaparyaṅka) 자세라고도 한다.

선 자세(그림 왼쪽), 자이나 조사들 조각, 인도 바다미 석굴.

아래 조각상은 연꽃 자세를 취하고 있는 모습을 묘사한 것이다. 두 다리는 결가부좌로 서로 꼬아서 넓적다리 위에 올려 두고, 손은 펴서 겹친 채 가볍게 다리 위에 내려놓고, 눈은 자기 코끝을 보는 듯이 내려 뜬 모습을 취한다.

연꽃 자세, 슈리 찬드라 나타 티르탕카라, 슈라바나벨라골라.

그림에서 보듯이, 고대로부터 자이나 도상에 나타난 연꽃 자세는 오른손과 오른쪽 다리를 위쪽에 놓고 있다. 순서로 보자면, 왼쪽 다리를 오른쪽 넓적다리 위에 올린 다음에, 오른쪽 다리를 왼쪽 넓적다리 위에 놓고, 왼손바닥을 가볍게 펼쳐 놓은 뒤, 그 위에 오른손바닥을 올려놓는 것으로서 자세는 완성된다. 이 때, 몸의 상태가 가장 쾌적하고 안락하다는 뜻에서 안락 자세(sukha-āsana)라고 하거나, 성상들의 도상을 설명할 때는 흔히 디야나 자세라고 부르기도 한다.

이러한 연꽃 자세는 힌두 계통의 《쉬바 상히타》에서 모든 질병을 막아 준다고 설명하고 있는 것과 동일한 자세이다. 그런데 《쉬바 상히타》에서는 모든 사람이 연꽃 자세를 취할 수 있는 것은 아니고, 오직 현명한 사람만 성공적으로 해낼 수 있는 자세라고 한다.[6]

하지만 《쉬바 상히타》의 언급과는 달리, 자이나 요가에서는 연꽃 자세 또는 어떤 요가 자세가 특별히 제한적이거나 예외적으로 어떤 부류에게만 허용된다는 식으로 설명하지는 않는다. 누구나 취할 수 있는 자세이고, 원한다면 누구든지 할 수 있는 자세라는 전제 아래 명상 요가를 설명하고 있다. 따라서, 명상 요가의 출발이 된다고 할 수 있는 자세, 아사나 자체에 특별한 기법이나 숙련이 요구되는 것은 아니다. 이 점은 힌두 요가와 구별되는 자이나 요가의 특징 중의 하나로 꼽힌다.

그리고 선 자세에서는 두 손을 다리에 닿지 않도록 유지시키는 것이 핵심 사항이며, 손을 위로 올리거나 움직이지 않도록 주의해야 한다.

---

6) Vasu(1984), pp. 38~39, 참조.

선 자세는 프라티마 요가(pratimā-yoga)라고도 불리지만,[7] '카욧사르가'라고 하면 곧 자이나교의 선 자세 요가를 가리킬 만큼 대표적인 용어로서 일반화되어 있다. 하지만 9세기 말 공의파 수행자였던 지나세나차리야(Jinacenācārya)도 말했듯이, 앉은 자세가 선 자세보다 더 안락한 명상 자세인 것은 모두가 공감하리라고 본다.[8]

물론 자세에 따라서 척추와 허리에 힘을 가중시키는 정도에 대한 현대 의학의 연구 결과에 따르면, 바른 자세로 곧게 서 있는 자세를 100%라고 볼 때, 앉은 자세는 150%, 누운 자세는 25% 정도의 힘이 척추와 허리에 가해진다고 한다. 따라서 서 있는 명상 자세가 앉은 자세보다 더 힘들 것이라고 말하는 것은 의학적 소견과는 다를 수도 있다.

이상과 같이 자이나 요가 무드라의 갈래를 지을 수는 있지만, 자이나교의 성상이나 도상과 관련해서는 대부분의 경우에 '카욧사르가'라는 말로서 설명하고 있으며, 실제로 행해지는 명상 요가의 내용 설명에서는 사마이카(sāmāyika)와 디야나(dhyāna)가 주축을 이루고 있다. 사마이카에 대한 말뜻은 매우 다양하다. 즉 '평정, 평등, 정의, 청정, 평화, 복지, 행복, 자기 몰입 상태' 등이 사마이카의 다른 이름과 뜻이라고 한다.

《바가바티 수트라》 297에서는 "우리의 영혼이 사마이카이다."라고 한다.[9] 자이나교에서는 영혼의 본질이 곧 사마이카이며, 사마이카를 수행하는 것은 영혼의 본질을 회복하는 것이라고 본다. 그만큼 중요한 명상이 사마이카인데, 디야나와의 차이는 영혼의 정화 단계

7) Singh, Nagendra Kr.(2001), Vol. 23, p. 6157.

8) Singh, Nagendra Kr.(2001), Vol. 23, p. 6158, 참조.

9) Lalwani(1999), p. 132.

(guṇasthāna)에서 보다 더 낮은 입문적인 단계에 해당한다는 데에 있다. 다만, 공의파와 백의파의 전통상 약간의 차이가 있다. 예컨대 공의파에서는 출가자의 경우에 사마이카를 행할 의무는 없으나, 백의파의 경우에는 출가, 재가 불문하고 매우 중시되는 일상 의무가 바로 사마이카이다.

일반적으로 사마이카는 48분 동안, 즉 1무후르타(muhūrta) 동안 한 가지의 대상에 마음을 집중하는 것이 요체이며, 디야나의 경우에는 그 대상의 차이에 따라 4종으로 구분된다.

① 고뇌(苦惱) 디야나(ārta-dhyāna)

고통이나 쾌락을 야기하는 대상과 접촉하는 것을 피하는 것과 관련된 생각에 집중하는 경우이다. 또한 비탄과 고뇌에 잠긴 상태에서 디야나를 할 때에도 여기에 해당한다.

② 해악(害惡) 디야나(raudra-dhyāna)

살생, 거짓말, 도둑질[偸盜], 음행(淫行), 축재(蓄財) 등을 피하는 행동에 마음을 집중하는 것이다. 또한 스스로 포악한 상태에 빠져 있을 때 디야나를 행하는 경우도 여기에 해당한다.

③ 미덕(美德) 디야나(dharma-dhyāna)

경전의 정수(精髓), 고통의 성질, 카르마의 결과, 우주와 존재의 보편적 특성 등에 대해서 마음을 집중하는 경우이다.

④ 순수(純粹) 디야나(śukla-dhyāna)

《웃타라디야야나 수트라》 29. 72.에서는 "마음, 말, 몸의 기능을 멈추고, 마침내 숨쉬는 것도 그쳐야 한다."라고 이 단계를 설명하고 있다.[10)]

이상 4종의 디야나 중에서 고뇌 디야나와 해악 디야나는 윤회 세계에 머물게 하는 원인이 되지만, 미덕 디야나와 순수 디야나는 해탈 세계로 이끌어 주는 원인이 된다.

이와 같은 자이나교의 명상 요가의 특징으로는 으레 '배우기 쉽고, 실천하기 쉽고, 받아들이기 쉽고, 숙달하기도 쉽다.'라는 점이 꼽힐 만큼 특별한 기술을 필요로 하지 않는다. 그리고 누구든지 습관적으로 숙달된 후에는 언제 어디서나 명상에 들 수 있게 되지만, 숙달이 되기 전까지는 가능한 한 정해진 시간에 조용한 분위기에서 실행해야 한다는 정도의 주의만 요구된다.

자이나 학자들은 이러한 명상 요가의 실행으로 얻게 되는 실제적인 가시적 효과 또한 적지 않다고 말한다. 물론 요가에 대한 현대인의 주목으로서도 그 가치가 입증된 바이지만, 자이나 요가 또한 현대인의 온갖 스트레스를 해소하는 데 매우 효과적인 수단이 된다는 점이 첫손에 꼽히는 효과로서 회자되고 있다.

자인 박사는 "매일 15~20분 정도 카욧사르가를 행한다면 2시간 동안 수면을 취한 것보다 더 큰 신체적 정신적 휴식 효과를 얻는다."[11)]

10) Jacobi(1968), p. 173.

11) Jain, B. L.(2001), p. 79, 참조.

라고 하면서 적극적으로 추천하고 있다.

자이나 교도들은 사람이란 한 가지에 48분 동안 집중하기란 매우 힘들고 어려운 일이기 때문에, 20분 정도의 집중만으로도 충분히 명상의 효과를 얻을 수 있다고 말한다.

이와 같이 매우 간편하고 용이한 자이나교의 명상 요가는 다양한 체위(體位) 중심의 하타(haṭha) 요가라든지 호흡 조절을 강조하는 프라나야마(prāṇayāma) 요가 등과는 확실히 다르다는 점을 또 다른 특징으로 덧붙일 수 있을 것이다.

해탈을 위한 요가 사다나

'위대한 요기 마하비라'라는 수식이 가끔 쓰이고 있기는 하지만, '위대한 요기 가우타마 붓다'라고 하는 경우와 같이 우리에게 그다지 친숙한 어구는 아니다. 물론 누구든지 마하비라와 붓다, 모두 요가 수행에 전념했었다는 것을 부인하지도 않을 것이다. 하지만, 특별히 "요가, 요기"라는 용어로서 강조하지도 않는 까닭은 무엇인가?

필자는 그러한 이유 중의 하나로서, 자이나교에서의 요가 개념들이 다른 인도 철학파의 용법과 달리 매우 다양하며, 무엇보다도 카르마 이론과 관련된 용례가 보다 먼저 널리 사용되었기 때문이라는 점을 여러 가지 용례를 통해 고찰하였다. 또한 자이나교에서 요가라는 말은 사다나의 일부를 이루고 있다고 보아야 하며, 고행과 명상이라는 두 부류의 수행 방법으로서 구체화되어 있다는 점을 2종의 요가 사다나라는 체계를 통해서 살펴보았다.

인도의 여러 철학파들은 그 추구하는 목적이 모크샤로서 동일하되 수행 방법, 즉 사다나의 차이로 인해서 학파가 갈리듯이 자이나교의 수행 목적도 오로지 모크샤의 성취를 구심점으로 삼고 있지만 사다나로서는 3보, 즉 정견·정지·정행을 근간으로 하여 수행 체계를 세우고 있다.

필자는 그 중에서 정행을 이루는 요가 사다나의 2종이 고행과 명상이라는 해명을 통해서, 그 중 일부분에 불과한 고행에만 너무 치중하여 자이나교의 사다나를 바라보는 편향된 관점에는 보다 균형적인 시각이 필요하다는 점을 환기시키고자 한다. 물론, 언제나 중요시되어야 할 것은 수단이 아니라 목적이다. 두말할 것도 없이 자이나교의 궁극적인 목적은 모크샤에 있다. 모크샤를 얻은 지나의 경우 강조되어야 하는 것은 모크샤의 완성이며, 모크샤의 내용일 뿐이다.

따라서 모크샤를 성취하기 위한 수단이라 할 수 있는 요가 사다나에 방점을 찍는 것은 마치 달을 가리키는 손가락만 보는 관견(管見)이 될 것이라고 한다면 너무 지나친 비유가 될 것인가? 상식적으로 보자면, 손가락 끝의 달을 놓치는 사람은 드물 것이다. 밝은 달밤의 주인공은 달이지, 결코 손가락이 아니기 때문이다. 다만 헤마찬드라가 "요가는 약초(藥草), 만트라, 탄트라 등이 필요 없는 모크샤의 행복을 위한 초자연적인 수단이다."[1]이라고 선언하였던 것처럼, 달을 볼 수 있는 최상의 수단 또한 요가 사다나라는 점은 예로부터 현대에 이르기까지 자이나 교단에서도 변함없이 이어 오고 있는 수행의 전통이다.

한 가지 더 소개하자면, 현대 자이나교에서 특히 주목을 끄는 명상 운동이 있다. 바로 프레크샤 디야나(prekṣā-dhyāna)이다.

백의파 테라판티(Terāpanthī)의 아차리야 툴시(Ācārya Tulsī, 1914~1997년)가 쿤다쿤다(2~3세기경)의 명상 수행법을 부활시켰다고 평가하는 프레크샤 명상은 불교의 비팟사나(vipassanā) 명상과 비

1) YŚa. 1. 5. : "yogaḥ sarvavipadvallīvitāne paraśuḥ śitaḥ, amūlamantratantraṃ ca kārmaṇaṃ nirvṛtiśriyaḥ." Quarnström(2002), p. 20.

교되는 것으로서, ‘지각(知覺) 명상’이라고도 한다. 현재 아차리야 툴시의 뒤를 이었던 아차리야 마하프라갸(Mahāprajña, Ācārya, 1920. 6. 14.~2010. 9. 5.)의 왕성한 활약 덕분으로 세계 곳곳에 자이나 명상 센터가 세워져서 활발히 보급되고 있다.

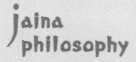

제 7 장

불살생과 식생활 원리

고기와 술을 먹었던 브라만교의 식습관은
자이나교의 영향을 받고 나서 금기시되었다.

로크만야 틸락(Lokmanya Tilak)

jaina
philosophy

수행 전통과 불살생

"힌두 교도는 신들을 숭배하다가 죽고, 터키 사람들[이슬람 교도]은 순례 가다가 죽고, 요가 수행자들은 머리카락을 꼬다가 죽는다."라고 말했던 이는 힌두도 무슬림도 아니었던 카비르(Kabīr, 15~16세기경)였다.[1)]

그와 같은 어조로 말하자면, "자이나 교도는 굶다가 죽는다."라고 해도 크게 틀린 말은 아닐 것이다. 왜냐하면 자이나교의 수행에서 최상의 이상은 살레카나(sallekhanā), 즉 단식(斷食)을 통한 제의적(祭儀的)인 죽음이기 때문이다.

복잡다단한 인도의 종교 문화적 전통들 중에서도 유독 우리의 주의를 끄는 살레카나는 자이나 교도를 '극단적인 고행 수행자'로 쉽게 단정하는 단서가 되곤 하였다. 하지만 살레카나를 비롯하여, 일상적인 식생활에서도 갖가지의 식품을 제한하고 있는 자이나교의 수행 세칙들은 단순히 극단적인 고행의 차원으로만 이해할 수 없는 철학적 실천이라는 측면이 매우 강하다고 본다.

---

1) Singh, Nagendra Kumar(1997), Vol. 22, p. 1102.

일찍이, 우파디예(Upadhye, A. N.)는 직접적이든 간접적이든 생명을 해치는 음식인지 아닌지, 그 정도에 따라서 자이나의 식단이 결정된다고 하면서, 불살생(不殺生, ahiṃsā), 금계(禁戒, saṃyama : 감각의 제어), 고행(tapas) 등 세 가지가 자이나의 식생활과 관련되는 기본 원리라고 설명하였다.[2]

그 중에서도 특히 불살생의 원리는 자이나의 대표적인 윤리 덕목으로서 식생활을 비롯한 모든 분야를 꿰뚫고 있는 기본 축이라 할 수 있다. 부연하자면, 불살생 원리는 대서계(大誓戒, mahāvrata) 또는 소서계(小誓戒, aṇuvrata)의 첫째로 꼽히는 항목으로서, 모든 출가 수행자와 재가 신자를 규율하는 실천 윤리의 축이 되는 덕목이다. 하지만 불살생 그 자체가 목적이 되는 것은 아니다. 현대에 이르러서 불살생계를 범하지 않기 위한 자이나 교도들의 면모는 매우 기행적(奇行的)이라는 평가를 피할 수 없을 만큼 극단적인 일면도 없지는 않다.

그런데 근래에 사회 일각에서 불고 있는 '웰빙(wellbeing) 라이프스타일'이라는 새로운 문화 조류를 비롯하여, 생태적 환경 문제의 대두와 함께 시작된 채식주의 열풍은 자이나교의 역사 오랜 채식주의 문화를 되돌아보게 하는 계기를 마련해 주고 있다. 따라서 이 장에서는 자이나의 채식주의 원리를 고찰함으로써, 자이나 교도들의 식생활 세칙들이 소위 '입 가리개'로 대변되는 것처럼 지나치게 엄혹하거나 극단적인 기행으로 그치는 것은 아니라는 점을 재조명해 보고자 한다.

---

2) Jain & Lodha(1990), pp. 109～112.

자이나 교도의 식생활

자이나교가 해탈을 위한 고행주의를 선양한 것은 널리 알려져 있다. 그러한 고행 수행법 중에서도 육신을 제어하고 규제하는 대표적인 방법으로서 강조되는 것이 음식에 대한 규제이다. 그러한 규제 내용으로는 특정한 식품을 제한하거나 식사 자체를 줄이거나 단식하는 방법 등이 있다.

자이나 교도들은 식사 때마다 배를 가득히 채우기보다는 미리 절제하여 덜 먹는 것이 바람직한 식사법이라고 하여 평상시에 절식(節食)을 실천한다. 그리고 정해진 식사 때가 아니면 어떠한 간식도 먹지 않는 것을 원칙으로 삼는다. 이처럼 절제된 식생활은 결과적으로 볼 때, 적절한 체중을 유지할 수 있게 해 주며, 포만 상태에 이르기까지 식사한 뒤에 느끼는 무기력도 피할 수 있다고 말한다.

하지만 음식 또는 식품에 대한 절제나 금기는 자이나교에만 국한되는 것은 아니다. 그러한 규제는 인도 종교의 전반에서도 쉽게 볼 수 있으며, 다른 여러 종교에서도 특정 음식에 대한 규제를 두고 있다.

가브리엘 쿠센스(Gabriel Cousens) 박사에 따르자면, 조로아스터교, 파르시교, 불교, 힌두교, 피타고라스 학파, 자이나교, 시크교 등이 채식주의를 강조해 왔으나, 그 중에서 불교와 시크교의 경우에는 현재 보편적으로 실행되는 것은 아니라고 한다.[1] 그런데 유독 자이나 교도들은 인도의 국내뿐만 아니라 세계 종교사에서도 가장 엄격한 채식 식단을 고수하는 것으로 유명하다.

흔히 인도인들을 비롯한 전 세계 사람들은 식생활만을 기준으로 하여 크게 양분할 수 있다고 말한다. 즉 동물을 먹지 않는 채식주의자(veg.)와 동물들을 먹는 비(非)채식주의자(non-veg.), 이 둘로 나뉘어진다.[2]

그런데 채식 식단을 고수하는 사람들 중에도 그 정도에 따라서 베저테리언(vegetarian)과 베전(vegan)을 구분하여 말하기도 한다. 전자는 일반적으로 육식을 금지한다는 의미에서의 채식주의자로서 달걀, 우유, 버터 등의 유제품(乳製品)은 섭취하는 이들이 해당하며, 후자는 모든 유제품과 달걀조차 금지하는 극단적인 채식주의자를 말한다. 요컨대 채식주의(vegetarianism)와 완전 채식주의(veganism)를 구분하자는 것이다. 이러한 구분을 따르자면, 자이나 교도의 경우에는 완전 채식주의에 가깝다고 말해야 할 것이다. 하지만 일반적으로는 그 둘을 엄밀하게 구분하여 사용하지 않는 것이 상례인 것 같다.

뭄바이의 채식주의 협회의 줏사왈라에 따르면, 채식주의자(vegetarian)라는 말은 1842년부터 처음 사용되어 온 말로서 음식으로서 고기, 생선, 닭 등을 피하는 이들을 가리키는 것이었으며, 달걀이나 낙농 제품 등을 포함하는지의 여부와는 상관없다고 한다.[3]

따라서 '자이나교에서는 채식주의를 기본적인 식단으로 하여 그

---

1) Cousens(2000), p. 397.
2) Jain & Lodha(1990), p. 135.
3) Jain & Lodha(1990), p. 113, 참조.

식생활을 영위한다.'라고 말할 때에는 광의의 채식주의를 가리킨다고 보아야 한다.

자이나 경전에 따르면, 먹을거리는 그 섭취 경로에 따라서 일상적인 음식과 공기처럼 몸을 통해 빨아들이는 것, 두 가지로 구분된다고 한다.

이는 다시 셋으로 구분된다.

첫째, 살아 있는 것으로서 유기체인 것.
둘째, 죽어 있는 것으로서 무기물인 것.
셋째, 유기체와 무기물이 혼합된 것.

이러한 분류에서 살아 있다는 것은 영혼(jīva)이 포함되어 있다는 것을 말하며, 죽어 있다는 것은 영혼이 없다는 것을 말한다. 자이나에서 먹어서는 안 되는 금지의 대상은 영혼이 포함되어 있는 경우이거나, 또는 식품을 채취할 때 다른 영혼을 상해할 가능성이 많은 경우이다. 그에 따라 금지되어 있는 대표적인 식품들은 다음과 같다.[4)]

① 모든 고기, 즉 도살된 모든 동물, 조류, 생선 등을 먹지 않는다. 자이나 교도들은 육식을 금하는 대신에 렌즈콩, 완두콩 등에서 필요한 단백질을 얻는다.

② 5감각, 즉 촉각, 미각, 후각, 시각, 청각을 갖고 있는 모든 생물체뿐만 아니라 그 이하의 감각을 가지고 있더라도 기본적으로 금지

4) Sangave(1980), pp. 260~261, 참조.

의 대상이 된다.

③ 식물은 1감각, 즉 촉각만을 지닌 것이지만 원칙적으로 허용되는 식품이다. 하지만 채식 식품 중에서도, 칸다물라(kandamūla, 球根類), 즉 땅속줄기 식물이나 뿌리 채소, 예컨대 감자, 양파, 마늘, 붉은 무, 순무, 당근, 근대 등은 금지의 대상이다.

④ 채식이 허용되어 있지만, 모든 생식은 원천적으로 금지된다. 모든 야채는 익혀서 먹어야 하며, 익히지 않은 것을 익힌 것과 섞어서 먹는 것도 금지된다.

⑤ 굴라르(gular), 안지르(anjeer ; anjīr), 핏팔라(pippala), 파카르(pakar), 반얀(banyan), 우둠바라(udumbara) 등의 열매도 먹어서는 안 되는 금기 식품이다. 일반적으로 새나 벌레가 많이 오가는 과일은 생물이 서식하는 장소로 알려져 있기 때문에 금지된다.

⑥ 꿀도 섭취해서는 안 된다. 꿀에도 미세한 생물이 살고 있기 마련인데, 종종 꿀 한 방울이 벌들의 죽음을 대신한다고 표현되기도 한다.

⑦ 와인을 비롯한 모든 술은 먹지 않는다. 특히 와인 등의 술에는 극미의 생물체가 살 수 있기 때문에 금지되기도 하지만, 정신을 혼미하게 하는 자극성 있는 식품이기 때문에 금한다.

⑧ 마약을 비롯한 일체의 향정신성 의약품 등도 금한다.

⑨ 물의 경우, 일반적으로 충분히 끓인 물을 먹는 것을 원칙으로 한다.

자이나 교도들은 모든 종류의 물을 비롯하여, 우유, 과일즙 등의 액체는 일단 여과(濾過)한 뒤에 먹기를 습관화하고 있다. 자이나교에서는 기본적으로 물이란 생물체가 살고 있는 바탕이 된다고 생각하였다. 따라서 끓이지 않는 물속에는 생명이 살아 있을 가능성이 매우 높다는 것이 그들의 상정(想定)이다.

실제로 항상 물을 끓여 먹는 것을 습관으로 삼고 있는 자이나 교도들은 박테리아라든지 열에 약한 화학 약품 등을 제거하는 효과를 얻으며, 인도 특유의 고온 다습한 기후 환경에서는 방역(防疫)의 이점(利點)도 크기 때문에 위생상으로도 바람직하다고 볼 수 있다.

그런데 이 점에 대해서는 일단 물을 끓이는 행위 자체가 살생을 범하는 것이기 때문에, 불살생 원리와 정면으로 충돌하는 모순을 낳는다는 점이 지적되기도 한다. 자이나 쪽의 해명에 따르면, 끓이지 않고 저장해 둔 물은 박테리아를 비롯한 미생물이 기하급수적으로 번식하는 온상이 되지만, 이미 끓인 물은 더 이상 생명이 번식하지 않는 상태이므로 불살생의 계를 범하는 것은 아니라고 한다.

만약 생수를 마신 경우에는 끓인 물을 마신 것보다 더 많은 미생물을 죽이는 결과를 초래한다는 것이 자이나의 확고한 믿음이다. 그와 같은 이유로 우기(雨期, cāturmāsa)의 넉 달 동안은 물을 마실 때 특히 더 많은 주의를 한다. 왜냐하면 우기 동안에는 생물의 번식이 더 활발하게 이루어지기 때문이다.

그리고 모든 음식의 준비와 섭취는 해가 떠 있는 동안에 끝마쳐야 한다. 그 이유는 어둠 속에서 먹을 때에는 부주의하게 생물을 해칠 수 있기 때문이다. 하지만 실제적으로는 소화 작용에도 이로우며, 편안한 수면을 취하게 되고, 체중 조절에도 좋은 효과를 낳는다고 역설한다.

이상과 같은 식생활의 원칙은 출가와 재가 여부를 떠나서 자이나 교도라면 누구에게나 예외 없이 적용되는 것이지만 출가 수행자, 즉 사두(sādhu)와 사드위(sādhvī)는 재가 수행자, 즉 슈라바카(śrāvaka)와 슈라비카(śrāvikā)보다 훨씬 더 엄격한 식생활을 고수하는 것이 현실이다. 특히 사드위는 사두보다 더 엄격한 편이다.

출가자는 대서계에 따라 어떠한 종류의 생명도 침해해서는 안 되기 때문에, 잠재적으로나마 상해(傷害)의 가능성이 있다면 이미 금지 대상이 된다. 예컨대 식물의 씨앗조차도 식물의 성장을 막는 원인이 되기 때문에 금지될 정도이다. 결국 출가자의 식단에서는 과일과 근채류(根菜類) 식물, 살아 있는 유기체가 포함될 수 있는 푸른 잎채소도 모두 금지된다.

이와 같이 극미의 유기체적 생명조차 해칠 가능성이 있다면 식물일지라도 금지의 대상으로 삼고 있는 자이나의 식생활 원칙은 '살기 위해서 먹는다.'라는 기본적인 생존 원칙마저도 위협할 정도이다. 그런데 자이나교에서는 한 발 더 나아가 단식을 장려하고 있다. 아예 먹지 말기를 …….

자이나교에서 단식(upavāsa)은 중요한 의식의 하나로서 범(汎)교단적으로 일정한 시기에 거행된다. 단식은 식욕을 조절함으로써 마음까지도 제어하여 궁극적으로 업을 정화(淨化)해 나가는 과정으로서, 기본적으로는 12시간 또는 24시간 동안 지속되는 단식을 자주 행해야 한다. 수많은 자이나 교도들은 매달 2~4일 정도의 정기적인 단식을 실천하여 음식에 대한 욕망을 제어하고자 노력한다.

일반적으로 매달 정기적인 단식은 2일 동안 행해진다. 즉 매달 흑분(黑分)[5]과 백분(白分)[6]의 제14일째에 단식하거나, 매달 4일 동안 단식한다.

자이나의 행동 준칙에 따르면, 단식이란 그 날 내내 한 방울의 물조차 입 속에 넣지 않는 것으로서 온전히 단식해야 한다. 하지만 이렇게 완벽하게 실천하기란 매우 힘들기 때문에 어떤 사람들은 매달 규칙적으로 단식을 하되, 에카샤나(ekāśana), 즉 반단식(半斷食)을 한다.

에카샤나란 단식하는 하루 중에 단 한 차례만 음식과 물을 취하는 것을 말한다. 물론 완전한 단식이 반단식보다 더 가치가 있으며, 단식이 행해질 때에는 일반적으로 완전한 단식을 가리키는 것이 상례이다.[7]

자이나 교단에서 행해지는 갖가지 방식의 단식들 중에서도 파리유샤나(paryūṣaṇa) 단식이 가장 신성시된다. 파리유샤나 단식은 공의파(空衣派, digambara)와 백의파(白衣派, śvetāmbara) 모두 엄격하게 준수하지만 그 시기와 행하는 방식에서는 차이가 있다.

자이나 교도의 단식의 실상에 대해서 설문 조사를 마친 빌라스 산가베(Vilas A. Sangave)에 따르면, "단식을 준수하는 사람들 중 거의 ⅔ 가량이 1년에 한 차례 정도의 단식을 지키는데, 바로 파리유샤나의 마지막 날이다. 그 날을, 즉 백의파는 상밧사리(saṃvatsarī)라 하고, 공의파는 아난타차투르다쉬(anantacaturdaśī) 날이라고 한다. 상밧사리 또는

---

5) 인도력으로 한 달, 즉 마사(māsa)는 흑분과 백분을 더한 것이다.
그 중에서 흑분(kṛṣṇapakṣa)이란 달이 이지러지기 시작하는 음력 16일부터 30일까지의 전반부로서 흑월(黑月)이라고도 한다.

6) 백분(śuklapakṣa)이란 달이 차기 시작하는 음력 1일부터 15일까지의 후반부로서 백월(白月)이라고도 한다. 인도력에서는 흑분을 백분보다 먼저 언급한다.

7) Sangave(1997), p. 189, 참조.

아난타차투르다쉬 날의 단식이 널리 지켜지는 이유는 그 날이 일년 중 가장 신성한 날이라고 믿기 때문이다. 파리유샤나 축제는 다른 어떤 축제보다도 더 중요시된다. 통상적으로 파리유샤나의 첫째 날과 마지막 날은 단식을 행하는 것이 보통이다."라고 한다.[8)]

백의파의 파리유샤나는 슈라바나(śrāvaṇa, 인도력의 5월) 달의 흑분 12일째에 시작하여, 바드라파다(bhādrapada, 인도력의 6월) 달의 백분 5일째에 끝난다. 이처럼 파리유샤나를 지키는 특별한 목적은 일년 동안의 죄를 용서받는 데 있으며, 그 기간에 사람들은 갖가지 엄격한 방법으로 단식을 준수한다. 어떤 사람들은 파리유샤나 내내 단식하고, 많은 이들은 그 중 어떤 날을 정해서 단식하거나, 그 기간 동안 특별히 맛있는 음식을 격일로 섭취하기도 하지만 마지막 날, 즉 상밧사리 날에는 모두가 사원에 모여서 엄숙히 단식을 거행한다.

백의파의 파리유샤나가 끝나는 마지막 날, 공의파의 다샤라크샤나 파르바(daśalakṣaṇa parva)가 시작된다. 공의파의 파리유샤나는 해마다 바드라파다 달의 백분[9)]의 5일부터 14일까지, 그 두 날을 포함하여 열흘 동안 계속된다. 이 기간 동안 모든 남녀는 각자 자신의 능력껏 단식을 행한다. 소수의 사람들은 열흘 내내 그 어떤 음식도 먹지 않고 단식을 하며, 많은 사람들이 그 기간 동안 하루 한 차례만 음식을 섭취한다. 파리유샤나의 마지막 날은 아난타차투르다쉬로서 특별한 의식이 행해진다. 공의파에서도 모든 사람이 그 날 단식하며, 온종일 사원에서 보낸다.

---

8) Sangave(1997), p. 189.

9) 그레고리안 역으로는 대개 9월 상반기의 보름 동안에 해당한다.

이러한 범교단적 단식 의식을 제외하고 일반적으로는 우기의 넉 달 동안에 단식을 행하는 사람이 많다. 그 이유는 우기라는 특별한 기후 조건이 살생의 계를 범하기가 가장 쉽다고 보는 전통적 관념 때문이다. 자이나 교도들은 이 기간 동안에는 스스로 정한 규칙에 따라서 금욕하며 단식을 실천하는 경우가 많다. 단식을 하지는 않더라도 고수풀과 박하를 제외한 푸른 잎 채소를 비롯하여, 양파, 마늘, 감자, 근채류 등을 제한 식품으로 정하기도 한다.

불살생 원리와 채식주의

불살생 원리는 '자이나교의 3A'로서 중시되는 "아힝사(ahiṃsā), 아파리그라하(aparigraha, 不所有), 아네칸타바다(anekāntavāda, 多面說)"[1]중에서도 자이나교를 대표하는 사상으로 알려져 있다.

불살생, 비폭력으로 번역되는 아힝사는 힝사(hiṃsā)에 대한 부정어이다. 자이나에서는 힝사의 종류를 둘로 나눈다. 즉 정신적인 상해(bhava-hiṃsā)와 실체적 상해(dravya-hiṃsā)가 그것이다. 이에 대해서 상해를 입히고자 하는 생각을 하거나 심리적으로 결단을 내리는 단계를 정신적인 상해라 하고, 그에 따라 결과적으로 상해가 발생한 것을 실체적 상해로 보기도 한다.

하지만 자이나에서는 그 두 단계 또는 두 종류의 상해를 모두 비난하며 범해서는 안 된다고 규정한다. 불살생 원리에는 살아 있는 것을 죽이거나 포획하는 것뿐만 아니라, 정신적으로 위해(危害)를 가하는 경우도 해당한다.

자이나교에서 식생활의 기본 준칙으로서 채식주의를 엄밀하게

1) 실재의 복합적인 측면에 대한 이론인 다면설은 이 세계가 실체·성질·양상들의 다양한 결합으로 이루어져 있다는 자이나의 존재론을 재언한 것이다. 다면설은 부정론(不定論)이라고도 불린다.

고수하는 것도 어디까지나 그러한 불살생의 계를 범하지 않기 위한 결과일 따름이다. 다시 말하면, 채식 식단 자체를 선택했다기보다는 불살생 원리라는 기본 이론에 따라 식품을 선별하다가 보니까 결과적으로 소위 '채식주의'의 범주에 든 것이다. 이에 대해서는 일반적인 채식주의자의 경우에 가장 선호하는 식품 재료가 양파, 감자, 당근, 마늘 등이며, 견과류를 비롯한 과일 등은 필수적인 기호 품목으로 오르기 십상이라는 사실과 비교해 볼 수 있다.

자이나 식단의 경우, 구근류는 가장 기피되는 식품 목록 중 하나이다. 이 점은 자이나 채식 식단을 다양하게 만드는 결과를 낳기도 하였다. 예컨대 금지된 마늘 대신에 계피 가루를 넣거나, 감자가 들어갈 경우에는 바나나를 넣는다거나, 양파 대신에 양배추, 코코넛을 썰어 넣거나 하는 식이다. 그렇게 만들어진 요리는 훨씬 부드럽고 향이 풍부하다.

엄밀하게 말하자면 자이나 교도들의 식생활에서는 채식 그 자체에 의미를 부여하지는 않는다고 할 수 있다. 자이나 교도들이 모든 주의를 다하여 집중하는 것은 오로지 불살생의 계를 지키고자 하는 것이기 때문이다.

그런데 자이나교에서 이처럼 불살생의 계에 집착하는 데에는 독특한 업론(業論)이 그 배경으로 작용한다. 자이나교에서도 다른 인도 종교 철학이 그러하듯이, 업(karma)을 인정하고 있다. 하지만 업을 보는 이론적 관점과 해석은 매우 독특하다.

자이나 철학상 업은 물질적인 특성을 지닌 것으로서, 영혼과 결합하여 업신(業身)을 형성한다. 이러한 업신은 업 물질과 영혼이 완전히 분리되지 않는 한, 윤회하는 존재로서 해탈한 영혼과 구분된다. 해탈한 영혼은 케발린(kevalin), 즉 완전지자(完全知者)라고 부르는데, 모든 업 물질을 제거하고 순수한 영혼 상태이기 때문에 일체의 음식 섭취도 필요치 않다고 한다. 하지만 케발린이 아닌 윤회하는 존재는 음식을 섭취할 수밖에 없는 불완전한 존재라고 한다.

자이나에서 다른 생명을 해치는 것을 금지하는 이유 또한 오로지 자신의 업 물질을 증가시키고, 마침내 자신의 해탈을 방해하는 결과를 낳을 뿐이기 때문이다. 그 누구도 자신의 허기를 해결하거나 미각을 충족시키고자 다른 생명을 살해할 권리는 없다. 한편에서는 생물학적 먹이 사슬 또는 진화로 인한 유전적 결과일 따름이라고 말할지라도, 결코 정당화될 수는 없다. 존재 세계에서 진정한 정의와 평등을 실현하고자 한다면 마땅히 모든 존재가 평화롭게 공존할 수 있어야 한다. 어떠한 이유로도 인간 자신의 식욕을 위해 동물을 포함한 생명들을 해치는 식단은 단호히 거부되어야 한다는 것이 자이나의 주장이다.

그런데 식물에도 당연히 영혼이 있다고 보는 자이나의 입장에서는 어떠한 논거로 채식을 허용하는가? 그에 대한 자이나의 대답은 동물에 비하여 식물은 상대적으로 적은 수의 감각을 가지고 있어서 그만큼 고통을 덜 느끼기 때문이라고 한다. 상대적으로 덜 침해한다는 것일 뿐, 완전히 업 물질에서 해방되는 것은 아니다. 육식보다는 채식이 보다 적은 업 물질을 낳기 때문에 허용될 따름이다.

자이나에서 감각의 수에 따른 존재들은 다음과 같이 분류한다.[2)]

---

2) Tatia(1994), pp. 45～46.

감각 수	감각	생기 수	존재들
1	촉각	4	지체(pṛthvikāya), 수체(apakāya), 화체(taijasakāya), 풍체(vāyakāya), 식물체(vanaspatikāya), 10종 생기 중 수명만 지닌 경우(āyuśya), 촉각만 지닌 생기체
2	촉각, 미각	6	기생충, 거머리, 굴, 홍합, 달팽이, 꿀꿀이바구미, 벌레류, 연체 동물
3	촉각, 미각 후각	7	개미, 붉은 개미, 빈대, 오이 바구미, 목화 바구미, 이, 흰개미, 벼룩, 지네, 식물 기생충, 지네 등 미소한 곤충류
4	촉각, 미각 후각, 시각	8	파리, 말벌, 각다귀, 모기, 나비, 나방, 전갈
5	촉각, 미각 후각, 시각 청각	9	도마뱀
		10	인간, 암소, 물소, 코끼리, 말, 물고기, 새, 포유류, 사지(四肢) 동물, 천신, 나락생

표 11. 감각과 생기에 따른 존재의 분류

이와 같은 존재의 분류에 따라서 감각의 수가 더 많은 쪽으로 올라갈수록 살생으로 받게 되는 고통은 커진다고 보는 것이 자이나의 입장이다. 그들은 불살생의 원리라는 철학적인 기반 없이 그 누구에게도 채식주의를 강요하기란 쉽지 않을 것이라고 단언한다.

자이나 채식주의와 현대적 조명

"베지(veggie) 중의 베지!" 바로 자이나 교도를 가리키는 말이다. 앞에서 자이나 교도들의 채식 문화에는 불살생 원리와 업론이 긴밀하게 연관되어 있다는 점을 살펴보았지만, 인도의 국내외에서 가장 대표적인 채식주의자로 꼽히는 자이나 교도의 음식 문화에 대해서는 새로운 조명이 더해지는 추세인 점을 간과할 수 없다. 물론 이 점은 불살생 원리라는 세계 평화적 공존의 이념이 뒷받침되고 있다는 면을 무시할 수는 없다. 그런데 식생활상의 문제로서 최근 이슈화되고 있는 채식과 육식의 논란 와중에 자이나의 채식 식단이 주목받고 있다.

인도 출신으로서 미국 보스턴 시립 병원의 의사인 마노즈 자인은 "우리에게 채식주의는 건전한 영양뿐 아니라 숭고한 영성(靈性)의 느낌을 갖게 한다. 채식주의는 아힝사, 즉 불살생에 대한 우리의 신념을 증명하는 것이다. …… 채식주의자가 됨으로써 누구나 윤리와 영성을 일상적으로 실천하게 된다."[1]라고 말하면서 자이나 방식의 채식주의의 장점을 강조하고 있다.

실제로 채식 식단의 장점이 건강상의 이득이 될 것인지는 별도

1) Jain, Laxmi & Jain, Manoj(1992), p. 14.

의 의학적인 논의를 수반하는 문제이다. 하지만 자신의 생명을 연명하기 위해서 다른 생명을 희생하지 않고자 노력하는 자이나교의 생활 방식은 생명 있는 모든 존재의 공생을 이상으로 여기는 바람직한 태도가 아닐까 싶다. 굳이 생태학적인 문제를 거론하지 않아도 현대 인간들의 식생활이 야기하는 환경 문제와 건강상의 문제들은 대부분 육식 중심의 식단에서 비롯된다는 것이 연구의 결과라는 점을 쉽게 부인하지 못할 것이다.

엄밀하게 보자면, 육식에는 동물 살해라는 행위가 전제되어 있다. 그런데도 "현대인들은 살해 행위를 언뜻 기계적 생산과 같은 합리적 과정으로 의미를 축소시켜서 소와 다른 가축들의 도살 과정을 어떻게든 다른 식으로 표현하려고 애쓴다."라고 하면서, "만약 쇠고기가 '도살된 동물' 또는 '죽은 동물의 일부분'이라고 광고된다면 쇠고기 가공 산업과 그 소비자들은 적지 않게 당황해 할 것이 분명하다. 심지어 '쇠고기', '송아지고기', '돼지고기', '사슴고기', '양고기'와 같은 용어들도 동물과의 관계를 최대한 희석시킨 요리 이미지로 만들어진 완곡한 어법의 단어들이다."라고 제레미 리프킨은 고발하고 있다.[2)]

물론 먹는다는 것은 존재하기 위해서는 결코 피할 수 없는 생존의 방식이다. 하지만 무엇을 먹느냐 하는 것은 각자가 선택할 수 있다. 그 선택은 가장 바람직하며, 문명화된 이성적 결단이어야 한다고 채식주의자들은 주장한다. 자이나 교도들은 그러한 선택의 일환으로서 생존의 방식인 직업마저도 엄밀하게 제한하고 있을 정도이다.

자이나교에서는 전통적으로 종사할 수 있는 직업과 금지되는 직

2) 리프킨(2000), p. 337.

업군이 별도로 정해져 있다. 그 세부 사항은 백의파와 공의파를 비롯하여 각 분파별로 상이한 점이 있기는 하지만, 아무런 죄 없는 곤충들에게 상해를 입힐 가능성이 있는 직업, 특히 불살생의 계를 어길 가능성이 큰 경우 등을 금지하고 있다.

다만 특이하게 공의파에서는 인간의 생명을 살해할 수 있는 가능성을 포함하고 있는 군인을 직업으로서 허용하기도 한다. 그 이유로서는 정당 방위의 예와 같이, 어떤 정당한 이유로 인한 살생은 부당한 이유로 사소한 것을 살생하는 것만큼 그다지 무거운 죄가 아니라는 입장을 견지하기 때문이다.[3)]

이처럼 각자 종사할 수 있는 직업군까지 분류해 놓고 있는 자이나교의 전통이 가장 문명화되었다거나 우월한 선택을 내린 것이라고 말할 수는 없을 것이다. 하지만 이와 같은 논지를 통해서 육식을 하여 범하게 되는 무고한 생명의 살해는 헤아릴 수 없는 죄업을 낳는다는 것이 자이나의 견해이다.

3) Jain & Lodha(1990), p. 107, 참조.

식욕의 제어와 해탈

음식은 물리적인 관점뿐만이 아니라 심리적인 관점에서도 사람에게 끼치는 영향은 매우 지대하다. 인간의 성격과 행동, 감정 등은 각자의 식단에 의해 형성된다고 해도 과언이 아닐 정도이다. 자이나교의 음식 문화 또한 이러한 관점에서 벗어나지 않는다.

필자는 자이나교에서 가장 중시하는 불살생의 원리는 채식주의라는 식단의 형태로 요약되지만, 그 이면은 단순한 것만은 아니라는 점을 밝히고자 하였다.

처음도 불살생이요, 끝도 불살생이라 할 정도로 강조되는 자이나의 윤리에 따라, 어떠한 육식도 금하고 채식을 기본 식단으로 삼는 것은 자이나 교도로서는 타협할 수 없는 절대 원칙과도 같다.

자이나교를 상징하는 기본 도상에는 경전 구절 하나가 따라 붙는다.[1)]

《탓트와르타 수트라》 5. 21.에 나오는 구절로서, "영혼들은 서로 영향을 준다."(parasparopagraho jīvānām.)라는 말이다.[2)]

---

1) 자이나의 상징 도상은 마하비라의 열반 2,500주년이었던 1975년에 공식적으로 채택되었다. Jaini(1990), p. 316.

2) Tatia(1994), p. 131.

모든 영혼은 상호간에 영향을 주면서 존재한다. 따라서 모든 존재가 서로 상처를 입히지 않고 이익이 되며 우호적으로 공존해야 한다는 이념을 표상하고 있다. 이 구절은 곧 "살고, 살리고!"(Live and Let Live!)라는 표어로서 요약되기도 한다. 만약 우리가 살기 위해서 자신의 권리를 행사하고자 한다면, 우리는 그와 마찬가지로 다른 존재들에게도 똑같은 권리를 인정해야 한다. 이것은 간단한 도덕적 상호 작용의 원칙이다. 우리 모두가 살기를 원하며 고통을 피하고 쾌락을 즐기는 것처럼, 다른 모든 살아 있는 것들도 살고자 원하며 안락을 즐기고 고통을 피한다. 그러므로 다른 존재를 해치는 것은 곧 죄업이 되는 것이다.

자이나교에서는 인간은 옳고 그른 것을 분별하는 능력을 지니고 있으므로 그에 따라서 자제력을 발휘하며 살아야 한다고 강조하고 그러한 자제력을 식욕이나 소유욕, 쾌락 등을 억제하는 데 대입시켰다. 마하비라 이래로 자이나의 스승들은 "욕망은 하늘처럼 끝이 없다."라고 말하면서 오로지 욕망을 제어하고 필요한 것들을 제한하고 한정시켜야 한다고 설교해 왔던 것이다.

그와 같은 맥락에서 볼 때, 자이나의 식생활 원리는 식욕의 억제를 통해서 자기 조절을 달성하는 데 집중되어 있다고 말할 수 있다. 채식주의는 욕망을 제어하는 하나의 방법이다. 채식주의에 내포되어 있는 심미적이고 정신적인 면을 비롯하여 윤리, 도덕, 종교, 생태학, 건강, 영양학, 사회 경제학, 인도주의 등을 전혀 고려하지 않더라도, 자이나의 채식주의의 첫째가는 의의는 해탈로 이어지는 보다 나은 삶의 방식이라는 그들의 믿음에서 찾아야 할 것이다.

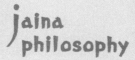

제 8 장

채식주의 음식 문화

인도의 사상과 문화에 대한 자이나교의 영향은 적지 않다.
특히 인도 전역에 널리 퍼져 있는 채식주의의 실천은
불교보다 자이나교의 영향이 더 크다.

샤르마(S. R. Sharma)

jaina
philosophy

채식과 육식 문화

웰빙(well-being)이라는 말이 세간에서 유행한 이래로 갖가지 생활 문화적 변화가 생겼다. 그 중에서도 핫 이슈는 음식 문화인 듯하다. 특히 채식주의의 붐이 일고 있다는 점을 첫손에 꼽는다고 해도 그다지 지나치지 않는 사실일 것이다. 그런데 이러한 추세에 역행하는 사례도 없지 않다. 프랑스의 경우가 그에 해당한다. 프랑스 정부는 2011년 10월 14일자로 다음과 같은 공시령을 발포하였다.

> 학교 매점에서 제공하는 모든 식사에는 동물성 가공품을 포함해야 하며, 육류와 어류 등을 최소한의 횟수만큼 제공해야 한다.[1)]

프랑스 정부의 이러한 조치는 학생들의 건강과 나라의 미래를 염려하여 내린 결정이라는 것은 분명하다. 하지만 프랑스를 비롯한 세계 각지의 채식주의자들의 공분을 사기에 충분했다. 왜냐하면 이 조치로 인해서 프랑스의 어떠한 공립·사립의 학교에서 학생이 원하든지

---

1) "A governmental order issued on October 2, 2011 has determined that all meals served in school canteens in France must contain animal products, and that meat and fish will be served at a certain minimum frequency." Pichler(2011), 참조.

원치 않든지 채식을 할 수 없다는 것을 뜻하기 때문이다. 그러나 프랑스 정부의 이러한 조치는 채식 식단을 고수하는 사람이 그만큼 많이 급속도로 늘어나는 데에 따른 프랑스 정부 차원의 대응 조치라는 것을 반증해 주고 있다.

유사 이래로 인류의 음식 문화는 간단히 육식과 채식, 두 가지 방식이 있다고 이분할 수만은 없다. 다만, 여기서는 논의의 편의상 채식주의 식단에 대한 대비적 관점으로서 육식 식단을 언급하고자 한다.

최근 일어나고 있는 채식주의 붐은 적어도 육식 식단의 폐해 또는 문제점을 해소하기 위한 하나의 방안으로서 주목을 끌기 시작했기 때문이다.[2)]

허우성은 최근 채식주의자들의 등장이 '전통적 주체 개념의 해체'와 관련이 있다고 말한다. 그는 "일부 서양 사상가들은 전통적 휴머니즘을 해체하면서, 인간 속의 동물성의 문제와 잘 먹기에 대해 고민하기 시작했고, 한국인은 생매장을 당하는 돼지의 절규를 듣고서야 비로소 인간의 책임에 대해 반성하기 시작했다."[3)]라고 지적하고 있다.

서양뿐만 아니라 우리나라에서의 채식주의는 극히 최근에 등장한 이슈이고, 그 동기 또한 식용 동물의 폐사 처분의 경우처럼 인간을 위한 식품의 안전 문제와 밀접한 관련이 갖는다. 물론 그와 동시에 수면 위로 올라와 논의되고 있는 동물권 등의 논의조차도 '인간의, 인간을 위한 식품'에 대한 논의에서 파생된 신생 논점이다.

---

2) 종교적 실천과 무관한 현대적인 채식주의 운동도 다른 어떤 나라보다 먼저 인도에서 시작되었다고 말한다. 사우라브 달랄(Saurabh Dalal)은 IVU World Vegetarian Congress에 대한 언급을 하면서 지난 100년 동안 채식주의 증진을 위해 노력해 오고 있다는 것을 보고하고 있다. Davis((2008), 참조.

3) 허우성(2011), pp. 127~128.

이처럼 육식주의와 채식주의라는 음식 문화의 대비에는 다양한 논점들이 거론될 수 있겠으나, 여기에서는 인도의 음식 문화, 특히 채식주의를 중심으로 하여 그 역사적 배경과 이념적 실제에 대해서 고찰하고자 한다. 아직은 전 세계 인구 가운데 절대적으로 소수자인 채식주의자들 중에서도 절대적인 다수를 차지하고 있는 집단이 인도 채식주의자들이기 때문이다.

오랜 세월 동안 인도인들이 채식 식단을 고수해 온 이유와 그 배경을 아는 것은 현재의 우리가 논점으로 안고 있는 채식 문제에 대한 많은 시사점을 얻는 지금 길이 될 것이다.

인도의 채식의 역사

현대에 이르러 환경 생태와 관련된 문제의 제기와 맞물려서 급속도로 채식주의자들이 늘어가고 있는 시대적 상황에서 볼 때, 인도의 사례는 여러 가지 관점에서 이목을 끌기에 충분하다. 왜냐하면 인도는 이미 기원전 고대로부터 확고한 이념 아래 집단적으로 채식 식단을 실천해 오고 있는 만큼, 역사적으로 가장 오래된 채식주의자의 나라이고, 실제로 단일 국가 대비 채식주의자의 인구수가 가장 높은 나라로 잘 알려져 있기 때문이다.[1)]

더구나 인도인들이 채식주의 식단을 고수하는 것은 자연 환경적인 영향이 동인(動因)으로 작용한 것이라기보다는 종교적이고 사상적인 이념이 보다 원천적인 동기로서 작용했다는 점이 큰 특징으로 꼽힌다.

---

1) 나카무라 하지메는 “지금의 인도에서는 벵갈인과 펀자브인 이외에는 대체로 육식을 하지 않는데, 이것은 불교나 자이나교의 영향이라고 인도인 자신이 설명하고 있다.” 中村元(1969), p. 149. 그러나 2006년의 통계를 참조하면, 이는 실제와 다르다. 물론 벵갈 출신 사람들의 채식 비율은 3%로 매우 낮은 편이지만, 펀자브 출신의 채식주의자는 48%에 달하기 때문이다. 가장 높은 채식 비율은 라자스탄 주로서 63%에 달한다.(http://hindu.com/2006/08/14/stories/2006081403771200.htm : 인터넷 사이트 참조.) 또한 그 통계에 따르면 채식하지 않는 인도인은 60%, 채식자 31%, 달걀 먹는 채식자는 9%라고 한다.

일반적으로 종교적 채식주의자에 속한다고 분류되는 집단으로는 힌두교, 자이나교, 불교, 시크교, 파르시교, 조로아스터교, 피타고라스 학파 등을 꼽는다. 그 중 대부분이 인도에 속하고 있기 때문에 흔히 인도는 채식주의를 고취시키는 유일한 나라라는 말로 소개되고 있다.[2)]

인도 채식 문화의 이러한 특징은 현대 채식주의자들의 식단 결정이 각 개인의 주체적인 신념에 따른 이성적인 선택의 결과라는 점과도 상당히 유사하다. 그렇다면 종교적 신념에 따라 달라지는 인도의 식생활 문화에는 어떠한 배경이 깔려 있는 것인가?

흔히 인도 음식을 가리켜서 '마살라(masālā) 요리'라고 부른다. 구체적으로, 마살라는 각종 향료 식물류(herbs)와 향신료, 채소류 등을 주재료로 한 인도의 채식 식단을 가리킨다. 그 재료들 중 대부분은 요리 단계에서 이미 준비가 완료되어 있기 때문에 정작 식사를 위한 음식을 만드는 데에는 비교적 많은 시간이 소요되지 않으며 상당히 빠른 속도감을 자랑한다. 그런데 마살라 요리로 대표되는 인도의 채식 문화의 연원에 대해서 말할 때에는 인도의 자연 환경이라든지, 다양한 야채의 생산이라든가 특별히 숙달된 요리 기법 등은 전혀 거론하지 않는다. 가장 일반적으로 거론하는 것은 불살생(ahiṃsā) 이론이다.

인도에서는 고대부터 불살생주의라는 이념이 종교의 발달과 밀접한 관련성을 갖고 있었다. 자이나교를 비롯한 종교 교단에서 불살생

---

2) 다음 인용에서도 보여 주고 있듯이, 채식하지 않는 인도인들이 채식주의자보다는 많은 것이 실제 현실이고, "인도와 중국에서 가장 많은 가축들이 사육되고 있다. 인도는 전 세계 소 사육 양의 14퍼센트인 1억 8,500만 마리를 기르고 있고, ……" 등의 사실은 별도의 논의가 필요한 문제이다. 월드워치 연구소(2006), p. 57. 현재, 인도의 채식주의자들은 인도의 축산물 수출 현황에 대해서 끊임없이 문제를 제기하고 있다.

을 주요 실천 강령으로서 채용하였고, 그에 따른 생활 규준을 정하게 되는 과정에서, 불살생 원칙은 생활 전반에 걸쳐서 허용 유무를 결정하는 기준으로서 자리매김하게 되었던 것이다. 그런데 불살생 원리란 어쨌든 음식을 전혀 먹지 않고 살기 어려운 생명체가 양식(糧食)을 얻기 위해서는 다른 생명체를 희생하기 마련이라는 지극히 현실적인 문제와 언제나 상충되며 그 실천 정도에 대한 고민에서 벗어날 수 없게 만든다.

현대의 채식주의자들이 기존의 관습에 따른 식생활을 거부하고 채식 식단을 선택하여 실천하게 되는 동기는 크게 3분하여 분석하는 것이 일반적이다. 첫째, 종교적 이유, 둘째, 건강상의 이유, 셋째, 환경 생태적인 이유 등이 그것이다.

그에 비추어, 인도인들의 채식 식단의 역사를 분석하면, 불살생 이념의 전개와 떼어놓고 생각할 수 없고, 반면에 건강이나 환경 생태의 문제는 거의 고려하지 않았다는 것을 알 수 있다. 고대로부터 인도인들도 잡식(雜食)을 하였던 것이 분명할진대, 언젠가부터 채식만을 선택하여 전통적으로 실천해 온 데에는 불살생의 이념이라는 특별한 이유가 주된 동기로 작용했던 것이라고 본다.

물론 인도인들의 채식주의가 불살생의 실천과 무관하다고 보는 입장도 없지는 않다. 그와는 반대로 인더스 지역의 유적에서 발견된 동물의 뼈 등이 그 시대에 채식주의자가 없었던 반증은 아니라는 주장을 펴기도 한다.[3)]

3) 불살생과 채식주의의 관련 문제는 특히 윤회 재생과 관련하여 논의되고 있다. 이에 대해서는 슈미트(Hanns-Peter Schmidt)와 슈미트하우젠(Lambert Schmithausen) 등의 논의가 중요하다. 하지만, 여기서는 논외로 한다. Alsdorf(2010), 참조.

그러나 식용에서 그치지 않고 약용으로 이용할 수 있는 다양한 식물학을 토대로 하여 정립된 채식주의자들을 위한 '채식학'(śākāhāra vijñāna ; vegetarian science)에는 불살생주의를 가장 중시했던 자이나교의 이론이 가장 큰 배경을 이루고 있다는 점은 부인하기 어려운 사실이다.[4)]

현재 인도에서는 공산품에 채식과 육식을 구분하는 색점(色點)을 찍은 뒤에 판매하도록 규정하여 실천하고 있다. 채식용은 초록색 점을, 비채식용은 적색 점을 찍어서 제품을 판매한다. 이러한 규정은 단순히 식용품에만 표시하는 것이 아니라 시판하는 다양한 공산(工産) 제품에도 채식주의자들이 꺼려하는 동물에서 추출하는 요소가 들어 있는 경우에는 반드시 채식자용과 비채식자용을 구분하는 표시를 하도록 강제하고 있다.[5)]

이 정도로 철저하게 채식주의자를 위한 배려를 실천하고 있는 나라는 드물지 않을까 생각한다.

---

4) Matilal(1981), 서문, 참조.

5) 〈아힝사 타임스(*Ahimsa Times*)〉에 따르면, 색점을 표시하여 채식자용, 비채식자용 식품 등을 구분하는 인도의 방식에 대해서 영국인들은 매우 선진적이라고 평가하면서, 영국에서도 그 방식을 채용하려는 움직임을 보이고 있다고 한다. Williams(2011), 참조.

전통적인 인도 채식 식단

인류 식단의 역사에서 최초로 등장하는 것은 채식, 그 중에서도 과실 종류를 꼽을 수 있다. 고대인들의 식단은 대체로 그들이 사용했던 도구들을 근거로 하여 추정하는 것이지만, 과실 종류는 도구조차도 필요하지 않고 단순 채집이 가능하기 때문이다.

인도 역사상 농업은 원시 오스트랄로이드(proto-australoid) 계열의 고대 원주민들이 시작했다고 알려져 있다. 그들은 경작을 위해서 라쿠타(lakuṭa), 라구다(laguḍa), 링가(liṅga), 라우다(laūḍa) 등의 막대기류를 도구로써 사용했다. 그리고 그 시대에 이미 탄둘라(taṇḍula), 카달리(kadalī), 나리켈라(nārikela), 잠부(jambū), 다디마(dāḍima), 바비야(bhavya) 등의 식물을 식용으로 이용했을 것이라 추정하고 있다. 그들 다음으로 등장하는 드라비다 계열의 고대인들은 파나사(panasa), 친차(ciñcā), 푸가(pūga) 등을 이용했다는 사실을 알 수 있고, 인더스 문명 시대의 원주민들은 핏팔라(pippala), 카르주라(kharjūra), 나리켈라(nārikela) 등을 식용했다. 그리고 서북부 지역에 아리야인들이 등장한 이후로는 그보다 훨씬 다양한 과실과 식물들이 《리그베다》를 비롯한

전승 문헌에 나오고 있다.[1)]

그리하여 서기 4세기경의 《수슈루타 상히타(*Suśruta Saṃhitā*)》에 이르면 이미 198종을 헤아리는 야채와 과일 등이 식단에 이용되고 있었다는 것을 알 수 있다.[2)]

《수슈루타 상히타》는 고대 인도인들에게 알려져 있던 동물과 식물의 목록이 가장 상세히 정리되어 있는 문헌으로도 평가받고 있는데, 그에 따라 인도 고대인들의 채식 식단을 정리하자면, 주로 과일(phala)과 야채(śāka), 괴경(塊莖, kaṇḍa) 등이 주요 재료였다는 것을 알 수 있다. 이러한 분류는 현대 채식 식단에도 그대로 적용이 되고 있다.

고대 인도인들의 요리 기술도 매우 발달한 편이었다는 것을 알 수 있는데, 옴 프라카쉬(Om Prakash)는 그 단적인 예로서, 쌀을 끓여서 만드는 스탈리파카(sthālīpāka)라는 음식의 복잡한 과정으로도 충분히 짐작할 수 있다고 말한다.[3)] 그리고 그는 다양한 고대 문헌을 분석한 끝에, 채식 식단과 비채식 식단의 목록을 정리해 놓았는데, 채식으로는 159종의 음식이 있으며, 비채식 식단으로는 35종에 이른다고 조사하고 있다.[4)]

이와 같이 다양한 음식의 목록에서도 볼 수 있듯이 채식이 차지하는 비중을 보더라도, 인도인에게는 고대로부터 채식이 얼마나 익숙하고 주요한 식단이었는지를 짐작하는 것은 그다지 어렵지 않다고 본

1) Prakash(1987), pp. 26~43, 참조.
2) Sharma(1979), p. xvi, 참조.
3) Prakash(1987), p. 110, 참조.
4) Prakash(1987), pp. 421~420, 참조.

다. 물론 채식이 비채식 또는 육식 식단보다 용이하거나 경제적이었기 때문이라는 관점은 논외로 한다.

옴 프라카쉬는 고대 인도인들이 육식 식단을 좋아하게 된 계기에는 아리야인의 영향이 지대했다고 말한다. 특히 크샤트리야 계층의 사람들은 사냥을 통해 얻게 되는 다양한 고기들을 가리지 않고 먹었으며, 브라마나 계층에서는 말 희생제였던 아슈와메다(aśvamedha)를 비롯한 갖가지 희생 제의들을 통해서 얻게 되는 고기들을 당연히 즐겼던 시대였다고 말한다.[5)]

달리 말하자면, 아리야인이 인도에 들어오기 전까지 토착 인도인은 육식보다는 채식에 길들여진 식생활을 영위했으나, 아리야인의 유입 이후에야 그들의 희생 제의 문화를 수용한 뒤부터 육식 식단이 인도인의 식생활에 스며들었고, 토착민에게도 점차 익숙한 식단이 되었을 것이라고 본다.

---

5) Prakash(1987), pp. 187~190, 참조.

불살생 이념의 전개

불살생 이념의 기원

불살생주의의 기원에 대해서는 학자들의 견해가 분분하다. 여러 학설들은 다음과 같이 셋으로 대별할 수 있다.[1)]

첫째, 자이나교 기원설이 있다. 이 설은 세부적으로 다시, 리샤바 기원설, 아리슈타네미 기원설, 파르슈와 기원설, 마하비라 기원설 등으로 나뉜다.

둘째, 불교 기원설이 있다. 그렇지만 첫째와 둘째 주장은 그 뿌리가 슈라마나 전통(śramaṇism)으로 동일하고, 대체로 불교의 시작점인 가우타마 붓다의 생존 연대를 자이나교의 마하비라보다 후대로 잡는 한, 자이나교의 기원설에 포섭되고 만다. 절대적인 다수설은 가우타마 붓다가 마하비라보다 후대 사람으로 보고 있다.

셋째, 브라마나 전통(brāhmaṇism)에서 기원한 것이라는 주장이

---

1) 김미숙(2007), pp. 30~43, 참조.

있는데, 여기에는 베다 기원설과 우파니샤드 기원설이 있다.[2)]

이러한 학설은 결국 슈라마나적인 자이나교와 브라마나적인 우파니샤드 기원설, 양자의 대립으로 정리된다. 하지만 우파니샤드 사상의 등장 자체가 슈라마나 전통의 주요 경향이라 할 영지주의(靈知主義, jñānavāda)의 영향 아래 형성되었다는 사실을 고려할 때 두 학설의 대립은 해소되고 만다.

아힝사(ahiṃsā)라는 단어의 형태상 그 말이 힝사(hiṃsā)에 대응하는 짝 개념일 것이며, 아힝사는 힝사에 후속할 수밖에 없고, 따라서 불살생은 살생, 즉 희생 제의에 대한 반대 입장으로 등장한 것이라는 가정이 제기되기도 한다.

그러나 필자는 불살생이라는 개념은 고대 인도 사회의 발달 과정에서 등장한 윤리적 개념이자 원형적 도덕 규범이라고 본다. 불살생을 강조하고 있는 자이나교, 불교와 힌두교에 이르기까지 그 말은 단순히 생명을 죽이는 데 그치는 협의 개념이 아니고, 일체의 폭력과 침해, 상해 등이 물리적인 경우뿐만 아니라 정신적으로 가해지는 것도 금지한다는 광의의 윤리적 개념으로 전개된 말이기 때문이다. 다만 자이나교의 경우에는 특히 고대 생물학이나 존재론에 토대를 둔 핵심 교리 개념이라는 점이 두드러진다.

---

2) 이에 대한 가장 최근의 언급으로서는, 허남결의 견해를 들 수 있다. 그는 동물의 권리 논쟁의 원형을 불살생에서 찾아볼 수 있다고 하면서, "인도의 고전 베다 문헌에 나오는 ahiṃsā(비폭력)와 같은 가르침은 불교와 힌두교, 자이나교의 기본 교리로 계속 전승되고" 있다고 말하는 것으로 보아, 그는 불살생의 베다 기원설을 따르고 있는 것으로 보인다. 허남결(2011), p. 155.

자이나교의 불살생주의

2008년 3월 인도 구자라트 주 고등법원은 주목할 만한 판결 하나를 내렸다.

자이나 교단의 전통 축제인 파리유샤나(paryūṣaṇa) 기간 동안은 공공 도축장을 비롯하여 육식, 계란 등을 판매하는 상점들과 모든 정육점의 영업을 금지한다는 판결이었다. 구자라트 주의 고등법원은 그 판결에서, 일 년 365일 중 단 9일 동안[3] 열리는 파리유샤나 축제 동안 살생과 연관된 상업에 제한을 주는 것은 인도의 다양성 측면에서 볼 때, 자이나 교단을 고려한 합리적인 제한이며, 다른 모든 공동체에서도 존중해야만 한다고 강조했다.[4]

자이나 교단에서는 이 판결과 관련하여, 자이나 교단의 정치적 행정적 영향력이 얼마나 지대한지를 잘 보여 주는 결과라는 반응을 내렸으며, 이 판결은 곧장 다른 주에도 영향을 미쳤다.

예컨대 파리유샤나 축제가 열리는 9일 동안에는 뭄바이 지역의 모든 가축 도살장이 폐쇄하기로 결정을 내린 사례가 있다.[5]

그러나 이러한 폐쇄 결정뿐 아니라, 앞서 말한 판결로 인해서 야기된 사회적 파장은 또 다른 희생이 수반되었다는 것을 보여 주었다. 각 도살장에서 일일 노동자로 일하면서 생계를 잇고 살아가는 수많은 사람들이 실질적인 경제적 타격을 입게 되었기 때문이다.

이러한 사건을 비롯하여, 또 한편으로는 자이나 교도들이 불살

3) 공의파에서는 10일 동안 거행한다.

4) Ahimsa Foundation(2008), 참조.

5) Chavan(2008), 참조.

생 서약을 철저히 지키기 위해서 기울이는 적극적인 노력이 너무나도 지나치기 때문에, 본래 불살생이라는 소극적이며 수동적인 실천성이 왜곡되고 있다고 지적하는 견해도 있다.

샤르마(S. R. Sharma)는 이렇게 말한다.

> 인도의 사상과 문화에 대한 자이나교의 영향은 적지 않다. 널리 퍼져 있는 채식주의의 실천은 불교보다는 자이나교의 영향이 더 많다고 해야 한다. 그러나 불살생 연구에서는, 자이나교는 참된 불살생 정신에 있어서가 아니라, 그 극단성 때문에 2차적인 위치를 차지하고 있다. 신체적인 고통과 단식을 포함하여 권장되는 고행의 형태는 불살생의 수동적인 이상주의와는 모순된다.[6)]

사실 자이나교의 채식주의는 일반적으로 엄격하게 채식을 실천하는 사람들과는 비교도 할 수 없을 정도로 엄혹한 채식을 실천하는 동시에 "밥 먹듯이 밥을 굶는 것"도 사실이다.

그렇다고 하여 샤르마가 말한 '신체적인 고통과 단식'이 분명히 일반적이거나 평범하지는 않아도, 그러한 고통으로 사망에 이르지도 않고 단식으로 인해 죽음을 야기하지도 않는다. 간혹, 자이나 교도들이 임종에 가까워지면 감행하는 단식에 대해 세간에서는 크게 오해하기도 한다. 자이나교는 단식사, 즉 굶어 죽는 것을 예사로 하는 종교이고 또 그것을 추장(推奬)하고 선망하고 목표로 삼고 있다고도 말한다. 그러나 자이나교의 살레카나(sallekhanā)의 실상은 그러한 오해와 전혀

---

6) Sharma(2001), pp. 15~16.

다르다.[7)]

그리고 자이나교의 불살생주의적 수행법을 극단적이라고 비난하는 상투구(常套句)에도 한 가지 덧붙이자면, 식물이든 동물이든 그 무엇이든지 단지 자기 한 목숨을 유지하고 살겠다고 숱한 다른 목숨들을 희생시키면서 사는 것은 극단적인 것이 아닌가? 다른 목숨들을 내 목숨과 다를 바 없다고 여기고 내 목숨을 위해 차마 다른 목숨을 희생시키지 않고자 하는 노력이 극단적인 태도일 것인가?

예나 지금이나 인지 발달의 방향은 다른 동식물의 생명과 다를 바 없는 "인간 동물"로서의 사람 생명이라는 점을 깨우치는 데 있었다. 아무래도 인간이 다른 자연 세계의 생명체들보다 더 우월하다고 느끼면 느낄수록, 다른 생명체들을 인간의 수단으로 취급하면 할수록 더 저급한 지적(知的) 후퇴를 드러내는 것뿐이다.[8)]

이러한 논의는 결국 가치론의 문제에 봉착하게 되고 말지만, 애써 자파의 교리에 의거하여 상호간의 피해를 최소화하려고 노력하는 상대방을 자신의 견지와 다르다고 극단적이라고 비난하는 것은 누가 봐도 부적절한 태도일 것이다.

---

7) 이와 관련하여 필자는 이미 의론을 밝힌 적이 있다. 김미숙(2007), pp. 249~266, 참조.

8) '인간 동물'이라는 단어는 피터 싱어의 혜안을 그대로 채용한 것이다. 피터 싱어를 비롯하여 최근 심화되는 동물권 문제라든지 채식주의자의 논의가 심화될수록 자이나교의 불살생 이념에 근접하는 논리와 주장을 보여 주고 있다는 것은 상당히 흥미로운 일이 아닐 수 없다. 피터 싱어는 "일상적으로 우리는 '동물'이라는 단어를 '인간을 제외한 다른 동물'을 의미하는 데 사용한다. 이러한 용례는 인간을 다른 동물들과 구분을 짓고 우리 스스로가 동물이 아니라는 의미를 함축-그러나 생물학을 조금이라도 배운 사람이라면 거짓임을 알 수 있는-하게 된다. …… 나는 이 책의 제목과 몇 곳에서 '동물'을 마치 '인간 동물(human animal)'을 포함하지 않는 것처럼 사용해야 했다. 이 실수는 혁명이 완전하지 못함을 보여 주는 것이다. …… 짐승(brute creation)이라고 불리우던 단어를 뜻하는 다소 길지만 정확한 단어를 사용할 것이다. 다른 경우에도 나는 동물의 격을 낮추거나 우리가 먹는 음식의 본질을 왜곡하는 언어들을 피하려고 노력하였다." 싱어(1999), pp. 16~17.

일반적인 채식주의를 넘어서는 엄격한 채식 식단을 고수하며, 매년 파리유샤나 기간 동안 내내 단식을 하고, 경우에 따라서 또 수시로 단식을 하는 자이나 교도들의 수행 목적은 오로지 지바(jīva)의 순수성을 획득하기 위해서이다. 지바의 순수성을 덮어 버리는 업 물질은 불살생을 범하는 경우에 증가하기 때문이다.

자이나교에서 가장 중시하는 윤리의 원칙은 몸소 불살생의 원리를 실천하는 것이다. 처음도 불살생이요, 끝도 불살생이라 할 정도로 강조된다. 그러한 실천 과정에서, 어떠한 육식도 금하고 채식을 기본 식단으로 삼는 것은 그들로서는 결코 타협할 수 없는 절대 명제이다.

자이나 교도들은 모든 슬픔은 살생에서 나온다고 믿는다. 따라서 모든 생명체가 동일하게 갖고 있는 지바를 손상하지 않으려는, 지바를 보호 유지하고자 하는 불살생의 원리를 다른 모든 교리의 기초로 삼고 있다.

식품의 청정과 부정

때때로 채식주의자들은 비채식 특히 육식에 대해서 청정하지 않은 식단이라는 관념을 표출한다. 인도에서는 그러한 관념이 극도로 심화되어 있다. 사실 인도에서는 청정과 부정이라는 구분법이 식품에만 관련되어 있는 것도 아니고 사회 문화 전반에 걸쳐서 뿌리 내려 있다고 해도 과언이 아니다.

채식주의자 입장에서 보는 청정이란 과연 무엇을 뜻하는가?

국제 채식주의자 연합회에서는 채식주의자란 동물, 예컨대 짐승, 물고기, 새 등의 고기를 전혀 먹지 않고 식물만으로 살아가는 사람으로서 달걀과 유제품(乳製品)은 먹을 수도 있고 먹지 않을 수도 있다고 정의하고 있다.

그 정의에 따라 일반적으로 채식주의자는 다음과 같이 7가지로 세분화된다.

① 락토(lacto) 채식주의자 : 우유, 버터, 치즈 등의 유제품을 먹되 달걀 종류는 먹지 않는다.

② 락토오보(lacto-ovo) 채식주의자 : 유제품과 달걀, 모두 먹는다.

③ 페스코(pesco) 채식주의자 : 유제품, 달걀, 생선을 먹는다.

④ 세미(semi) 채식주의자 : 유제품, 달걀, 생선, 닭고기까지 섭취한다.

⑤ 베전(vegan) : 모든 유제품과 달걀조차 금지하는 극단적인 채식주의자로서 흔히 완전 채식주의(veganism)라고 말한다.

⑥ 아스파라거스(asparagus) : 채식주의 중에서도 식용 풀만을 섭식하는 이들이 해당한다.[1)]

⑦ 과식(果食)주의자(fruitarian) : 과실만을 주식으로 먹고 사는 사람들이다. 특히 식물도 생명을 가졌기 때문에 보호의 대상이라고 여기고, 다만 저절로 떨어진 과일만 먹어야 한다고 주장한다.

이상에서 보듯이, 현대 채식주의자의 분류는 식품의 종류에 대한 제한에 따라서 채식의 범위를 달리 구분하여 다른 이름으로 부르고 있다.

이러한 분류를 자이나 교도들의 식단에 적용하자면, 그들은 유제품은 먹되, 계란이나 꿀, 뿌리채소 등을 금지하는 락토 채식주의자라고 할 수 있다. 물론 일반적인 의미에서 채식주의자는 어떤 경우든지 뿌리채소를 특별하게 제외하지는 않는다.

자이나 교도들이 유제품을 허용하는 이유는 그들이 유제품을 동물성으로 보거나 부정한 음식으로 여기지 않는 그들의 전통적 관습 때문이다.

현대의 일반적인 채식주의자들이 소위 완전한 베전 식단을 고수하지 않는 이유로는 건강의 균형성이나 영양 문제를 들기도 한다. 그

---

1) 아스파라거스(asparagus)는 백합과에 속하는 다년생 풀로서 어린싹 부분을 먹는다.

러나 자이나 교도들이 건강상의 이유로 채식을 택한 것이 아니었 듯이, 유제품을 허용하는 것도 건강 문제와는 전혀 무관하다.

그 점은 자이나 교도의 음식 분류로도 짐작할 수 있다.

자이나교에서는 음식은 다음 세 종류로 나눈다.

첫째, 살아 있는 것으로서 유기체인 것.

둘째, 죽어 있는 것으로서 무기물인 것.

셋째, 유기체와 무기물이 혼합된 것.

이상의 세 종류로 음식을 분류한 뒤에, 자이나교에서는 유기체가 들어간 음식을 먹는 경우에만 곧 살생을 범하는 것과 같다고 보았다.

자이나교에서 문제시하는 것은 생명 즉 지바(jīva) 자체에 대한 침해이다. 따라서 엄격히 말하자면, 죽은 것이고 유기체가 전혀 없는 무기물 덩어리라면 섭취한다 해도 살생의 악업과는 전혀 관련이 없다.

반면에 힌두교와 불교, 시크교 등에서는 '육식이란 먹어도 되지만 먹지 않는다면 더욱 좋은 과보를 얻는다.'라고 주장하였다. 특히 불교도 중에서도 대승 불교도들이 육식과 오신채(五辛菜) 즉 파, 마늘, 달래, 부추, 힝구(hiṅgu) 등을 철저히 금지했던 사실은 널리 알려져 있다.

그런데 인도에서 육식 금지가 불살생 원리와 결합되어 등장한 시대가 언제인가에 대해서는 논란이 있다.

신성현은 이미 브라마나 시대 때 육식에 대한 거부가 있었다고 본다. 그는 브라마나 시대 때 "육식에 대한 비난이 여기저기에 나타난다. 예를 들면, 《아타르바 베다(*Atharva Veda*)》에서는 육식은 수라(surā) 술을 마시는 일과 함께 비행(非行) 가운데 하나로 들고 있다."[2]라고 말한다. 하지만 그가 정작 브라마나 시대를 언제부터로 보고 있는지는 모호하다. 왜냐하면 그가 예시로 들고 있는 《아타르바 베다》는 "초기 베다 시대에 비(非)아리야적 사상과 문화를 대변하는 문헌"으로서 정평이 나 있기 때문이다.[3]

같은 맥락에서 《아타르바 베다》에서 금지하고 있는 육식에 대한 내용은 브라마나 전통이나 아리야 문화를 반영한 것이라기보다는 토착민이자 비아리야 또는 슈라마나의 불살생 이념을 담고 있는 것으로 보아야 할 것이다. 또한 인도 사회 문화의 제도적 근원으로 알려져 있는 《마누 법전》의 경우에는 불살생 원리에 대해서 상당히 모호하고 때로는 일관성이 없다고 말해지기도 한다.

왜냐하면 《마누 법전》에서는 다음과 같이 말하고 있기 때문이다.

> [28] 프라자파티는 이 세상 모든 것이 생물의 먹을 것임을, 움직이지 않는 것과 움직이는 것 모두가 생물의 음식임을 정하였다. [29] 움직이지 않는 것은 움직이는 것의 먹이요, 이가 없는 것은 이가 있는 것의 먹이요, 손이 없는 것은 손이 있는 것의 먹이요, 겁이 많은 것은 용맹한 것의 먹이이다. [30] 생물을 음식으로 먹는 것은 설령 그것이 매일 매일이라고 해도 죄가 되지는 않는다. 창조자는 반은 먹는 자, 반은 먹히

2) 신성현(2011), p. 199.
3) 이거룡(2009), p. 91.

는 자로 만들었기 때문이다. …… [32] 산 것이든 스스로 잡은 것이든 다른 자가 준 것이든, 고기를 신이나 조상에게 올리고 나서 먹는 것은 죄가 되지 않는다. …… [56] 육식, 음주, 성교 자체가 잘못된 것은 아니다. 이러한 것들은 생물에게는 자연스러운 것이다. (그러나) 이것들을 피하면 큰 과보를 얻는다.[4]

이상에서 보듯이, 《마누 법전》을 토대로 한 힌두교의 입장을 명료하게 가름 지어 말하기는 쉽지 않다. 하지만 다음과 같이 정리하여 말한다고 해도 큰 오류는 아닐 듯 싶다. '육식, 먹어도 되지만 먹지 않는다면 더욱 좋은 과보를 얻는다.'라고. 그리고 이러한 입장은 자이나 교도를 포함하는 모든 사람의 식단을 위한 언명이 되기에 충분하다고 본다. 이 언명의 가치는 현재 인도의 채식주의자 분포뿐 아니라 세계인의 채식주의 경향에서도 쉽게 찾을 수 있기 때문이다.

옴 프라카쉬는 주장하기를, 서사시와 《마누 법전》 시대에 이르러서 인도인들에게 고기에는 청정한 것과 부정한 것이 있다는 대립적 관념이 완전히 정립되었고, 그 때부터 브라마나, 크샤트리야, 바이쉬야라는 상위 세 계층의 사람들은 오직 청정한 고기만을 섭취하기를 고집하기 시작했다고 한다.[5] 물론 그들이 정해 놓은 청정한 고기란 물리 화학적인 청정 개념과는 다르다. 예컨대 그 시대의 인도인들은 호저(豪豬), 토끼, 거북이 등의 살코기는 청정하다고 여겼고, 개고기나 소고기는 금기시되었던 고기라서 그런 고기를 먹는 사람은 사회적으

4) 이재숙, 이광수(1999), pp. 225, 229.

5) Prakash(1987), p. 191, 참조.

로 멸시를 당했으며, 그런 고기를 다루는 사람들까지도 부도덕하다고 여겼다.[6)]

그 시대에는 브라마나 계층에 속하지만 육식을 전혀 하지 않는 사람도 있었으나, 생명을 구할 목적인 경우에는 부정한 고기라 여겨졌던 종류의 고기를 섭취하기도 하였다. 때로는 희생 제의에 바쳐진 고기만이 청정하다고 여기기도 하였다. 하지만 아쇼카 왕 시대부터는 인도 전역에서 채식 식단이 널리 자리 잡게 되었다.[7)]

그리고 점차로 신에 대한 제의를 거행할 때에도 유혈 공희보다는 무혈 공희가 수용되었고, 공물(供物)로는 꽃, 물, 곡물, 심지어 풀까지도 신에게 바치는 것이 허용되었다. 결국 어떤 조건 아래 제한적으로 정해 놓은 청정육(淸淨肉)만을 선호하던 상위 계층 사람들마저도 채식 위주의 식단이 훨씬 더 윤리적이며 미덕이 있는 식단이고, 도리어 진정으로 청정한 식단이라는 공감대가 형성되기에 이르렀다.

그리하여 《마하바라타》에 이르러서는, 주로 불살생이 동물 희생제와 함께 언급되곤 한다. 동물 희생제를 시행하는 것에 대한 반론의 핵심 개념이 곧 불살생의 원리로 정착된 것을 보여 주고 있는 것이다. 그 이후로는 불살생의 미덕은 곧 동물에 대한 동정심과 자비심(karuṇā)의 발로라고 역설하는 문헌 내용이 대부분의 주류를 차지하기에 이른다.[8)]

6) Prakash(1987), p. 192, 참조.
7) 신성현(2011), p. 199.
8) Dahiya(2000), p. 108, 참조.

채식과 살생의 과보

정승석은 불교와 자이나교의 생명관의 차이를 다음과 같이 지적하고 있다.

> 불교의 전통적인 생명관에 의하면, 의식(또는 지각)의 유무가 생명체와 비생명체를 구분하는 결정적인 기준이 된다. 불교에서, 생명체의 정의는 죽음을 정의하는 것으로 시사되어 있다.
> 《잡아함경》과 《구사론》에서는 …… 수명과 온기(체온)와 의식은 육신이 사라질 때 아울러 사라진다. 온기와 의식을 보존하는 수명이 생명[命根]이다. …….
> 어쨌든 불교에서는 온기와 의식을 생명의 필수 요소로 간주했으며, 특히 의식(vijñāna) 또는 지각(cetana)의 유무로 삶과 죽음을 판단했다. 생명관의 경우, 자이나교와 불교의 미묘한 차이는 바로 여기에 있다고 생각된다. 요컨대 소위 의식(지능, 지각)이 함축하는 의미와 적용 범위의 차이이다.[1]

1) 정승석(2011b), pp. 100～101.

그리고 그는 불교의 중생(sattva)과 유정(有情)에 대하여 다음과 같다고 요약하고 있다.

> 의식을 가진 것으로 정의되지만 이 경우의 의식은 감각도 포함한다. 그래서 중생을 다른 말로는 유정(有情)이라고 표현한다. …… 감각과 의식을 차별하는 관점에서는 식물도 의식을 갖는다는 관념을 인정하기 곤란하다.[2)]

이 설명을 따르면, 불교에서는 감각을 포함하여 의식을 가진 경우에 중생이라고 하고, 이 중생을 곧 생명체라 하며, 유정이라고 본다는 입장을 취한다. 따라서 불교에서는 식물에는 의식이 있다고 보지 않으므로, 곧 중생에 포함되지 않고, 생명체도 아니고, 유정도 아니며, 그 결과 살생의 대상도 아니며, 만약 식물을 해치거나 죽여도 악한 과보를 받는 것은 아니라고 정리할 수 있다.

불교에서 식물을 중생의 범위에 포함하지 않는 것에 대해서는 오랜 세월에 걸쳐서 적잖은 논의가 이루어져 왔다.

최근에 우제선은 초기 불교에서 식물을 유정으로 보는지 무정(無情)으로 보는지는 모호하다고 하면서 이렇게 말한다.

> 이러한 모호성은 초기 불교 이후에 사라지고 식물은 중생의 범주에서 배제된다. 중생의 정의는 단순히 살아 있는 것이라는 포괄적인 것에서 체온과 의식과 목숨을 가지고 있는 것으로 엄격히 제한된다.

---

2) 정승석(2011b), p. 101.

중생이 이러한 세 가지를 가지고 있는 것인 한, 당시의 인도 자연 과학의 입장에서 볼 때에 체온도 없고 의식도 없는 식물이 중생의 범주에 포함된다는 것은 불가능하다.[3]

그러나 중생 또는 생명체의 정의를 의식의 유무로 판단하는 것은 불교의 입장일 뿐이고, '당시의 인도의 자연 과학'과는 전혀 무관하다고 보아야 할 것이다. 그 당시 인도의 자연 과학의 범주를 어떻게 설정할 것인지는 명확히 알 수 없기 때문이다.

우제선은 "자이나교의 식물 중생설"이라는 이름 아래 다음과 같이 서술하고 있다.

> 자이나교는 처음부터 일관되게 식물의 중생설을 인정하고 있다. …… 이 종교에 속하는 논사들은 다음과 같은 식물의 여러 가지 특징을 든다. ① 함수초 잎 등은 만지면 오그라드는 반응을 한다. ② 식물도 병이 들었을 때 치료를 하면 낫는다. …… ⑤ 타마린다와 같은 식물은 잠을 잔다. 이러한 자이나 교도의 주장에 대해 불교도들은 앞서 열거된 사실들이 동물에서 나타나기보다는 무생물에서 나타나는 현상이라고 비판한다.[4]

그러나 그가 언급하듯이 자이나교에서 기원전 6세기경 이후 최초기 경전부터 일관되게 인정하는 소위 '식물 생명체설'은 그가 인용하고 있는 불교 논서들 속에서 언급되고 있는 자이나교의 주장 또는

---

3) 우제선(2008), p. 45.

4) 우제선(2008), p. 43.

자이나교의 논사들의 말과는 상관성이 거의 없다.[5]

왜냐하면 자이나교에서 식물을 생명체로 인정하는 것은 어디까지나 식물에게도 지바가 있다고 인정하기 때문이고, 후대의 불교 논사들이 언급하고 열거하는 외면적인 생명 현상 때문이 아니다.

자이나에서 생명체의 기준으로 삼는 지바의 특성은 10종의 생기(prāṇa) 요소로 세분된다.

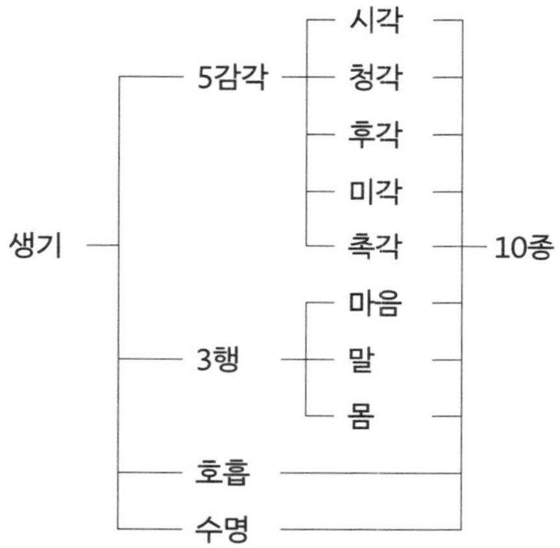

표 12. 생기의 10종 요소

표에 나타나 있듯이, 10종의 생기 요소는 시각, 청각, 후각, 미각, 촉각의 5감각과 마음, 말, 몸의 3행(行), 호흡, 수명의 열 가지이다.

---

5) 우제선(2008), p. 43. 그의 논문 각주 29에 다음과 같이 그러한 사례의 논거를 들고 있다. "이러한 자이나 교도의 주장을 다루고 비판하는 불교 문헌은 상당히 많다. 우선 대표적인 것으로 《유가사지론》 ……, 청변의 《중관심론》 …… 《니야야빈두》 …… 등을 들 수 있다." 그러나 그가 거론하는 문헌들의 저자는 모두 불교에 속해 있고, 불교 문헌을 대표할 뿐이다.

그 중에서 식물의 생기의 수는 4개이고, 촉각, 신체, 호흡, 수명이 그에 해당한다.[6)]

불교의 논사들이 저서를 쓰면서, 상대 교파의 교리를 논파하기 위해서 드는 주장(pakṣa)은 설령 거짓이 아닐지라도, 그에 대한 증인(hetu)으로 거론하는 내용이 과연 정당한 내용인가에 대해서는 보다 더 세밀한 연구가 따라야 한다. 옛 논서에 나온 모든 증인에 대한 정합성을 당연히 인정할 수는 없다는 것은 인도의 논쟁사에 비추어 볼 때 의문의 여지가 없기 때문이다. 왜냐하면 자파의 승리와 자기의 주장을 세우기 위해서 저술하는 경우에 상대방에 대한 논힐(論詰)을 서슴지 않으며, 사인(邪因)을 끌어대서 논파하고 있는 사례는 예나 지금이나 너무나 흔한 일이기 때문이다.

우제선은 다음과 같이 추리하고 있다.

> 불교의 궁극적인 목표인 열반의 세계에 이르는 것은 계율을 잘 지키는 것에서 출발한다. 그런데 식물이 중생의 범주에 속하게 된다면 농사를 짓고 가옥을 세우는 모든 일이 살생으로부터 자유롭지 못하게 된다. 삶이 바로 악업을 짓는 것이 되고, 악업 때문에 고과를 받아 유정은 끝내 깨달음의 세계에 도달할 수 없게 될 것이다. 따라서 이러한 현실적인 문제에 직면하여 불교 논사들은 식물의 지위를 조망하게 되었고 초기 불교의 모호성에서 벗어나 식물을 중생의 범주에서 제외하게 되었다.[7)]

---

6) 정승석(2011a), p. 182, 참조.

7) 우제선(2008), p. 46.

결국 우제선의 견해에 따라 불교의 생명이나 중생의 범주를 판단하자면, 존재 또는 생물의 세계에 대한 객관적인 분석을 앞세우기보다는 불교적 교리와 모순되지 않도록 하기 위해서 식물의 생명성을 부정했다는 것으로 요약할 수 있을 것이다. 다시 말하자면 불교에서는 먹기 위해서든지 필요에 의해서든지 식물을 손상하는 것은 일체 악업이 쌓이는 행위가 아니라는 태도를 견지한다.

일반적으로 불교에서도 초목을 중시한다거나 또는 보호하고 있다는 예로서 흔히 언급되고 있는 괴생종계(壞生種戒)도 어디까지나 '살아 있는 나무' 자체를 보호하기 위해서 만든 계목이 아니다. 괴생종계는 '나무를 거처로 삼고 살아가고 있는 존재들을 침해하지 말라.'라고 만든 계목이기 때문이다.

《사분율》을 비롯한 율장에서 괴생종계를 통해 보호하고자 하는 "중생은 수신(樹神)을 비롯하여 모기, 등에, 전갈, 개미 등"일 뿐이다.[8)]

그러므로 이상의 논의를 요약하면, 불교에서는 나무를 보호하는 데 목적이 있었던 것이 아니고, 나무에 사는 신과 나무에 의지해서 살아가는 벌레 등을 보호하라는 데 불교의 목적이 있다는 것을 알 수 있다.

필자는 이와 같이 불교에서 식물을 중생 또는 생명체의 범주에서 제외한 것은, 부득이하게 인간들이 존재를 위해서 식물을 섭취하는 데에 따르는 살생의 과보를 부정하기 위한 일종의 고육책에 불과하다고 본다. 그것은 우제선이 표현하듯이 "엄격한 중생의 정의"[9)]가 아니

8) "故十誦第十云. 謂生草木衆生依住. 衆生者謂樹神等乃至蚊 蝎 蟻子等也."(T. 40, p. 482 하.)
9) 우제선(2008), p. 46.

라 자이나교의 경우보다 '매우 완화시킨 느슨한 중생의 정의'로 여겨진다.

자이나교에서는 생명의 정의를 10종의 생기로 분류하여 그 중 하나만 침해하여도 생명체를 훼손한다고 여기며 살생을 범한 것이라고 간주했다. 이러한 자이나교의 태도는 더할 수 없이 엄격하고 더 나아가 현대의 생명 과학적 개념에도 가장 근사하게 접근한 역사 오래된 개념이라 말하지 않을 수 없다. 더구나 자이나교에서는 수행자의 편의나 목적을 위해 존재의 실상을 왜곡하거나 범위를 축소하지도 않았다.

자이나 교도들은 이 세계의 모든 존재들이 똑같이 동일한 지바를 가지고 있다는 평등성(samatā)을 인식하고서, 나와 똑같이 모든 존재들을 최대한 해치지 않아야 한다는 상호주의적 도덕률을 불살생이라는 이름으로 실천해 왔고, 그러한 사상적 토대 위에서 채식 식단을 고수했던 것이다.

인도의 채식주의자들은 종종 이렇게 말하곤 한다.

> 비채식 음식은 사람을 오만하고, 거만하고, 다른 존재들의 고통에 둔감하게 만든다. 채식 음식은 사람을 종교적이고 자비롭고 부드러운 기질로 만들어 준다.[10)]

우리나라의 청화 스님(1924~2003년)은 이렇게 말했다.

10) Sharma(2006), p. 69.

고기를 먹는 이는 대자비 불성이 없습니다. …… 부처님 가르침에 어긋나면서까지 몸에도 별로 이로울 것 없는 그런 고기를 먹는다는 것은 정말로 한심스러운 일입니다. 고기 드시지 않기를 바랍니다.[11]

더 나아가서 "오신채를 많이 먹으면 담이 생기고, 진심(瞋心)이 생기고 음탕한 마음이 생깁니다."[12]라고 역설한다.

청화 스님의 말을 따르자면, 진심(瞋心)과 음심(淫心)은 오신채라는 야채 탓인 것만 같다. 그러나 섭취한 특정 음식이나 재료가 인간의 심성이나 성격 또는 인품에 속할 영역에 어떠한 영향을 미친다는 사실 또는 직접적인 관련이 있다는 사실은 논증하기도 어렵고 실험하기도 쉽지 않다는 것은 간단한 상식으로도 쉽게 알 수 있는 일이다.

특이한 점은, 육식이든 잡식이든 비채식주의자들은 잘 언급하지도 않는 상대방에 대한 비판을 채식주의자는 서슴지 않고 말하거나, 비채식주의자의 식이(食餌) 또는 특이 식품을 섭취하는 경우에 대해서 너무나 쉽게 비난하는 예가 많다는 것이다.

한 예를 들자면, 청화 스님은 이렇게 강조한다.

우리가 산중에서 살아보면 파나 마늘 같은 것을 안 넣어도 아주 담백한 맛이 있습니다. 그런 것을 많이 넣으면 개운한 맛이 없을 뿐만 아니라 그 냄새 때문에 호법 선신들이 우리를 지킬 수가 없습니다. 파나 마늘 같은 것을 안 먹는 사람들은, 먹는 사람 옆에 가면 나쁜 냄새가 납니다.

11) 청화 스님(2004), p. 69.
12) 청화 스님(2004), p. 70.

우리 사람끼리도 그와 같은데 하물며 선신들은 어떻겠습니까? 나쁜 냄새 때문에 우리를 지키려야 지킬 수가 없는 것이지요.[13]

그러나 엄밀히 말하자면, 파와 마늘 냄새가 나쁘다는 가치 판단과 파와 마늘을 먹은 사람은 나쁜 사람이므로 선신(善神)들이 지켜 주지 않는다는 청화 스님의 말에서 논리성은 거의 찾아볼 수 없다. 하지만 이러한 취지의 말과 설법은 우리 불교계에서 너무나 오랜 세월 동안, 허다하게 통용되고 있는 대표적인 사례로서 그에 대해서 반박하기란 쉬운 일이 아닐 것이다.

사실, 불교에서 자비를 내세웠던 것은 불살생이라는 제1계를 지키기 위해서 부수적으로 강조한 실천 덕목이었다.

고대 인도에서부터 현대에 이르기까지 채식주의가 인도인의 식단으로 자리 잡게 된 기원에는, 슈라마나 전통의 업보(業報) 사상과 브라마나 전통의 희생 제사 문화의 대립이 있었고, 후대의 역사적 변천 과정에서 두 전통이 상호 영향을 주고받으면서 자연적으로 정착된 것이라고 본다. 적어도 인도의 채식 문화는 어떤 특정 음식, 그것이 육식이든 채식이든지 간에, 섭취된 후에 그 섭취자에게 정신적이거나 심리적 또는 성격적인 어떤 영향을 주는 것과는 무관하게 정립된 전통이었기 때문이다.

13) 청화 스님(2004), p. 71.

채식 식단과 불살생주의

전통적으로 인도의 사상은 다음과 같이 셋으로 나누어진다.

첫째로 성스러운 계시에 따른 종교, 둘째로 신성한 전통에 따른 사상, 셋째로 현성(賢聖)의 경험을 통해서 구축된 지식 등이 그것이다.

이러한 세 전통은 현대 인도 문화에도 적용되는 인도 사상의 3원천(mūla)이며, 인도의 채식주의 문화도 이러한 3원천에서 크게 벗어나지 않는다.

필자는 본론에서 힌두 채식 문화의 근원 또한 이 세 원천을 공유하고 있다는 사실을 여러 각도로 조명해 보았다. 구체적으로는 인도의 다양한 문화적 전통에 나타나 있는 복합적인 특성의 경우와 동일하게, 채식 문화에도 슈라마나 전통과 브라마나 전통이 서로 혼재되어 있으며, 그 기원(起源)에서는 불살생의 이념이 가장 큰 영향을 미쳤다는 사실을 논하였다.

슈라마나와 브라마나, 두 전통의 시작점은 달랐지만 귀결점은 모두 해탈(解脫, mokṣa)을 추구한다는 일치를 보이고 있다. 그리고 그 목표에 이르는 과정으로는 개인적인 고행 전통, 즉 자기 수행이라는 이상(理想)이 자리하고 있으며, 궁극적인 해탈에 이르는 수행 과정에서 동일하게 추구하는 이념이 바로 불살생이라는 윤리적 덕목이다. 그리고 슈라마나 전통에서 고안되어 자이나교에서 더욱 심화된 불살생이라는 윤리적 이념은, 자이나교, 불교, 힌두교라는 세 종교에서 다음과 같이 구체화되어 각 개인의 수행 덕목으로서 채식 식단의 실천과 결합되었다.

다시 말해서 자이나교에서는 평등성(samatā), 즉 모든 생명체에 대한 평등이라는 실천 원리를 배경으로 하여 철저한 채식주의가 구현되었다. 하지만 자이나교와 동일한 슈라마나적 전통인 불교에서는 중생에 대한 자비의 실천을 강조하며, 자이나교보다는 완화된 중도적 채식주의를 취하고 있다. 그 이유는 불교의 중생 개념에는 식물을 포함시키지 않기 때문이다.

힌두교에서는 청정(淸淨)과 오염(汚染)이라는 관습적 이분화(二分化)를 통해서 영육(靈肉)의 정화(淨化)를 중시하였고, 그러한 차원에서 불살생주의와 채식주의가 결합되었다고 본다.

음식은 인간을 비롯한 모든 생류(生類)에게는 필수적인 것이다. 필자로서는 음식을 구별하고 차별적으로 인식하는 것은 인간의 또 다른 지혜의 발현이라는 것을 의심하지 않는다. 다만 인도의 채식 문화와 결합된 불살생의 이념은 채식주의자와 비채식주의자를 가리지 않고 갈수록 더 심화되어 가는 세간의 식단 이슈들과 함께 되짚어 볼 가치가 있다는 점을 강조하고자 한다.

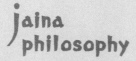

제 9 장

나체 고행주의

영혼의 순수성을 유지하기 위한
고행 추구는 결국 출가 중심의
탈속을 가속화시켰다.

헬무트 폰 글라제나프(Helmuth von Glasenapp)

jaina
philosophy

나체 고행의 기원

고행주의(苦行主義)를 고수하는 인도 종교는 매우 오랜 역사를 가지고 있다. 인도에 기원을 가지고 있는 자이나교, 불교, 힌두교를 비롯하여 다양한 종교들이 고행주의적 수행법에 기초를 두고 발달하였고, 그와 밀접한 관련을 가지고 교리를 전개해 나간다. 고행과 관련된 주요 이론은 카르마(karma) 즉 업(業), 윤회, 해탈과 매우 밀접하게 관련되어 있고, 이러한 이론은 인도 종교의 핵심 사상을 이루고 있다. 따라서 흔히 말하듯이, 인도 종교의 초석이 바로 고행주의라는 말은 전혀 과장이 아닐 것이다. 그리고 인도 종교에서 중요시하는 고행 수행의 전통 중에서 가장 극한의 고행으로 꼽는 것은 바로 나체(nagna) 상태로 수행하는 것, 즉 나체 고행이다.

인도의 종교사에서 나체 고행은 유신(有神), 무신(無神)의 교리를 불문하고 수행의 방식으로서 널리 행해졌고, 지금도 고스란히 이어져 오고 있다. 특히 실오라기 하나 몸에 걸치지 않은 완전한 나체의 상태로 수행하는 것은 궁극의 마지막 단계로서 추장(推奬)되었고, 성스러운 수행 단계로서 인정받았으며, 지금까지 그 명맥을 이어오고 있다. 그 중에서도 특히 자이나교의 나체 수행은 매우 역사 오랜 전통으로 잘 알려져 있고, 교단 내에서는 나체 고행주의의 기원이 자이나교에 있다고 주장한다.

그럼에도 불구하고, 21세기 현대 문명 속에 사는 이방인의 눈에는 완전히 알몸 상태로 거리를 활보하는 데 전혀 거리낌이 없어 보이는 나체 수행자의 모습은, 인도에 대한 낯선 인상의 차원을 뛰어넘는 충격을 받기 마련이다. 이러한 인상과 놀라운 감정은 전공으로 연구하는 학자나 일반 여행객들 모두에게 큰 차이 없이 비슷한 듯하다. 그렇지만 지금까지는 마치 문명의 권역 밖을 활강하듯 살아가고 있었던 나체 수행자들에게도, 급격한 현대 사회의 변화는 적잖이 큰 영향을 주고 있다.

현대 인도 사회는 전통을 고수하고 예전의 방식 그대로 유지해오고 있었던 종교의 영역에도 갈수록 엄격한 사회적 규율의 잣대를 요구하고 있는 추세이다. 각 주(州)에 따라서 그들에게 나체 상태로 활보할 수 없는 지역과 시간대를 적용하는 법률을 제정한다거나 규칙을 만들어서 제한하기 시작했기 때문이다. 이러한 경우에 전통을 고수해왔던 입장과 현대인의 인식 변화 사이에 야기되는 간극은 어떻게 해소시켜야 하는가?

현대 인도의 나체 고행자를 지칭하는 말은 매우 다양하지만, 고대에는 산스크리트 아첼라카(acelaka)라는 단어가 주로 많이 쓰였다. 이 단어는 나그나(nagna)가 알몸인 상태를 가리키는 것과 달리, 옷이 없는 상태를 지시한다. 나그나는 일반적으로 누구나 될 수 있는 상태이지만, 아첼라카는 알몸으로 사는 수행자에게 보다 더 특화된 종교적 용어인 셈이다. 물론 나그나 또한 나형(裸形)의 출가 수행자를 지칭하는 말로 쓰여 왔다. 그 경우에는 나그나카(nagnaka)라는 조어를 쓰기도 하지만, 아첼라카는 나형의 수행자 교단이나 집단 등을 가리킬 때에도 두루 쓰이는 용어이다.

현대 인도에서 아첼라카에 속하는 수행자는 크게 힌두 고행자와 자이나교의 공의파(空衣派) 출가자로 이분할 수 있다. 수행자의 숫자 면에서는 압도적으로 힌두 나체 수행자가 많을 것이다. 하지만 자이나 공의파는 역사 오랜 전통과 고대 방식을 고스란히 전승해 오고 있는 점에서 더욱 주목을 받고 있다. 그 결과 나체 수행에 대한 비난의 화살도 자이나 공의파를 향하는 경우가 점차 많아지고 있다.

그 중에서 비판의 수위가 높은 주제는 다음과 같다.

나체 고행자들이 집을 떠나 출가를 했는데도 불구하고, 재가 시절의 가족, 친족들과 지속적으로 연락을 가지며 밀접한 관계를 사실상 끊어내지 못하고 있다는 비판이 끊임없이 제기되고 있다. 또한, 나체 고행자들은 사원 건축을 위한 모금 행사라든지 금전을 형성하는 데에 동원되고 있는데, 이러한 몇몇 사례는 빙산의 일각일 뿐이며, 적잖은 폐단이 있다는 비난이 제기되곤 한다. 급기야 이러한 방식으로 행해지는 나체 수행이란 결국은 시대착오적인(anachronistic) 수행법으로 전락할 뿐이라는 비난을 피할 수 없다는 상황에 이르렀다.[1)]

물론 그와 같은 비난과 비판적인 시각에는 나체주의 수행법에 대한 원초적인 반감이 그 배경으로 깔려 있다는 사실도 직시해야 한다. 게다가 현대적인 교육을 이수한 청년층과 어린 아동들은 나체 상태의 수행자를 희화화하거나 급기야 인터넷을 이용한 각종 대중 매체를 빌어서 노골적으로 비난하는 데도 거리낌이 없다. 이러한 비판적 공격에는 다양한 종교 간의 갈등과 대립 문제도 작용하고 있다.

---

1) Ahimsa Foundation(2008), 6월호, 기사 참조.

근래, 현대 인도에서 직면하고 있는 종교적 대립 상황과 자이나교의 전통에 대한 비판적 시각이 점차로 심화되는 경향을 보인다. 필자는 이처럼 비판이 고조되어 가는 위기 상황은 나체 수행자로 인한 자이나 교단만의 당면 문제에 그치지 않을 것이라고 보고 있다. 불교와 힌두교를 포함한 고행주의 경향을 따르고 있는 교단과 그 외 혼인이 금지된 독신 수행자가 교단의 주축을 이루고 있는 종교 교단들도 존폐의 위기 또는 일부 전통의 개폐 문제에 봉착해 있기 때문이다.

인도 종교와 나체 수행법

인도의 나체 고행법은 언제부터 시작되었는가? 아마도 인도의 종교 역사와 큰 차이가 없을 것이다. 인도에서는 순환론적 세계관에 기반하여, 흔히 무시무종(無始無終)이라거나 무시이래(無始以來)라는 표현으로 갖가지 기원을 서술한다. 나체 고행의 경우도 예외는 아니다. 그만큼 시원을 알기 어려운 문제이며, 인도 문화의 긴 역사와 동일하다고 여길 만큼 오래된 전통 중 하나이다. 그러나 가장 근접하게 말할 수 있는 것은 고행 중심의 수행법이 발달한 것과 그 맥락을 같이 하고 있다는 점이다. 따라서 고행주의의 시원과 발달사를 밝히는 것은 나체 수행의 역사를 알기 위한 선결 문제가 될 것이다.

고행주의 또는 금욕적 고행주의란, 인간이 사회 속에서 함께 살아가면서, 결혼을 하여 가정을 유지하고, 자손을 잇고, 사회적인 의무를 다하는 일에 일생토록 종사하는 것 등의 일상적인 생활을 전적으로 거부하는 태도를 말한다. 이러한 금욕주의 또는 고행주의는 역사적으로 볼 때, 특히 기원전 6세기경에 인도 지역에서 심화되었다고 보고 있다.

이러한 사상적 경향은 제사 또는 제사 의례 중심의 브라만교적 사회 구조가 흔들리기 시작하였던 것과 그 궤를 같이한다는 설이 있다. 다른 한편으로 고행주의적 경향은 브라만교의 주체들이 인도 지역으로 들어오기 훨씬 오래전부터 있었던 고대 인도의 원형 문화라고 주장하는 입장인데, 자이나교의 주장이 그러하다.

자이나교에서는 불교의 창시자인 가우타마 붓다(기원전 563~483년경)와 동시대에 활동했던 마하비라(Mahavīra, 기원전 599~527년경)는 자이나교의 개창자가 아니라고 말한다. 일부에서 사용하는 중창자라는 말조차도 정통 자이나 교단사에서는 언급하지 않는다. 외부의 시각, 특히 불교의 입장에서 마하비라는 자이나교의 개창자라고 말하며, 마하비라 이전의 역사를 언급하지 않는다. 그러나 자이나 교단의 전통에 따르면, 마하비라는 제24대 티르탕카라일 따름이다. 그러기에 마하비라가 기원전 6세기에 나체 수행을 최초로 시작했다는 진술은 전혀 따르지 않는다. 그렇다면 나체 고행의 시작은 언제부터라고 볼 것인가? 나체로 수행하는 방식은 나체 그 자체에 중점이 있다기보다 고행 수행 방법과 연관하여 고찰해야 한다.

가장 역사 오랜 고행주의는 인더스 문명 시대의 요가 수행의 좌법 형태를 보여주는 인더스 인장(印章)에서 그 기원을 찾고 있다. 언어적 특징으로는 출가하여 걸식 수행에 전념하는 사람을 가리키는 용어인 비크슈(bhikṣu, 比丘)라는 말을 단서로 삼아서 문헌상 고행주의의 기준으로 삼기도 한다.

그리고 고행주의는 브라마나(brāhmaṇa) 전통에 의거한 제식주의의 반대쪽에 있다거나, 또는 제식주의의 발달된 형태가 바로 고행주의로서 살생을 금하고 불살생을 중요시하는 수행주의라고 보는 입장도 있다.[1] 그러나 엄밀하게 말하면 제식주의가 쇠퇴하여 비판적으로 등장했던 사상 또는 수행법이 고행주의가 아니었다. 고행주의는 인도의 복합적인 사회 문화와 결합되어 불살생과 연결된 것으로 보아야 한다. 고행주의에 몰두하는 수행자들은 자기 의지에 따라서 각자의 목적과 소망을 이루고자 고행에 전념한 사람들이다. 고행은 특별한 훈련이 필요한 것이 아니었고 생활 방식으로서 선택한 것이기 때문이다. 그리고 그 사상적 배경으로서 영혼의 정화라든지 해탈과 업, 윤회 등의 이론은 세월이 흐르면서 점차로 정교해졌을 것이라고 추정한다.

인식과 지식 측면에서 최고의 순수 의식 또는 순수 영혼을 포착하는 데 몰두했던 고행자들은 브라마나 전통과 슈라마나(śramaṇa) 전통, 모두 공유하고 있었다. 다만 그들 각자가 추구했던 목적이 달랐을 뿐이다.

브라마나 전통을 배경으로 성장한 우파니샤드 시대의 고행자들은 브라만과 아트만에 대한 지식을 얻고자 고행에 몰두했다. 그러나 가우타마 붓다는 6년의 고행 수행기를 거친 뒤에 고행을 거부하고 중도(中道)라는 이름으로 선정(禪定) 수행에 집중했다. 붓다가 얻고자 했던 목표는 완벽한 해탈, 열반 적정 상태에서 번뇌를 소멸시키는 경지였다. 여기에 덧붙여 말해 두자면, 붓다가 주창했던 중도 수행법은 그 당대의 기준으로 완화된 수행 방식이었을 뿐이고, 독신 출가주의를 고수했던 불교는 종교 분류상 예나 지금이나 고행주의에 속하는 종교로 분류된다.

그와 달리 자이나교에서는 제1대 티르탕카라인 리샤바 시대부

1) Sogani(1967), p. 120, 참조.

터 일관되게 영혼의 순수성을 회복하고 완벽하게 오염으로부터 정화시키기 위한 고행(tapas)에 집중했다. 그러한 추구 방향은 탈속(脫俗), 즉 출가 중심의 고행 방식을 가속화시키는 결과를 낳았다.[2)]

이와 같이 고행하는 목적이 다른 듯 보였던 브라마나 전통의 힌두교와 슈라마나 전통의 불교, 자이나교의 고행주의 수행 방식은 점차 해탈, 즉 모크샤(mokṣa)라는 공통된 목적으로 지향점을 통일해 나간다. 두 전통의 수행법은 윤회의 대극점으로서 해탈을 상정하고 그 지점에 이르기까지 갖가지 고행을 한다는 차이만 있을 뿐 크게 다를 것은 없었다.

나체 고행자에 대한 기록이 담긴 가장 오래된 문헌으로는 리그베다 제10장을 꼽는다. 여기에 "바람으로 띠 두른 고행자들은 갈색으로 더럽혀진 옷을 입는다."[3)]라는 구절이 있다. 그 구절에서 고행자라는 표현은 바로 나체 고행자를 뜻하며, 맨몸에 흙을 바른 상태를 표현한 것이라고 통설은 해석한다.

힌두교 전통에서는 나체 고행자는 흔히 '나가 사두(naga sādhu)'라는 이름으로 불리며, 쿰바멜라 등의 힌두 축제에서 가장 우대를 받고, 맨 먼저 최적의 시간대에 강물 속에 들어가 목욕할 수 있는 특권을 누리는 집단이다. 물론 자이나교의 경우에도 맨 앞에서 축제를 이끄는 이들은 바로 나체 수행자들이다.

자이나교 역사에 따르면, 제1대 티르탕카라로서 알려진 리샤바부터 나체 상태의 수행이 시작되었다는 데에 절대 다수가 동의하고

---

2) Glasenapp(1991), p. 4, 참조.

3) 정승석(1984), p. 262.

있다.[4] 이를 부인하는 극히 소수의 이론(異論)이 있기는 하지만, 자이나 교단 쪽의 역사를 전면적으로 부인하지 않는 한 수용하기 어려운 주장이다.

요컨대 통설에 따르면, 제1대 리샤바부터 제24대 마하비라 시대에 이르기까지 자이나교에서는 나체 수행 방식이 원형적인 수행 전범(典範)으로서 정립되었다고 본다. 달리 말하면 자이나 교단에서 나체 수행자는 여러 교파와 분파를 통틀어서 최고 정점에 위치한다. 이것은 자이나 교단 내 2대 교파, 즉 공의파와 백의파(白衣派)를 불문하고 통용되는 관점이다.

다만, 이견 중의 하나로서 폴 둔다스는 개별적인 나체 수행의 존부(存否) 문제라기보다는, 종파로서의 나체 수행파, 즉 공의파는 제24대 티르탕카라인 "마하비라의 사후 609년이 지난 뒤에 성립했다."[5]라고 한다. 하지만 둔다스의 설명은 나체 상태의 수행법을 수용하는지의 여부를 문제 삼는 분파를 설명하는 데 그 목적이 있었을 뿐이고, 그 또한 지나 칼파(jina kalpa), 즉 승리자의 수행법이라는 특별한 명칭으로서 알려져 있는 마하비라 이래의 나체 수행법을 부인하는 데 그 의도가 있는 것은 아니었다.

그런데 자이나 문헌상으로는 나체 수행과 관련된 언급을 찾는 것이 그리 쉽지는 않다. 그 이유는 경전의 결집이 고대부터 주로 백의파 교단의 주도로 이루어져 왔기 때문이다. 그럼에도 불구하고 인도 종교의 현장에서 자이나교의 나체 고행은 수행 방법상 정점의 위치에

4) Granoff(1990), p. 214.
5) Paul Dundas(2002), p. 46.

자리해 있다는 사실은 어느 누구도 부정하기 쉽지 않을 것이다.

최근 2010년 9월 안거를 기준으로 그 당시 조사한 통계에 따르면, 공의파의 나체 수행자는 무니(muni), 즉 남성 수행자가 600명이었다. 공의파의 여성 출가자, 즉 사드위(sādhvī)는 511명이었으나, 그들은 옷을 벗지 못하며, 백의파의 일반 복장과 유사하게 흰옷을 입는다.[6)]

위의 조사에 따르면 현재, 인도 전역에 걸쳐서 약 600명의 나체 수행자가 유행(遊行)하고 있는 셈인데, 그 600명이라는 숫자 속에 크슐라카와 같은 초심 입문 수행자인 남자도 포함되어 있는지의 여부는 분명치 않다. 공의파의 규율상 크슐라카의 경우에는 세 장의 옷가지, 즉 속옷 한 장과 겉옷 두 장이 허용된다. 공의파이기는 하지만 아직 완전한 나체 상태로 생활할 수 없는 단계의 출가자이다.

공의파로 출가한 수행자의 단계적 계위는 다음과 같다.

처음 입문한 크슐라카(kṣullaka) 단계를 거쳐서 ⇒ 아일라카(ailaka) ⇒ 무니 ⇒ 우파디야야(upādhyāya) ⇒ 아차리야(ācārya) ⇒ 아르하트(arhat) ⇒ 싯다(siddha) 등의 단계를 차례로 거쳐서 수행자로 삶을 완성한다.

여기서 크슐라카와 아일라카는 옷가지를 착용한 상태이고, 무니부터 완전히 모든 옷을 버리고 나체 상태로 생활할 수 있다. 그러나 공의파로 출가하는 수행자가 매우 희귀하기 때문에 크슐라카와 아일라카 단계의 수행자도 언젠가는 나체 수행할 무니가 될 것이기에, 재가자는 완전 나체 유무를 전혀 분별하지 않고 동등하게 공경을 다하여 보호하고 받들고 있다. 따라서 위의 600명이라는 조사 숫자에는 크슐

6) Ahimsa Foundation(2010), 9월호, 기사 참조.

라카와 아일라카도 포함되어 있을 것이라고 추정된다.

그렇다면 나체 상태의 공의파를 제외하고 거의 95.7퍼센트에 달하는 수행자들이 의복을 착용하고 있고, 나체 수행을 포기 또는 부정하고 있는 데도 불구하고, 어떤 연유로 자이나교는 나체 수행을 전통으로 고수하는 교파라고 알려져 있는 것일까? 또한, 공의파에서는 어떠한 논리를 근거로 삼아서 나체 고행을 합리화하는가?

나체 고행의 사상적 배경

먼저 나체 고행을 수행 방법의 축으로 삼고 있는 자이나교의 사상적 특징은 슈라마나 전통의 염세적 세계관이라 할 수 있다.

바르가바(D. N. Bhargava)는, "슈라마나란, 브라만에 대한 지식을 갖추고 편력하는 스승들"[1]이라고 정의하였지만, 슈라마나라는 문화적 전통에 속하는 사상과 종교 집단은 매우 다양하며, 여러 갈래로 나뉘어져 있었다.

대략 크게 나누어서 "이계파(離繫派, nirgrantha), 석가파(釋迦派, śākya), 고행파(苦行派, tāpasa), 적의파(赤衣派, gaurika), 사명파(邪命派, ājīvika) 등의 5종의 슈라마나가 있다. 적의파는 별칭으로 편력파(遍歷派, parivrāj)라고도 한다"[2]라고 성선(聖仙)의 어록 등 자이나 고문헌을 기반으로 분석하였다. 이에 근거하여 말하면, 자이나교는 이계파로서 불교 경전에 등장하는 이름과 동일하다. 그런데 이러한 슈라마나 계열의 종교였을지라도 모두가 나체 고행을 하지는 않았다. 왜냐하면 석가파는 오히려 나체 고행을 신랄하게 비판하는 입장에 있었기에 슈라마

1) Sekhar(2003), p. 23.

2) 楠 正弘(1983), p. 335.

나의 특징이 곧 나체 고행이라고 말할 수는 없다. 다만, 이계파 즉 자이나교와 고행파로 통칭되는 교단 중의 일부, 즉 사명파로 번역된 아지비카 계통이 나체로 수행했다는 사실은 잘 알려져 있다.

석가파, 즉 불교의 입장에서 기록한 경전 문헌, 《불설중허마하제경(佛說衆許摩訶帝經)》에서는, 가우타마 붓다 당대의 사상적 지도자 여섯 명을 자주 언급하는데, 그들 모두 다 나체 고행자, 즉 나형 외도(裸形 外道)였다고도 말한다.[3] 다만, 아지비카를 이끌었던 막칼리 고샬라는 그 외양이 나체 고행자와 같았으나 술을 마셨고, 성적(性的) 의례를 주도했을 정도로, 금욕과도 거리가 멀었다고 전한다. 물론 아지비카에서 행했던 성적 의례는 그 당시 인도에 만연해 있었던 풍년을 기원하는 풍요제와 유사했다고도 한다. 달리 말해서 쾌락주의에 가깝다기보다는 고행주의로 분류해도 될 만큼의 일탈 정도였다는 것이다. 그러한 쾌락적 일탈에도 불구하고 나체로 생활했던 사명파는 고행주의에 해당한다고 보는 것이 다수의 견해이다.

위에서 분류한 슈라마나 교파 중에서도 적의파로 불리는 다수의 편력 수행자들은 가장 일반적인 슈라마나 수행자로서 간주되기도 한다. 적색 옷을 입었다고 표현되어 있지만 색으로 물들여서 옷을 입었다는 내포 의미를 갖는다. 그 용어는 불전에서 염의(染衣)라고 하며 출가 수행자의 외양을 상징하기도 한다. 따라서 슈라마나 전통을 대표하는 수행자는 나체 고행자라기보다는 적의파에 더 친근한 외양을 하고 있었다. 후대에 가사(袈裟)로 불리는 이 옷을 입는 것 자체가, 출가 수행자들이 착용하는 이 옷의 색깔 자체만으로도 속박과 일체의 번뇌를

3) 법현(法賢, 宋 시대), p. 935.

벗어난 자유와 해탈을 상징하기에 이르렀다.

이러한 슈라마나 수행자를 중심으로 한 문화적 특징은 "생명의 현상성(現象性), 불행과 고통을 제거하고 싶은 강한 충동, 아힝사(ahiṃṣā, 不殺生)와 같이 도덕적 종교적 규범들을 세심하게 실천하는 것, 고행적인 포기, 탈속(脫俗)의 정신" 등으로 요약할 수 있고, 그러한 점은 "인도의 체계의 중추 속으로 깊이 들어가 있다."[4]라고 요약할 수 있다.

이와 같이 복합적이고 다양한 배경을 자양분으로 삼아서 나체 고행주의는 연면하게 이어져 왔다. 슈라마나의 기본적 배경을 베다적 전통에 뿌리를 둔 것으로 보든지 그것을 부정하든지간에 일반적으로 공감하는 것은, 슈라마나식 출가 고행은 이 세상과 존재 자체가 고통이라고 보는 시각 때문에 그로부터 벗어나는 길을 추구하고 모색하는 생활 방식을 선택하였고, 더 나아가서 점차로 강화시켜 온 결과가 현재라는 것이다. 따라서 출가 수행 전통은 염세적 세계관을 그 배경으로 한다고 보아도 그다지 틀림이 없다.

그러나 자이나교와 유사한 방식의 출가 수행을 하는 불교의 세계관에 대해서는 염세주의라고 할 수 없다는 견해도 있다. "불교의 고관(苦觀), 즉 고에 대한 관념을 단순히 염세적 관념으로 이해할 수 없다. 고는 극복의 대상으로서 강조되는 것이지 결코 자포자기를 강요하거나 유도하는 것이 아니다."[5]라는 입장이 그와 같은 맥락에 서 있다. 이러한 주장도 일견 수긍할 수는 있다. 하지만, 대체로 이 세상에 고통

---

4) Sekhar(2003), p. 121.
5) 정승석(2011c), p. 98.

이 만연해 있고, 그 고통을 떨치고 불변의 궁극적인 안락을 얻고자, 다른 일체의 욕망과 또 다른 고행으로 인한 고통들을 참아야 한다는 세계관은 상식적으로 염세주의라고 보아도 그다지 무리가 없다는 입장이 대다수 학자들의 견해이다. 필자도 여기에 동조한다.

다시 요약하면, 자이나교의 고행 수행을 촉발한 배경에는 슈라마나 전통의 염세적 세계관이 그 배경으로 깔려 있었다. 그리고 나체 고행주의의 사상적 배경에는 불소유 원칙이 깔려 있다는 점을 특기(特記)할 수 있다. 불소유란, 자이나 전통의 기본 규약인 5대서(大誓) 중 하나이다. 불소유서(不所有誓)란 각자 자신의 소유물을 최소화해야 한다는 규약인데, 출가자에게는 매우 세밀하게 극단적으로 요구하고 있다. 불소유라는 대서의 조목은 때로는 무소유(無所有)라는 용어로 치환하여 쓰이기도 하지만, 대서의 하나로 쓸 때는 불소유가 합당한 번역 용례이다.

자이나 교단 내에서 나체 수행은 제24대 티르탕카라인 마하비라 때 정착되었다고 본다. 엄밀하게 말하면, 그 이전 제23대 파르슈와 때에는 고행자들이 일상적으로 국부 보호용으로 쓰던 작은 천 정도는 사용했다고 한다. 그래서 엄밀하게 말하자면 파르슈와는 완전한 나체 수행자였다고 말할 수 없다고도 주장한다. 특히 백의파의 입장에서는 옷을 입은 티르탕카라의 존재가 매우 긴요하기 때문에, 분명한 전승으로 남아 전하는 제1대 리샤바의 탈의(脫衣) 과정과 제24대 마하비라의 탈의를 제외하고는 그 전승 내용이 미비한 상태인 다른 티르탕카라들의 복장이 착의(着衣) 상태였다고 즐겨 말한다.

점차 의복의 착용 유무로 나뉘게 된 이러한 입장의 차이는 양자의 대립을 낳기에 이르렀다. 가장 대표적인 대립은, 먼저 공의파 쪽에서 백의파를 향하여 "옷을 입고, 발우를 들고 걸식하는 것은 잘못된 길이라고 비난"하였다.[6] 그러나 공의파는 불소유 원칙을 이유로 옷을 포기했을 때, 다른 어떠한 것도 소유할 수가 없게 되었다. 그래서 자연스럽게 손으로 음식을 받아먹게 되었고 그러한 식사 형태의 수행법, 즉 손 그릇(pāṇipātra) 수행이라는 말도 등장하기에 이르렀다. 그러한 배경 아래, 자신들이 불소유 대서를 근거로 옷과 발우를 포기한 뒤, 이를 근거로 비난하기 시작했던 것이다. 그러나 공의파의 비난을 당한 백의파 쪽에서는 정작 고행 수행의 목적인 궁극적인 해탈과 전혀 무관하다는 대응으로 그러한 논의를 가볍게 일축했다. 진정한 해탈, 궁극적인 해탈에 나체 상태를 고수하는 것은 필수적인 요건이 아니라는 반박이었다. 그 외에도 불살생(ahiṃsā)과 불음행(不淫行) 대서가 나체 수행과 관련된다.

자이나교에서는 힝사에는 두 가지가 있다고 한다. 즉 대자(對自) 상해(svahiṃsā)와 대타(對他) 상해(parahiṃsā)이다. 여기서 대타 상해는 의복을 얻기 위한 일련의 행위 과정 속에서 다른 생명체의 희생 또는 상해를 끼치는 결과가 발생할 수밖에 없기 때문에 결국 제1대서인 불살생서를 위배한 옷감을 만들게 되고, 그것을 몸에 착용하는 한 불살생서를 범하는 결과를 낳는다고 보았다. 따라서 살생을 최소화하기 위해서는 옷조차 허용할 수 없다고 보았다.

6) 김미숙(2007), p. 209.

나체 고행자의 심신 상태와 비판적 시각

고행 수행은 윤회와 카르마 등을 배경으로 발달한 일종의 삶의 방식이었다. 그러한 삶의 방식의 일환으로 고안된 출가 수행법의 기원과 배경에 대해서는 여러 갈래의 주장이 있지만, 다수의 의견은 슈라마나 전통에서 찾고 있다.

앞에서 슈라마나 문화에는 염세주의가 배경으로 깔려 있고, 나체 고행과도 관련성이 있다고 밝혔다. 이 점은 나체 고행자의 심신 상태가 어떠할지 떠올리게 된다. 세상에 가득 찬 고통의 요소를 철저히 도외시하고, 또는 떨쳐 내고자 세속을 벗어나서 출가의 길을 걷는 수행자의 마음은 과연 평온할 것인가? 어쩌면 상대적인 평온일 수도 있으리라.

다스굽타는 "나체의 수행은 모든 세속적인 관심들에 대한 절대적인 혐오를 상징한다."고 이해했다.[1] 여기서 세속적인 관심이란 일체의 욕망으로 대표되는 모든 것, 즉 자신의 존재를 유지하기 위해서 감수해야 하는 모든 본능과 그에 따른 행위를 통칭하여 말한다.

이러한 욕망에 대한 조절과 극복을 위해서 고안된 수행법들이

1) Dasgupta(1999), p. 106.

온갖 고행의 목록들이며, 자이나 교인들은 참으로 세심하게 그러한 고행법들을 고안해 내었다. 그 대표적인 범주가 5대서이다. 즉 불살생, 불허언(不虛言), 불투도(不偸盜), 불음행(不淫行), 불소유 등이다.

이러한 규약을 애써 실천하려고 노력하는 이들, 그들을 가리켜서 슈라마나라고 한다. 현세의 행복을 지향하는 브라마나 전통에서는 슈라마나적 가치에 반대한다. 그 극명한 증거는 《브리하다란야카 우파니샤드》에 나온다.

조쉬는 "슈라마나라는 말은 《브리하다란야카 우파니샤드》에 처음으로 나오는데, 그 말은 브라마나 문헌에서는 결코 존경스런 말로 쓰이지 않는다."[2]라고 밝힌 바 있다.

브라마나 전통과 슈라마나 전통의 가치관과 지향점이 서로 충돌했던 것은 다음 설명으로 더욱 분명해진다.

> "슈라마나들은 삶에 대해서 보다 불확실한 태도를 취했다. 그들은 인생이란 비영속적이며, 고통으로 가득 차 있다는 관점을 취했다. 이런 태도는 그들이 인생의 한정된 조건들을 극복하고 자신을 정복하는 것과 같은, 인생에서의 확고한 목표를 추구하도록 이끌어 주었다. 그 결과로 마침내, 슈라마나들은 세속에 대해 초연하고 포기하는 태도를 높이 평가하였고, 그렇게 살고자 하였을 것이다. 삶의 순환에 자신을 묶는 카르마(karma)를 없애는 것은 그들의 첫째가는 관심사였고, 성취해야 하는 목표이다. 이 때문에 사람들은 바른 관점에서 실재(reality)를 이해하는 것이 필요하다. …… 그러므로, 자아에 대한 지식, 즉 아

2) Joshi(1970), p. 28.

트마 비디야(ātmavidyā)와 모크샤라는 이상을 성취하는 모크샤 다르마(mokṣadharma)는 그들의 인생 목표이자 비전(vision)이라는 양면을 이룬다."[3]

위의 글에서 잘 요약하고 있듯이, 슈라마나적 인간관과 세계관은 브라마나적 가치관과 상충될 수밖에 없었다.

자이나교, 불교, 아지비카교 등에서는 고래(古來)의 슈라마나 전통에 따라 매우 자연스럽게 고행을 따르고 욕망으로부터 초연하게 행동하며 포기하는 것을 이상적인 태도로 여겼다. 그들이 바라는 해탈, 즉 완전한 해방은 인생으로 빚어지는 온갖 고통과 속박을 떨치는 경지로서 최상의 목표 달성이자 궁극적인 자유를 뜻했다. 최고 정점으로서 완벽한 하나의 목적을 위해서, 출가자뿐 아니라 재가자도 일생토록 고행을 하며 살아간다. 그러한 과정 중에 있는 한, 최고의 고행 단계를 실천하며 살아가는 나체 수행자에 대한 경외심과 존경심은 지극히 당연한 것이며 전혀 특별하다고 여기지 않는다.

이와 관련하여 전통적으로 자이나교에서는 나체 수행자의 몸에서 광채가 난다는 표현을 즐겨 사용해 왔다. 해탈에 근접한 수행자의 외양에서 빛이 난다고 표현하는 데는 물리적인 광채도 물론 포함하고 있지만, 무엇보다도 수행을 통한 정신적 광채, 즉 겸양의 미덕을 갖추었기에 빛이 난다거나 광명이 비춘다는 표현으로 수식하고 있다.[4]

자이나 교단에서 마하비라 이래로 당연시되었던 나체 수행법은,

---

3) Sekhar(2003), p. 16.

4) Mahaprajna(2001), p. 395, 참조.

내부적으로 특별히 힘든 고행이라고 여겨지지 않았을 만큼 필수적인 것이었다. 그리고 마하비라를 비롯한 교단의 스승들은 항상 나체 고행을 강조했다. 그들에게 나체 고행은 해탈에 이르기 위해서는 반드시 거쳐야 하는 결코 거부할 수 없는 필수 과정이었다.

진정한 나체는 영혼의 순수성 그 자체라고 믿었던 자이나 교단의 수행자들은 외면의 나체가 아니라, 내면의 알몸, 순수한 영혼에 집중하기를 요구받았다. 이러한 가르침은 쿤다쿤다의 저서 《바바 파후다(*Bhāva Pāhuḍa*)》에서 말하는 "거짓된 신앙과 결점을 포기함으로써, 내부로부터 알몸이 되어야 하며, 그럴 때 그는 지나(jina)의 계율을 따르는 나체의 수행자가 저절로 되는 것이다."[5]라는 구절과 동일한 맥락의 가르침이었고, 현대에 이르기까지 변함없이 전승되고 있다.

그리고 특징적인 것 하나를 더 언급하자면, 자이나 교단 내에서 특별히 하는 고행은 사실상 나체가 아니다. 바로 단식(upavāsa) 수행이다. 현대 자이나 교도에게, 출가자와 재가자를 막론하고 고행을 한다는 표현의 첫째가는 이미지는 단식 수행을 한다는 의미로 치환되었다고 해도 과언이 아니다.

일상적으로 나체로 지내는 수행자에게 나체 상태는 더 이상 특별한 수행에 돌입하는 것이 되지 않는다. 그렇기 때문에 매년 일정 기간 동안 단식을 거행하는 경우에 그것은 매우 특별한 고행을 하는 기간으로 여긴다. 그리고 평상시에도 매우 엄격하게 불살생 대서를 적용시킨 식생활 원칙을 고수할 때, 그것이 도리어 고행 중의 고행이 된다. 따라서 이미 모든 의복을 벗어던지고 나체 상태가 된 자이나 수행자

---

5) Singh(2001), p. 3954.

에게 나체 그 자체는 더 이상 심리적 정신적 고통은 아닌 듯하다.

나체 수행으로 인한 심신의 안정에 대해서 "《아차랑가 수트라(*Ācārańga Sūtra*)》의 저자는 …… 강조하고 있다. 단 한 가지라도 소유하면 그것을 유지하려는 걱정에 얽매인다. 하지만 전혀 가진 것이 없을 때에는 모든 걱정에서 벗어나 자유로워진다. 그래서 자이나 수행자는 완전하게 나체로 다닌다."[6]라고 하였다.

이처럼 자이나 교단 내부에서는 초기 경전에 언급되어 있듯이, 나체로 인해서 얻는 가장 큰 장점이 걱정과 근심, 즉 온갖 번뇌가 없어진다는 데 있다고 보았다. 자이나 문헌에서는, 의복을 착용하면 얻게 되는 신체 보호 기능, 예컨대 날카롭고 거친 풀잎이나 추위와 더위, 따가운 햇볕, 각다귀와 모기 등의 벌레로부터 보호받는 것을 포기하고서, 그 이상의 비교할 수 없는 심리적인 평정과 안정을 얻게 된다는 서술 구조를 내내 반복하고 있다. 그러나 현실적으로 볼 때, 나체로 인한 온갖 물리적 고통을 견디고 극복하기 위해서 감내한 자이나 수행자, 사두들의 심리적인 고뇌와 긴장은, 그것을 직접 겪어 보지 못한 일반 사람의 이해와 상상의 범위를 초월할 것이다.

하지만 불교를 비롯한 다른 교단에서는 고행 수행법을 언급할 때, 도리어 나체 수행을 첫째로 꼽는 경향이 있다. 착의 수행자를 비롯한 재가 신도들의 눈에는 나체로 거리를 활보하는 것이 해탈을 향한 수행 과정이라기보다는 옷으로 가릴 수 있는 수치심을 감수하거나 감내하고 의도적으로 알몸을 노출한다고 여기기 십상이다. 보통의 상식으로는 정신적이며 심리적인 감정 상태를 매우 중요시 여기기 때문이

6) Nagrajji(2003), p. 445.

다. 감정은 인격을 이루는 중추이며, 수치심을 극복하는 과정에서 발달해 온 의복의 역사를 우리는 잘 알고 있다.

의복의 발달 과정, 즉 인류의 복장사(服裝史)는 욕망을 가리거나 숨기고 억제하는 방향성을 나타냈고, 복장을 제거하는 순간 욕망은 드러난다고 믿었다. 직설적으로 말하면, 복장을 착용하지 않은 나체 수행자들은 욕망을 드러낸 것이 아닌가? 그것이 상식이라고 여기는 입장이 절대 다수의 견해가 되어 있는 현실 속에서, 도리어 나체를 통해서 금욕과 욕망의 정복을 드러낸다는 주장은 어떻게 논리적 이해를 구할 수 있을까?

적어도 노출과 나체를 통해서 욕망을 충족시키는 입장에서 드러낸 나체는 성욕을 자극하는 요소라는 점을 부인하기 어려울 것이다. 그럼에도 불구하고 자이나교의 나체 수행자들은 신도들에게 성욕은 커녕 욕망을 정복한 승리자(jina)이자 해탈에 근접한 살아있는 인간으로서 칭송과 존경을 받고 있다. 아이러니가 아닌가?

어떤 대상을 보는 관객의 마음이 성적인 환상을 준비하지 않은 상태라면, 게다가 거기서 한 발 더 나아가 성스러운 해탈에 대한 생각으로 충만한 상태라면, 눈앞에서 나체의 이성이 서 있거나 앉아 있는 것만으로, 외설적인 성적 환상을 유발할 조건을 갖추었다고 볼 수는 없을 것이다. 그리고 실제로는 나체 고행자들의 몸이란 평상적인 성욕을 불러일으킬 만한 어떠한 신체적인 외양과도 상당히 거리가 있는 것이 사실이 아닐까 생각한다.

필자가 인도 현지 답사 과정에서 만나게 되는 공의파 수행자의 경우에도, 단순히 '나체인 수행자'의 외면만이 눈에 들어왔을 뿐, 그 '수행자의 나체'가 욕망을 일으킬 만한 분위기나 조건이 생겨나기는 어려운 것이 사실이었다. 또한 공의파 수행자는 개별적으로나 단독적으로 재가자를 따로 접할 기회가 거의 없다. 규율상 대체로 탁 트인 외부 공간에서 설법을 하거나, 또는 다수의 사람들과 함께 만나는 것이 일상적이기 때문이다. 그들은 그만큼 윤리적인 절제나 제어가 작동하는 환경 속에서 생활하고 있다.

더 솔직히 말하자면, 나체 수행의 연수(年數)가 오래될수록 그 피부의 외면은 거칠기가 이를 데 없고, 단적으로 말하면, 옷과도 같은 외피가 되어 있을 따름인 나체 상태에, 드러나 있는 성기가 덧붙여 있다고 해서 보는 이로 하여금 성욕을 충동질할 만큼 낭만적인 상황이 되기는 힘들 것이라고 본다. 도리어 수행자 자신이, 나체로 지낼 수 있는 것은 욕망을 완벽히 제어한 끝에야 비로소 그에 대한 자신감의 표출로서 알몸으로 지낼 수 있게 되는 것이 교단 내 규율이며, 매우 엄격하게 스승의 통제 속에서 완전 탈의 상태로 지내게 된다. 그리고 그러한 욕망 제어의 표본을 바라보는 신도의 시선에는 경외감과 존경심이 앞설 뿐이라고 해야 더 정확한 묘사가 아닐까 생각한다.

그럼에도 불구하고, 현대 인도에서는 그들을 가리켜 반문명적이고 원시적인 사고를 고수하는 병폐들 중의 하나라면서 비난과 비판을 가하고 있다.

나체 고행과 시대적 수용 방향

현대 인도에서는 수천 년에 걸쳐서 거리를 활보하던 자이나 나체 수행자들이 비판을 받고 있다. 필자는 본 논문에서 현대의 발달한 문명과는 다소 어긋난 나체 수행자들의 정체성과 역사적 배경을 통해서 그들의 종교적 정체성을 재조명해 보고자 시도하였다. 특히 나체 수행법의 기원을 고대의 전승과 문헌을 통해서 알아본 뒤 현대인의 다양한 비판적 관점을 검토해 보았다.

자이나교는 슈라마나라는 뿌리 깊은 역사 문화적 전통을 배경으로 하여 고대부터 일관되게 나체 고행을 고수해 오고 있다. 이처럼 나체로 수행하는 사람들은 인도에서 한편으로는 누구나 존경을 바치는 종교인의 일부이다. 하지만 다른 한편으로는 '아침 일찍 나체 수행자를 만나면 재수가 없다.'는 식의 속담을 통해서 그들을 마주치는 것을 혐오하는 대상이 되기도 하는 이중적 위상이 공존한다는 것을 알 수 있다.

자이나교의 고대 문헌에서 언급하고 있는 나체 수행법은 그들이 해탈을 얻는 데 최상의 규칙이라고 여겼던 5가지 서약들을 엄밀하게 지켜 나가는 과정에서 자연스럽게 파생된 수행법이었다. 그러나 나체 수행을 통해서 현실적 존재의 고통을 벗어나고자 했던 그들은 21세기에 이르러 문명의 발달이라는 벽에 부딪혀서 수정과 변혁을 겪는 과정에 있다. 그럼에도 불구하고 나체 수행이라는 인도의 역사 오랜 종교 수행법은 극단적이라는 비난을 넘어서는 인간의 원형적 진리 탐구와 순수한 열정, 신념의 극한을 보여 주는 대표적인 수행법의 실례라고 본다. 현대의 발전과 타협하기보다는 그 본래의 정신을 잃지 않도록 계승하는 데 우선적 관심을 쏟아야 할 때가 아닌가 생각한다.

결어

인도 종교 철학과 자이나 사상

자이나교는 불교와 같이 슈라마나 전통에 그 뿌리를 내리고 있는 인도의 민족 종교이다. 흔히 불교의 교조인 가우타마 붓다(Gautama Buddha, 기원전 563~483년경)와 자이나교의 제24대 조사 마하비라가 동시대 인물이었다는 점을 토대로 하여 불교와 자이나교의 유사성을 논하기도 하며, 일부에서는 마하비라의 가르침이 붓다의 교설을 이어받은 것이라고 말하기도 한다. 하지만 불교의 초기 경전에서도 밝히고 있듯이, 마하비라는 샤키야무니보다 생존과 입멸 연대가 이르며, 마하비라 이전 제1대부터 제23대 조사까지의 역사성을 고려할 때, 붓다가 슈라마나적 전통에 따라 수행을 한 끝에 정각(正覺)을 얻어서 새로운 교단을 창시했다고 말하는 것이 합당할지언정, 마하비라가 붓다의 전법 이후에 등장하여 붓다의 영향 아래 활동했다고 주장하는 것은 납득하기 어렵다.

붓다가 기존의 슈라마나 교단과 독립된 종파를 세운 계기나 그 기점은 분명히 정각(正覺), 즉 붓다의 깨달음에 있었다. 두말할 필요 없이 붓다는 스스로 확신하건대, 지고한 최상의 깨달음을 얻었다고 자증(自證)했다. 구체적으로 그 내용이 무엇인지는 학설이 분분하다. 그러나 붓다가 자내증(自內證)했다는 깨달음의 대상 또는 주제는 자이나교를 비롯한 다른 인도 철학 학파의 논제와 크게 다를 바 없다.

인도 철학파에서 깨달아야 할 지식과 지혜의 대상은 각 학파에 따라 상이하다. 깨달아야 할 대상이 진리이고 지혜라 할지라도 각기 다른 철학적 전통에서 설파하고 있는 깨달음의 내용은 일치하지 않는다. 달리 말하면, 각 종파의 전통에 따른 지혜나 지식을 깨달아 알면 그 종파의 기준에 따른 깨달음을 성취한 자가 되는 것이다.

우리가 주의를 기울여야 하는 핵심은 깨달음 그 자체가 아니다. 깨달은 내용이 무엇인가, 바로 그것이다.

깨달음이란 그 시원(始原)이 되는 인도의 언어에 따라 어원을 설명하든지, 우리말식으로 설명하든지간에 깨닫는 행위를 명사형으로 표현한 것이다. 따라서 누구나 무엇인가를 깨달을 수 있고, 어느 종파에서든지 어떤 것에 대하여 깨닫는 것을 가리켜 깨달았다고 표현한다. 깨달음이라는 말은 불교를 비롯하여 어느 특정 종파의 고유 명사가 아니다. 전통적으로 깨달음, 그 자체는 인도 철학적 논의의 대상이 아니었다.

단지 각 학파에서 무엇을 주장하는가? 어떻게 이 세계와 존재를 설명하는가? 어떻게 실재를 보고 있는가? 그것을 보고 아는 방법과 수단은 무엇인가? 과연 그 주장 내용은 합당한 진리인가? 그 진리는 논증이 가능한가? 어떠한 논리적 근거를 통해서 입증되는가? 이처럼 인도 철학사의 논점은 매우 구체적인 주장 내용의 차이로 수많은 학파와 종파로 나뉘고 있다.

관점과 논점이 달라져야 한다.

가우타마 싯다르트타는 어느 날 자신이 깨달았다고 선언하였다. 자신의 깨달음은 지상 최고의 것이라고 확신했다. 그 날로 그는 자칭 타칭 붓다가 되었고 그 시점으로부터 불교의 역사가 시작되었다. 하지만 인도 철학사에서는 싯다르타만이 유일한 붓다가 아니었다. 인도 역사상 수많은 붓다가 있었고, 헤아릴 수 없이 많은 이가 깨달았다.

그 누군가가 깨달았다는 것은 어떻게 알 수 있는가? 그가 깨달은 사람인가? 만약 그렇다 하더라도 누군가의 깨달음 여부, 그 자체가 중요한 것은 아니다. 왜냐하면 누구나 선언할 수 있다. 스스로 깨달았다고! 자신이 깨달은 사람이라고! 그러나 정작 깨달았다는 내용 자체는 불교와 자이나교가 다르고 자이나교와 힌두교가 다르다. 따라서 자이나교의 전통에서는 깨달음 그 자체를 논하지 않는다. 인간은 누구나 깨달을 수 있는 능력을 지닌 자라는 가능성과 개연성을 부여받고 있다고 말할 뿐이다.

자이나교에서는 최상의 지혜를 완벽하게 획득한 경우를 완전지(完全知)의 상태라고 상정하고, 그 단계까지 이르는 방법에 대하여 다양한 각도로 설명할 뿐이며, 반드시 완전지의 경지를 얻은 경우만을 가리켜서 깨달았다거나 깨달은 자라고 하지 않는다. 완전지자와 불완전지자의 상태가 구별될 뿐, 완전지와 불완전지의 구분 개념으로 '깨달음'의 유무를 말하지 않는다.

누구든지 점차로 깨달아서 최종적인 완전지에 이르기까지 그 정도의 차이에 따라 단계가 달라질 뿐이다.

자이나교에서 인간(manuṣya)을 출가자와 재가자, 두 집단으로 크게 나누고 재가자는 출가자보다 아래 단계에 있다고 말하는 것도 완전지에 근접한 정도를 척도로 삼기 때문이다. 자이나교에서 인간은 모두 동일한 지적 상태를 갖고 있다고 전제하지 않는다. 깨달음의 유무로 구분하는 것이 아니라 지혜(jñāna)의 정도로 단계를 달리하며, 지혜가 낮은 사람은 보다 더 높은 지혜를 가진 이에 대해 존경심을 내고 의지하는 것이 자이나 신앙의 본질이다. 그리고 더 나은 지혜를 갖기 위해서 저마다 각고의 수행을 다하는 것이다.

요컨대 자이나교에서 수행의 목적은 보다 나은 지혜를 갖는 데 있으며, 단식과 명상을 비롯한 온갖 고행 방법은 오로지 완전지의 성취로 귀착된다. 바로 그 지혜의 궁극점에 도달한 자가 바로 싯다(siddha)이자 티르탕카라(tīrthaṃkara)이다. 그리고 그들은 완전히 해탈을 성취한 24명과 일반적인 성취자(sāmānya siddha)로 다시 나뉜다.

24명의 해탈 성취자는 다음과 같다.

제1 조사 리샤바(ṛṣabha)

제2 조사 아지타(ajita)

제3 조사 삼바바(sambhava)

제4 조사 아비난다나(abhinandana)

제5 조사 수마티(sumati)

제6 조사 파드마프라바(padmaprabha)

제7 조사 수파르슈와(supārśva)

제8 조사 찬드라프라바(candraprabha)

제9 조사 수비디(suvidhi)

제10 조사 쉬탈라(śītala)

제11 조사 슈레양샤(śreyāṃśa)

제12 조사 바사푸지야(vasapūjya)

제13 조사 비말라(vimala)

제14 조사 아난타(ananta)

제15 조사 다르마(dharma)

제16 조사 샨티(śānti)

제17 조사 쿤투(kunthu)

제18 조사 아라(ara)

제19 조사 말리(malli)

제20 조사 무니수브라타(munisubrata)

제21 조사 나미(nami)

제22 조사 아리슈타네미(ariṣṭanemi)

제23 조사 파르슈와(pārśva)

제24 조사 마하비라(mahāvīra)

진정한 삶의 승리자인 최상의 존재들(parameṣṭhin), 그들에게 예경을 바치며…….

참고 문헌

• 약호

CETC. : Chinese Electronic Tripiṭaka Collection, Version April 2011, 中華電子佛典協會 (CBETA) ed.

St. : 《스타낭가 수트라(*Sthānāṅga Sūtra*)》

T. : 《大正新脩大藏經》. 판본(版本) 기록은 CETC.를 기준으로 삼는다.

• 원전류

法賢 역(宋, 985~1001년). 《불설중허마하제경》(佛說眾許摩訶帝經), 台北 : 中華電子佛典協會.

이재숙, 이광수 역(1999). 《마누법전》, 초판, 서울 : 한길사.

金倉 圓照(1944). 《印度精神文化の研究》, 초판, 東京: 培風館.

鈴木 重信(すずき しげのぶ) 역(1930). 《耆那教聖典》, 초판, 東京 : 改造社.

Bhuvanbhanusuri, Acharya Vijay(1989). *Gaṇadharavāda*, 1st ed., Delhi : Motilal Banarsidass Publishers PVT. LTD..

Jacobi, Hermann trans.(1909). *Jaina Sutras*, Part I, 1st ed. : Oxford University Press, 1884, rep. ed., Oxford : The Clarendon Press.

Jacobi, Hermann trans.(1968). *Jaina Sutras*, Part II, 1st ed. : 1895, rep., New York : Dover Publications Inc..

Jaini, J. L. ed.(1974). *Tattvarthadhigama Sutra*, 1st ed. : India, Arra : The Central Jaina Publishing House, 1920, 1st rep., New York : AMS Press.

Lalwani, Kastur Chand trans.(1973). *Daśavaikālika Sūtra*, 1st ed., Delhi : Motilal Banarsidass.

Lalwani, Kastur Chand trans.(1999). *Bhagavatī Sūtra*, Vol. 1, 1st ed. : 1973, rep., Calcutta : Shri Bibhas Datta.

Mahaprajna, Acharya(2001). *Acharangabhasyam*, India: Jain Vishwa Bharati.

Maharaj, Shri Amar Muni Ji ed.(2004). *Sacitra Srī Sthānāṃgasūtra*, Vol 2, 1st ed., Delhi : Padma Prakashan.

Puṇyavijaya, Muni & Mālvaṇiā, Pt. Dalsukh & Bhojak, Pt. Amritlāl Mohanlāl ed.(1968). *Nandisuttam And Aṇuogaddārāiṃ*, 1st ed., Bombay : Shri Mahavira Jaina Vidyalaya.

Quarnström, Olle(2002). *The Yogasastra of Hemacandra : A Twelfth Century Handbook on Śvetāmbara Jainism*, 1st ed., Harvard University : The Department of Sanskrit and Indian Studies.

Tatia, Nathmal(1994). *Tattvārtha Sūtra : That Which Is*, 1st ed., San Francisco : Harper Collins Publishers.

Vasu, Rai Bahadur Srisa Chandra ed.(1984). *The Siva Samhita*, 1st ed. : 1981, Delhi : Sri Satguru Publications.

• 사전류

高崎 直道 外 編(1987).《佛教·インド思想辭典》, 초판, 東京 : 春秋社.

山本 智教 譯(1981).《インド學大事典》, 全 3卷, Renou, L. et Filliozat, J., 공저, 第3卷, 東京 : 金花舍.

荻原 雲來 編(1986).《梵和大事典》, 1st ed. : 1964, 新裝版, 東京 : 講談社.

Apte, Vaman Shivaram(1986). *The Practical Sanskrit-English Dictionary*, Revised & Enlarged ed., Kyoto : Rinsen Book Company.

Grimes, John(1996). *A Concise Dictionary Of Indian Philosophy*, 1st ed., New York : State University of New York Press.

Jain, N. L. ed.(1995). *Glossary of Jaina Terms*, 1st ed., Ahmedabad : Jain International.

Maharaj, Ratanchandraji ed.(1988). *An Illustrated Ardha-Magadhi Dictionary*, Vol. 2, Vol. 3, 1st :

1923, rep. ed., Delhi : Motilal Banarsidass.
Mehta, Mukul Raj(2000). *Dictionary of Jaina Terms Prakrit to English Hindi*, 1st ed., Varanasi : Kala Prakashan.
Stutley, Margaret and James(1977). *A Dictionary of Hinduism*, 1st, London : Routledge & Kegan Paul Ltd., 1977.
Varadpande, M. L.(1991). *A Dictionary of Indiam Culture*, 1st ed., India : Aspect Publications Ltd..

• 도서류

김규영(1987).《시간론》, 초판, 서울 : 서강대학교출판부, 1987.
김미숙(2007).《불살생의 이론과 실천 : 인도 자이나교의 수행론》, 초판, 서울 : 한국학술정보(주).
라벨(Lavelle, L., 1988).《存在論入門》, 최창성 역. 원서 : *Introduction à l'ontologie*, 초판, 서울 : 대한교과서주식회사.
리프킨, 제레미(Rifkin, Jeremy, 2000).《육식의 종말》, 신현승 역. 원서 : *Beyond Beef*, 1993, 초판, 서울 : 시공사.
비스마, 벨라(Weissmahr, Béla, 1990).《존재론》, 허재윤 역, 원서 : *Ontologie*, 1895, 초판, 서울 : 서광사.
신오현(1993).《절대의 철학》, 초판, 서울 : 문학과 지성사.
싱어, 피터(1999).《동물 해방》, 김성한 옮김, 초판, 서울 : 도서출판 인간사랑.
월드워치 연구소(2006).《지구 환경 보고서》, 오수길, 진상현, 김은숙 역, 초판, 서울 : 도서출판 도요새.
이영호(1988).《價値와 否定》, 초판, 서울 : 한길사.
정승석 편역(1984),《리그베다》, 서울 : 김영사.
정승석(1992).《인도의 이원론과 불교》, 초판, 서울 : 민족사.
질송, 에티엔(Gilson, Etienne, 1992).《존재란 무엇인가》, 정은해 역, 원서 : *Being and Some Philosophers*, 1949, 서울 : 서광사.
청화 스님(2004).《마음, 부처가 사는 나라 청화 큰스님 남기신 말씀》, 초판, 서울 : 도서출판 이른아침.
한국분석철학회 편(1993).《실재론과 관념론》, 초판, 서울 : 철학과 현실사.
헤센(Hessen, J., 1992).《가치론》, 진교훈 역, 원서 : *Wertlehre*, 1959, 초판, 서울 : 서광사.

菅沼 晃 編集(1991).《講座 佛教の受容と變容 インド編》, 全 6卷, 第1卷, 초판, 東京：佼成出版社.

菅沼 晃(1986).《ヒンドウ-教 その現象と思想》, 初版：1976, 東京：評論社.

金倉 圓照(1948).《印度哲學史要》, 초판, 日本：弘文堂.

金倉 圓照(1974).《インド哲學の自我思想》, 초판, 東京：大藏出版社.

楠 正弘 編著(1983).《解脫と救濟》, 京都：平樂寺書店.

宇野 精一 外 編(1982).《インド思想》, "講座東洋思想", 全 10卷, 第1卷, 초판, 東京：東京大學出版會.

長尾 雅人 外 編(1988).《インド思想》2, "岩波講座·東洋思想", 全 16卷, 第6卷, 초판, 東京：岩波書店.

長尾 雅人 外 編(1989).《インド佛教》3, 全 16卷; "岩波講座·東洋思想". 第10卷. 東京: 岩波書店, 1989.

中村 元(なかむら はじめ)(1969).《慈悲》, 초판：1955, 6刷, 京都：平樂寺書店.

中村 元(1991).《思想の自由とジャイナ教》, 초판, 東京：春秋社.

Alsdorf, Ludwig trans.(2010), *The History of Vegetarianism and Cow-Veneration in India*, Willem Bollée ed., 1st ed., London & New York : Routledge.

Barua, Benimadhab(1981). *A History of Pre-Buddhistic Indian Philosophy*, rep., Delhi : Motilal Banarsidass.

Basham, A. L.(1981). *History and Doctrines of the Ājīvikas*, rep., Delhi : Motilal Banarsidass.

Bhargava, Dayanand(1969). *Jaina Ethics*, 1st ed., India : Motilal Banarsidass.

Bharucha, Filita(1993). *Role of Space-Time in Jaina's Syadvada & Quantum Theory*, 1st ed., India : Sri Satguru Publications.

Bhattacharya, Hari Satya(1966). *Reals in the Jaina Metaphysics*, 1st. ed., Delhi : The Seth Santi Das Khetsy Charitable Trust.

Bhattacharyya, Narendra Nath ed.(1994). *Jainism and Prakrit in Ancient and Medieval India*, 1st ed., India : Manohar Publishers and Distributors.

Bhattacharyya, Narendra Nath(1976). *Jain Philosophy*, 1st ed., Delhi : Munshiram Manoharlal Publishers Pvt. Ltd..

Bhattacharyya, Narendra Nath(1999). *Jain Philosophy Historical Outline*, 1st ed. : 1976, 2nd rev. ed., New Delhi : Munshiram Manoharlal Publishers Pvt. Ltd..

Chanchreek, K. L. & Jain, Mahesh(2004). *Jaina Philosophy*, Vol. 2, 1st ed., New Delhi : Shree Publishers & Distributors.

Chatterjee, S. C. & Datta, D. M.(1968). *An Introduction To Indian Philosophy*, 1st ed. : 1939, 7th ed., India : Calcutta University Press.

Cousens, Gabriel. *Conscious Eating*, 1st ed., California : North Atlantic Books.

Dahiya, Yajanveer(2000). *A Critical Appreciation of Austerity in Ancient Indian Literature*, 1st ed., Delhi : Eastern Book Linkers.

Das, Ram Mohan & Kumar, Neeraj ed.(2002). A *Stroll in Jainism : Upādhyāya Amar Muni Commemoration Volume*, 1st ed., New Delhi : Kaveri Books.

Dasgupta, D. Chandra(1999). *Jaina System of Education*, Delhi : Motilal Banarsidass Publishers.

Dasgupta, Surendranath(1975). *A History of Indian Philosophy*, Vol. 1, 1st ed. : 1955, rep., Cambridge : At The University Press.

Denton, Lynn Teskey(2004). *Female Ascetics In Hinduism*, 1st ed., Albany : State University of New York Press.

Dhanda, R. C.(2001). *The Harappan Origin of Hinduism*, 1st ed., Hyderabad : Booklinks Corporation.

Dundas, Paul(2002). *The Jains*, London & New York: Routledge.

Frauwallner, E.(1953). *Geschichte der Indischen Philosophie*, 2 Bands, I. Band, Austria : Otto Müller Verlag Salzburg.

Ghoshal, S. C. ed.(1989). *Dravya-Saṃgraha*, 1st. ed., India: Motilal Banarsidass.

Glasenapp, Helmuth von(1991). *The Doctrine of Karman*, G. Barry Gifford trans., Varanasi: P. V. Research Institute.

Granoff, Phyllis ed.(1990). *The Clever Adulteress & Other Stories*, New York: Mosaic Press.

Guérinot, A.(1926). *La Religion Djaina*, 1st ed., Paris : Paul Geuthner.

Halbfass, Wilhelm(1992). *On Being and What There Is*, 1st ed., Albany : State University of New York Press.

Jain, B. L.(2001). *Yogic Cure To Avoid Heart Surgery*, 1st rev. ed., New Delhi : Health Harmony.

Jain, Dharam Chand ed.(2002). *Jaina Tradition in Indian Thought*, 1st ed., Delhi : Sharada Publishing House.

Jain, Prem Suman & Lodha, Raj Mal ed.(1990). *Medieval Jainism : Culture and Environment*, 1st ed., New Delhi : Ashish Pub. House.

Jaini, Padmanabh S.(1990). *The Jaina Path of Purification*, 1st ed. : 1979, rep., Delhi : Motilal

Banarsidass Publishers Pvt. Ltd..

Jhaveri, Indukalaben H.(1990). *The Sāṅkhya-Yoga and the Jain Theories of Pariṇāma*, 1st ed. Ahmedabad : Gujarat University.

Joshi, Lal Mani(1970). *Brahmanism Buddhism and Hinduism*, Kandy: Buddhist Publication Society.

Law, Bimla Churn(1949). *Some Jaina Canonical Sūtras*, 1st ed. Bombay : The Bombay Branch Royal Asiatic Society.

Lishk, S. S.(2000). *Jaina Astronomy*, 2nd ed., Delhi : Arihant International.

Matilal, Bimal Krishna(1981). *The Central Philosophy of Jainism*, 1st ed., Ahmedabad : L. D. Institute of Indology.

Mehta, Mohan Lal(1971). *Jaina Philosophy*, 1st ed., India : P. N. Research Institute.

Metha, T. U.(1993). *The Path of Arhat : A Religious Democracy*, 1st ed., Varanasi : Pujya Sohanalal Smaraka Parsvanatha Sodhapitha.

Mishra, J. P. N.(2004). *Preksha Yoga Management For Common Ailments*, 1st ed. : 1999, rep., New Delhi : B. Jain Publishers PVT. LTD..

Mookerjee, S.(1978). *The Jaina Philosophy of Non-absolutism*, 1st ed. : 1944, 2nd ed., Delhi : Motilal Banarsidass.

Nagrajji, Acharya Shri(2003). *Āgama and Tripitaka*, Delhi : Concept Publising Company.

Padmarajiah, Y. J.(1986). *Jaina Theories of Reality and Knowledge*, 1st ed., India : Motilal Banarsidass.

Prakash, Om(1987). *Economy and Food in Ancient India*, 1st ed., Delhi : Bharatiya Vidya Prakashan.

Pruthi, Raj Kumar(2004). *Jainism and Indian Civilization*, 1st ed., New Delhi : Discovery Publishing House.

Puligandla, R.(1985). *Fundamentals of Indian Philosophy*, 1st ed., U. S. A. : University Press of America.

Radhakrishnan, S.(1962). *Indian Philosophy*, Vol. 1, 2nd ed., New York : Humanities Press Inc. ; London : George Allen and Unwin.

Rampuria, S. C. ed.(2001). *Lord Mahavira*, Vol. 1, 1st ed., Ladnun : Jain Vishva Bharati Institute.

Sangave, Vilas Adinath(1980). *Jaina Community A Social Survey*, 1st ed. : 1959, 2nd ed., Bombay : Popular Prakashan.

Sangave, Vilas Adinath(1997). *Jaina Religion and Community*, 1st ed., California : Long Beach Publication.

Sekhar, S. J. Vincent(2003). *Dharma In Early Brahmanic*, Buddhist And Jain Traditions, 1st ed., Delhi : Sri Satguru Publications.

Shah, Natubhai(2004). *Jainism : The World of Conquerors*, Vol. 1, 1st : 1998, rep., Delhi : Motilal Banarsidass Publichers.

Shah, Umakant P.(1987). *Jaina-Rūpa-Maṇḍana*, Vol. 1, 1st ed., New Delhi : Abhinav Publications.

Sharma, Chandradhar(1976). *A Critical Survey of Indian Philosophy*, 1st ed. : 1952, rep., Delhi : Motilal Banarsidass.

Sharma, P. V.(1979). *Fruits and Vegetables in Ancient India*, 1st ed., Delhi : Chaukhambha Orientalia.

Sharma, Pt. Kisanlal(2006). *Why?*, 2nd ed., Delhi : Manoj Publications.

Sharma, S. R. ed.(2001). *Religious Traditions Of Nonviolence*, 1st ed., India : Cosmo Publications.

Shastri, Devendra Muni(1983). *A Source-Book In Jaina Philosophy*, Kalghatgi, T. G. trans., 1st ed., Udaipur : Sri Tarak Guru Jain Granthalaya.

Shastri, Suvrat Muni(1996). *Jaina Yoga in the Light of the Yogabindu*, 1st ed., Delhi : Nirmal Publications.

Sinari, Ramakant A.(1983). *The Structure of Indian Thought*, 1st ed. : 1970, India : Oxford University Press.

Singh, Nagendra Kr ed.(2001). *Encyclopaedia of Jainism*, New Delhi : Anmol Publications.

Singh, Nagendra Kr. ed.(2001). *Encyclopaedia of Jainism*, Vol. 23, 1st ed., New Delhi : Anmol Publications PVT. LTD..

Sinha, Jadunath(1972). *Indian Realism*, 1st ed. : London, 1938, New Delhi : Motilal Banarsidass.

Sogani, Kamal Chand(1967). *Ethical Doctrines in Jainism*, Sholapur : Lalchand Hirachand Doshi.

Stevenson, Sinclair(1984). *The Heart of Jainism*, 1st ed. : 1915, 2nd ed., New Delhi : Munshiram Manoharlal Publishers Private Limited.

Sudhi, Padma(1988). *Symbols of Art, Religion, and Philosophy*, 1st ed., Intellectual Pub. House.

Tiwari, Maruti Nandan Prasad(1983). *Elements of Jaina Iconography*, 1st ed., Varanasi : Indological Book House.

Vidyabhusana, S. C.(1988). *A History of Indian Logic*, 1st ed, : Calcutta, 1920, rep., Delhi : Motilal Banarsidass.

Williams, R.(1998). *Jaina Yoga : A Survey of the Medieval Śrāvakācāras*, 1st ed. : 1963, rep., Delhi : Motilal Banarsidass.

Winternitz, Moriz(1983). *A History of Indian Literature*, 3Vols, Sarma, V. Srinivasa trans., Vol. II,

Delhi : Motilal Banarsidass.

Yamazaki, Moriichi & Ousaka, Yumi(1995). *A Pāda Index and Reverse Pāda Index to Early Jain Canons : The Āyāraṅga, Sūyagaḍa, Uttarajjhāyā, Dasaveyāliya and Isibhāsiyāiṃ*, 1st ed., Tokyo : Kosei Publishing Co..

Zimmer, H.(1974). *Philosophies of India*, 1st ed., U. S. A. : Princeton University Press.

• 논문류

김용정(1990). 〈物質과 精神의 兩儀性에 관한 形而上學的 考察〉, 《哲學》, 34집, 한국철학회.

김인종(1992). 〈고대 인도 불교와 자이나교 교섭에 관한 연구〉, 원광대학교 대학원 불교학과 박사학위 논문, 원광대학교 대학원.

백종현(1993). 〈義務〉, 《철학과 현실》, 통권 18호, 가을호, 서울 : 철학문화연구소.

신성현(2011). 〈不食肉戒 一考〉, 《계율 연구 논문집》, 인환 외 공편, 초판, 서울 : 정우서적, 2011.

엄정식(1993). 〈칸트와 비트겐슈타인의 비판철학〉, 《실재론과 관념론》, 한국분석철학회 편, 철학과현실사.

우제선(2008). 〈식물은 중생인가 불교의 생명 인식〉, 《종교 교육학 연구》, 제26권, 서울 : 한국종교교육학회.

이거룡(2009), 〈베다 문헌 형성 과정에서 비(非)아리야(Ārya)적 요소의 유입에 관한 연구〉, 《남아시아 연구》, 제15권 1호, 서울 : 한국외국어대학교 남아시아연구소.

임일환(1993). 〈과학적 실재론과 설명〉, 《실재론과 관념론》, 한국분석철학회 편, 철학과현실사.

정대현(1993). 〈실재론과 넓은 지칭〉, 《실재론과 관념론》, 한국분석철학회 편, 철학과현실사.

정승석(2011a). 〈영혼에 관한 인도 철학의 세 가지 관점〉, 《가톨릭 신학과 사상》, 제67호, 신학과 사상학회, 서울 : 가톨릭출판사.

정승석(2011b). 〈'생명이란 무엇이며 어떻게 해야 하나? 불교와 연관하여 자이나의 생명 윤리'에 대한 논평〉, 《*World Buddhist Culture Forum* 2011》 경주 세계 문화 엑스포 편, 경주 : 동국대학교 경주캠퍼스.

정승석(2011c). 〈불교적 苦觀의 추이와 의의〉, 《인도 철학》, 인도철학회.

허남결(2011). 〈불교의 생명 윤리와 동물의 권리 문제 '인정'과 '불인정'을 넘어 현실적 '작은 윤리'의 실천으로〉, 《*World Buddhist Culture Forum* 2011》 경주 세계 문화 엑스포 편, 경주 : 동국대학교 경주캠퍼스.

허우성(1992). 〈관점 이론의 종합주의와 대화의 조건 : 자이나교의 태도〉, 《대화의 철학》, 크리스찬 아카데미 편, 초판, 서울 : 서광사.

허우성(2011). 〈간디의 송아지와 殺處分: 동물에 대한 인간의 책임?〉, 《비폭력 연구》, 제5호, 서울 : 경희대학교 비폭력연구소.

榎本 正明(1984). 〈Jainaのtapasに關する一考察〉, 《印度學佛教學研究》, 제32권 제2호, 日本印度學佛教學會.

谷川 泰教(1981). 〈*Āyārangasutta* 1. 5. 6. 2～4について〉, 《印度學佛教學研究》, 제30권 제1호, 日本印度學佛教學會

梶山 雄一(1989). 〈存在と認識〉, 《インド佛教》 3, "岩波講座·東洋思想", 長尾 雅人 外 編, 全 16卷, 第10卷, 東京 : 岩波書店.

矢島 道彦(1991), 〈新興思想(沙門系思想)と佛教〉, 《講座 佛教の受容と變容 インド編》, 菅沼 晃 編集, 全 6卷, 第1卷, 東京 : 佼成出版社.

煎本 信行(1986). 〈初期ジャイナ教の業－rayaについて－〉, 《印度學佛教學研究》, 제34권 제2호, 日本印度學佛教學會.

前田 專學(1988). 〈アｰトマン論〉, 《インド思想》 2, "岩波講座·東洋思想", 長尾 雅人 外 編, 全 16卷, 第6卷, 東京 : 岩波書店.

井狩 彌介(1988). 〈輪廻と業〉, 《インド思想》 2, "岩波講座·東洋思想", 長尾 雅人 外 編, 全 16卷, 第6卷, 東京 : 岩波書店.

丸井 浩(1991), 〈佛教とインド哲學の思想交涉〉, 《講座 佛教の受容と變容 インド編》, 菅沼 晃 編集, 第1卷, 東京 : 佼成出版社.

Battacharya, H.(1992). "The Theory of Time in Jaina Philosophy", *Time in Indian Philosophy*, Hari Shankar Prasad ed., 1st ed., Delhi : Sri Satguru Publications.

Datta, Dhirendra Mohan(1967). "Epistemological Methods in Indian Philosophy", *The Indian Mind*, Moore, C. A., ed. Honolulu : University of Hawaii Press.

Ghose, Partha(2000). "Syādvāda, Relativity and Complementarity", *Language, Logic and Science in*

India, Debiprasad, Chattopadhyaya ed., 1st ed. : 1995, Chennai : Jayalakshmi Indological Book House.
Jain, Bhagchandra(1944). "Rudiments of Anekāntavāda in Early Pāli Literature", Filliozat, Pierre Sylvain etc ed. *Pandit N. R. Bhatt Felicitation Volume*, 1st ed., Delhi : Motilal Banarsidass Publishers.
Kalghatgi, T. G.(1965). "The Doctrine of Karma in Jaina Philosophy", *Philosophy East and West*, Vol. 15, No. 3~4.
Mahalanobis, P. C.(1990). "The Foundations of Statistics", *Studies in the History of Indian Philosophy*, Vol. III, Chattopadhyaya, D., ed., 1st ed. : 1979, 2nd ed., Calcutta : K P Bagchi & Company.
Singh, Nagendra Kumar ed.(1997). "Buddhism and Hinduism", *Encyclopaedia of Buddhism*, Vol. 22, New Delhi : Anmol Publications PVT. LTD.
Wiley, Kristi L.(2000). "Colors of The Soul: By-products Of Activity Or Passions?", *Philosophy East & West*, Vol. 50, University of Hawaii Press.

• 기사류 및 기타

Ahimsa Foundation ed.(2008). *Ahimsa Times*, 2008년 4월호, 6월호.
Ahimsa Foundation ed.(2010). *Ahimsa Times*, 2010년 9월호.
Chavan, Mahavir S.(2008). "Meat Sellers Protest Abattoir Shutdown During Jain Festival", *Ahimsa Times*, Ahimsa Foundation ed., Vol. 95, 2008년 5월호.
Davis, John(2008), "38th IVU WORLD VEGETARIAN CONGRESS Held In Dresden", *Ahimsa Times*, Ahimsa Foundation ed., Vol. 98, 2008년 8월호.
Pichler, Renato(2011). "French Government Outlaws Vegetarianism In Schools", *Ahimsa Times*, Ahimsa Foundation ed., Vol. 136, 2011년 11월호.
Williams, Mark(2011). "Vegetarians, Please Support My Veggie Food Labeling Campaign In The UK", *Ahimsa Times*, Ahimsa Foundation ed., Vol. 136, 2011년 11월호.
http: //hindu.com/2006/08/14/stories/2006081403771200.htm

인도어의 음역 표기법

이 책에서는 인도어, 예컨대 산스크리트(saṃskṛt)와 팔리(pāli), 아르다마가디(ardhamāgadhī), 프라크리트(prākṛt) 등의 한글 표기를 다음과 같은 원칙에 따라 통일하였다.

1. 표기의 기본 원칙

제1항 불교 원어의 음역은 원칙적으로 1986년 1월 7일 문교부 고시 제85-11호로 고시된 '외래어 표기법'의 '제1장 표기의 기본 원칙'에 준하여 표기한다. 여기서 말하는 '불교 원어'란 인도에서 불전(佛典)을 전승하는 데 사용된 팔리와 산스크리트를 가리킨다.

(참고 : 외래어 표기법 제1장 표기의 기본 원칙)

① 외래어는 국어의 현용 24 자모만으로 적는다.

② 외래어의 1 음운은 원칙적으로 1 기호로 적는다.

③ 받침에는 'ㄱ, ㄴ, ㄹ, ㅁ, ㅂ, ㅅ, ㅇ'만을 쓴다.

④ 파열음 표기에는 된소리를 쓰지 않는 것을 원칙으로 한다.

⑤ 이미 굳어진 외래어는 관용을 존중하되 그 범위와 용례는 따로 정한다.

(유의 사항)

① 현행 24 자모 이외의 특수한 기호를 사용하지 않는다. 이 원칙은 "1 음운은 원칙적으로 1 기호로 적는다."라는 원칙을 포함한 다른 모든 원칙에 우선한다.

② 발음상 된소리(경음)로 들리는 자음도 거센소리(격음)로 표기한다. 이는 발음의 구분이 모호하기 때문만이 아니라, 된소리의 빈도가 지나칠 경우에 야기되

는 국어와의 마찰을 최소화하기 위함이다.

③ 국어에서 실제 발음상의 음가를 갖지 못하는 받침은 그대로 사용하지 않고, 가장 가깝게 발음되는 받침으로 대체한다.

④ 불교 원어의 장모음과 단모음을 구분하여 적지 않는다.

제2항 불교 원어의 자모 배합에 따른 발음의 특성상 제1항으로 해결하기 어려운 경우의 표기는 따로 정하는 '관용적 표기의 세칙'을 따른다.

2. 모음의 표기

a 아 / garuḍa 가루다.

ā 아 / gāthā 가타.

i 이 / licchavī 릿차비.

ī 이 / gotamī 고타미.

u 우 / rāhula 라훌라.

ū 우 / virūḍhaka 비루다카.

ṛ 리 / hotṛ 호트리, rājagṛha 라자그리하.

ṝ 리 / kṝ 크리.

ḷ 르리 / kḷpta 클립타, kāḷodāyin 칼로다윈.

ḹ 르리 / ḷ와 동일하게 취급한다.

e 에 / prasenajit 프라세나지트.

ai 아이 / nairañjanā 나이란자나.

o 오 / lokāyata 로카야타.

au 아우 / kauśika 카우쉬카.

3. 자음과 반모음의 표기

자음은 기본 원칙의 제1항에 따라 아래와 같이 표기하되, 받침으로 표기되는 경우, 자음의 음가에 국어의 '으' 음을 결합하는 경우, 특수한 복합 자음의 표기, 기타 병행이 가능한 표기 등은 '관용적 표기의 세칙'에서 정한다.

ka 카 / naraka 나라카, cakra 차크라, bhakti 박티. / 실제의 발음은 경음인 '까'에 가깝게 들리지만, 표기의 기본 원칙 제1항에 따라 격음인 '카'로 적는다. 받침으로 사용될 경우에는 'ㄱ'으로 적는다.

kha 카 / duḥkha 두카, khitaka 키타카. / ka의 경우와 동일하게 적는다. 받침으로 표기되지는 않는다.

ga 가 / gandharva 간다르바, gṛha 그리하.

gha 가 / ghoṣaka 고샤카. / ga의 경우와 동일하게 적는다. 받침으로 표기되지는 않는다.

ṅ 받침 ㅇ / laṅkā 랑카. / 국어의 받침 'ㅇ'에 상당하는 비음이다. 항상 받침 'ㅇ'으로 적는다.

ca 차 / candrakīrti 찬드라키르티, krakucchanda 크라쿳찬다. / 실제의 발음은 경음인 '짜'에 가깝게 들리지만, 표기의 기본 원칙 제1항에 따라 격음인 '차'로 적는다. 받침으로 사용될 경우에는 'ㅅ'으로 적는다.

cha 차 / chanda 찬다. ca의 경우와 동일하게 적는다. 받침으로 표기되지는 않는다.

ja 자 / jati 자티, avijjā 아빗자. / 받침으로 사용될 경우에는 'ㅅ'으로 적는다. 'ñ'가 뒤따를 때는 이 음가를 상실하고 특수하게 발음되는데, 이 경우는 '제5장 관용적 표기의 세칙' 제3항의 1에 따라 적는다.

jha 자 / gijjhakūṭa 깃자쿠타. / ja의 경우와 동일하게 적는다. 받침으로 표기되지는 않는다.

ña 냐 / yajaña 야자냐, ñānasaṃvara 냐나상와라, sañjaya 산자야. / 국어의 받침 'ㄴ'에 상당하는 비음이지만, 모음 'a'가 뒤따를 때는 '냐'로 적는다. 자음 앞이나 어말에서는 받침 'ㄴ'으로 적는다. 'j'가 선행할 때는 이 음가를 상실하고 특수하게 발음되는데, 이 경우는 제5장 제3항의 1에 따라 적는다.

ṭa 타 / ghaṇṭā 간타, aṭṭhaṅgika 앗탕기카. / 국어에는 상당하는 음가가 없는 권설음 즉 혀말음소리이다. 받침으로 사용될 경우에는 'ㅅ'으로 적는다.

ṭha 타 / kaṇṭhaka 칸타카. / ṭa의 경우와 동일하게 적는다. 받침으로 표기되지는 않는다.

ḍa 다 / daṇḍaka 단다카. / 국어에는 상당하는 음가가 없는 권설음이다. 받침으로 사용될 경우에는 'ㅅ'으로 적는다.

ḍha 다 / virūḍhaka 비루다카 / ḍa의 경우와 동일하게 적는다. 받침으로 표기되지는 않는다.

ṇa 나 / dhāraṇī 다라니, kaṇṭhaka 칸타카. / 국어의 받침 'ㄴ'에 상당하는 비음이다.

자음 앞이나 어말에서는 받침 'ㄴ'으로 적는다.

ta 타 / tamas 타마스, uttara 웃타라. / 실제의 발음은 경음인 '따'에 가깝게 들리지만, 표기의 기본 원칙 제1항에 따라 격음인 '타'로 적는다. 받침으로 사용될 경우에는 'ㅅ'으로 적는다.

tha 타 / gāthā 가타. / ta의 경우와 동일하게 적는다. 받침으로 표기되지는 않는다.

da 다 / dantikā 단티카, khuddaka 쿳다카. / 받침으로 사용될 경우에는 'ㅅ'으로 적는다.

dha 다 / dhaniya 다니야 / da의 경우와 동일하게 적는다. 받침으로 표기되지는 않는다.

na 나 / nandā 난다, chanda 찬다. / 국어의 받침 'ㄴ'에 상당하는 비음이다. 자음 앞이나 어말에서는 받침 'ㄴ'으로 적는다.

pa 파 / pañcika 판치카, abhippasādo 아빗파사도, dharmagupta 다르마굽타. / 실제의 발음은 경음인 '빠'에 가깝게 들리지만, 표기의 기본 원칙 제1항에 따라 격음인 '파'로 적는다. 동일 계열의 자음(p, ph) 앞에서는 받침 'ㅅ'으로, 이 밖의 받침으로 사용될 경우에는 'ㅂ'으로 적는다.

pha 파 / phala 팔라. / pa의 경우와 동일하게 적는다. 받침으로 표기되지는 않는다.

ba 바 / bauddha 바웃다, śabda 샤브다. / 받침으로 표기되지는 않는다.

bha 바 / bharata 바라타. / ba의 경우와 동일하게 적는다. 받침으로 표기되지는 않는다.

ma 마 / mahāvīra 마하비라, kumbhāṇḍa 쿰반다. / 국어의 받침 'ㅁ'에 상당하는 비음이다. 자음 앞이나 어말에서는 받침 'ㅁ'으로 적는다.

ya 야 / yoga 요가, gomayī 고마위, āraṇyaka 아란야카, saṃkhya 상키야, nairātmya 나이라트미야, manuṣya, 마누쉬야, geyya 게이야. / 어두에서, 모음 뒤에서, 받침으로 표기되는 비음 뒤에서는 뒤따르는 모음에 따라 '야', '위'(yi), '유'(yu), 예(ye), '요'(yo) 등으로 적는다. 그러나 자음 뒤, 또는 받침으로 표기되지 않는 비음 뒤에 있을 때는 그 자음의 음가를 '이'와 결합하고 나서 이 발음, 즉 '야' '유' 등을 첨가하여 적는다. 비음을 받침으로 적는 경우는 제5장 제2항의 3에서 제시한다. y가 중복될 때 앞의 y는 '이'로 적는다.

ra 라 / ratna 라트나, karma 카르마. / 받침으로 표기되지는 않는다.

la ㄹ라 / lohita 로히타, maṇḍala 만달라, tamil 타밀. / 어두에서는 ra의 경우와 동일하나, 어두에 오지 않는 경우에는 선행하는 음가에 'ㄹ'을 받침으로 첨가하고 나서 ra의 경우를 적용한다. 어말에서는 단지 'ㄹ' 받침으로 적는다.

va 바 또는 와 / veda 베다, sarva 사르바, svāmī 스와미. / 모음과 반모음 r, l 다음이나 어두에 있을 때는 '바'로 적는다. 그러나 자음 뒤에 있을 때는 '와'로 적는다. 이처럼 '와'로 적는 것은 관용적 표기에 속한다. 자음 뒤의 vi와 ve는 각각 '위'와 '웨'로 적는다.

śa 샤 / āśrama 아슈라마, śiva 쉬바, pariśuddhi 파리숫디, leśyā 레쉬야. / 모음이 뒤따르지 않을 경우에는 '슈'로 적는다. 그러나 뒤따르는 모음이 'a, i, u, e, o'일 경우에는 각각 '샤, 쉬, 슈, 셰, 쇼'로 적는다. 또 'y'가 후속함으로써 '이' 음가와 결합할 때는 '쉬'로 적는다. 받침으로 표기되지는 않는다.

ṣa 샤 / viṣṇu 비슈누, dveṣa 드웨샤. / ś의 경우와 완전히 동일하게 적는다.

sa 사 / somā 소마, vipassanā 비팟사나. / 인도어에서는 치찰음에 속하여 '싸'에 가깝게 들리지만, 표기의 기본 원칙 제1항에 따라 '사'로 적는다. 중복될 경우에는 앞의 발음을 받침 'ㅅ'으로 적는다.

ha 하 / harṣa 하르샤, hṛdaya 흐리다야, brahman 브라만. / 받침으로 표기되지는 않는다. 반모음 y나 모음이 뒤따르지 않는 h는 그 음가의 특성상 따로 모음을 주지 않고 묵음으로 처리한다. 모음이 뒤따르지 않는 h를 '흐'로 표기하는 것은, 유사한 다른 경우, 즉 대기음에서 기음(-h)을 따로 표기하지 않는다는 원칙, 또는 말미에 오지 않는 비사르가(ḥ)를 묵음으로 처리한다는 원칙과 어긋나기 때문이다.

4. 특수음의 표기

ṃ, ḥ. / 산스크리트에서 '아누스와라'라고 불리는 'ṃ'과 '비사르가'라고 불리는 'ḥ'는 앞이나 뒤의 음가에 따라 다르게 발음되는 특수음이다. 비음인 ṃ은 'ㄴ, ㅁ, ㅇ' 중의 어느 것이라도 받침으로 선택하여 적을 수 있으며, 기음인 ḥ는 어말에서 '하'로 통일하여 적을 수 있다. 특히 산스크리트 자음의 음성적 구조를 모를 경우에는 ṃ의 발음을 구별하여 표기할 수 없을 뿐만 아니라, 실제의 발음에서 ṃ은 종종 다른 비음으로 대체될 수 있기 때문이다.

그러나 산스크리트 자음의 음성적 구조에 따라 아래와 같이 구분하여 적는 것을 원칙으로 삼는다.

제1항 아누스와라(ṃ)는 뒤따르는 자음의 계열에 속하는 비음으로 적는다. 이 밖의 경우

에는 받침 'ㅇ'으로 적는다. 어말에서는 항상 받침 'ㅁ'으로 적는다.

saṃgha 상가. / 'k, kh, g, gh, ṅ'가 뒤따를 때는 받침 'ㅇ'으로 적는다. 이 경우, ṃ는 ṅ과 동일하다.

saṃjaya 산자야. / 'c, ch, j, jh, ñ'가 뒤따를 때는 받침 'ㄴ'으로 적는다. 이 경우, ṃ는 ñ과 동일하다.

saṃḍīvin 산디빈. / 'ṭ, ṭh, ḍ, ḍh, ṇ'가 뒤따를 때는 받침 'ㄴ'으로 적는다. 이 경우, ṃ는 ṇ과 동일하다. 그러나 ṃ이 이처럼 위치하는 경우는 매우 드물다.

saṃtāna 산타나, kiṃnara 킨나라. / 't, th, d, dh, n'가 뒤따를 때는 받침 'ㄴ'으로 적는다. 이 경우, ṃ는 n과 동일하다.

saṃbodhi 삼보디. /'p, ph, b, bh, m'가 뒤따를 때는 받침 'ㅁ'으로 적는다. 이 경우, ṃ는 m과 동일하다.

saṃskāra 상스카라, aṃśa 앙샤, saṃvara 상와라, siṃha 싱하, saṃyutta 상윳타. / 앞의 다섯 가지 예에 속하지 않으면서 어말에 있지 않을 때에는 받침 'ㅇ'으로 적는다. 이 경우, ṃ는 ṅ과 동일하다.

제2항 어말의 비사르가(ḥ)는 바로 앞에 있는 모음의 음가를 'ㅎ'과 결합하여 '하'(-aḥ), '히'(-iḥ), '후'(-uḥ), '헤'(-eḥ), '호'(-oḥ) 등으로 적는다. 어말에 있지 않은 경우에는 묵음으로 처리하여 적지 않는다.

puruṣaḥ 푸루샤하, kaviḥ 카비히, dhenuḥ 데누후, mateḥ 마테헤, matyoḥ 마티요호.
duḥkha 두카, naiḥsargika 나이사르기카.

5. 관용적 표기의 세칙

다양한 자모의 배합과 인도어 특유의 발성으로 인해, 앞의 4장에서 제시한 원칙만으로는 그 구체적인 표기법이 불충분하거나 선명하지 않는 경우는 아래의 세칙에 따라 적는다.

제1항 비음과 비사르가(ḥ)를 제외하고 아래의 경우에 해당하는 자음들은 받침으로 적지 않고 국어의 'ㅡ' 음가와 결합하여 적는다. 'ś'와 'ṣ'는 여기에 적용되지 않는다.

① 어말에 있는 자음

marut 마루트, vāk 바크. / 산스크리트의 문장에서 어말에 올 수 있는 자음은 극히 한정되어 있으므로 이 원칙에 적용되는 자음은 'k, ṭ, t, p'에 불과하다. 그러나 낱개의 단어를 표기할 경우에는 다른 자음들도 어말에 올 수 있다. 'l'의 경우는 자음 표기의 원칙에 따라 받침으로 적는다.

② 기본적으로 모음 뒤 또는 어두에서 서로 다른 계열의 자음이 겹칠 경우, 앞에 오는 자음. 여기에 적용되지 않는 예외는 따로 정한다.

krama 크라마, prastha 프라스타, śabda 샤브다, ātman 아트만. / 자음 앞의 비음, 빈번히 사용되는 복합 자음인 jñ와 kṣ, 아래의 제2항이 여기에 적용되지 않는 예외가 된다.

③ 'ㄹ' 음가를 갖는 모음(ṛ, ṝ, ḷ, ḹ)이나 반모음(r, l) 앞의 자음.

prakṛti 프라크리티, pratiṣṭhita 프라티슈티타, mṛta 므리타.

제2항 받침은 아래의 원칙에 따라 적는다.

① 모음 다음에서 동일 계열의 자음이 겹칠 경우에는 '외래어 표기법'의 기본 원칙에 따라 앞의 자음을 받침으로 표기하되, 국어에서 그 받침의 음가가 분명하지 않을 때는 'ㅅ'으로 표기한다.

mokkha 목카, buddha 붓다, abhippasādo 아빗파사도.

② 모음 뒤에서, 국어의 발음으로 'ㅋ, ㅌ, ㅍ'의 음가를 지니는 자음 'k, t, p'가 비음 이외의 다른 자음 앞에 있을 경우에는 각각 'ㄱ, ㅅ, ㅂ' 등으로 적는다. 그러나 kṣ의 경우는 여기에 적용되지 않는다.

bhakti 박티, gupta 굽타, vātsalya 밧살리야. / 'kṣ'의 표기는 아래 제3항의 ②에서 따로 제시한다.

③ 반모음 ya 또는 자음 앞의 비음이 모음 뒤에 있을 경우에는 원칙적으로 받침으로 적는다. 그러나 모음 다음의 비음에 모음이 뒤따르면, 그 비음은 받침으로 적지 않고 뒤따르는 모음과 결합하여 적는다.

puṇya 푼야, samākhyā 사마키야, amṛta 아므리타. / nairātmya의 경우는 '나이라트미야'라고 적는다. 이는 비음 'm'이 자음 't'의 뒤에 있기 때문이며, 제1항 ②와 제2항 ②의 원칙에 적용되는 것이다. amṛta(아므리타)는 앞의 제1항 ③에도 해당한다.

제3항 jñ와 kṣ는 빈번히 사용되는 복합 자음으로서 발성의 습관에 따라 아래와 같이 적는다.

① jñ는 뒤따르는 모음에 따라 '갸'(jña), '기'(jñi), '계'(jñe) 등으로 적는다.

jñāna 갸나, saṃjñin 산긴, jñeya 계야.

② kṣ는 뒤따르는 모음에 따라 항상 '크샤'(kṣa), '크쉬'(kṣi), '크슈'(kṣu), '크셰'(kṣe), '크쇼'(kṣo) 등으로 적는다.

kṣatriya 크샤트리야, dakṣiṇā 다크쉬나, cakṣus 차크슈스, kṣema 크셰마, akṣobhya 아크쇼비야, lakṣmīdhara 라크슈미다라. / kṣ의 'k'와 'ṣ'는 앞뒤의 자모와 무관하게 독립된 음가를 유지한다.

제4항 복합어를 표기할 경우에는 접두어나 구성 단어를 분리하여 적을 수도 있다. 이 경우에는 원어를 표기하는 발음 기호에 복합어의 구성 요소를 표시하는 기호(-)가 있어야 하며, 국어의 표기에서는 그 기호를 띄어쓰기로 표시한다. 이 때, 연성 법칙에 의해 본래의 음가가 변한 경우에는 본래의 음가로 표기한다.

ṛgveda 리그웨다 ; ṛg-veda 리그 베다.

samākhyā 사마키야 ; sam-ākhyā 삼 아키야.

bṛhadāraṇyaka 브리하다란야카 ; bṛhad-āraṇyaka 브리하드 아란야카.

samyaksambodhi 삼약삼보디 ; samyak-sambodhi 삼야크 삼보디.

부칙 : 중국 음역어의 한글 표기

제1항 한자(漢字)로 표기된 음역어의 한글 표기는 그 동안 통용되어 온 관례에 따른다.

波羅蜜多(pāramitā) 파라밀다(×), 바라밀다(○).

菩提(bodhi) 보제(×), 보리(○).

제2항 제1항을 적용하기가 모호한 경우에 한하여, 하나의 한자에 대한 한글 음이 둘 이상일 때에는 원어의 발음에 가장 가까운 한글 음을 선택하여 적는다. 한글 음을 선택할 때는 전문 학자를 위한 특수한 옥편이 아니라, 일반인에게 통용되는 옥편을 기준으로 삼는다.

鳩摩羅什(kumārajiva) 구마라습(×), 구마라집(○).

僧佉(sāṃkhya) 승카(×), 승가(○).

찾아보기

ㄱ

ㄴ

ㄷ

ㄹ

ㅁ

ㅂ

ㅅ

ㅇ

ㅈ

ㅊ

ㅋ

ㅌ

ㅍ

ㅎ

김 미 숙
Kim, Mi Suk

현재 동국대학교 다르마 칼리지 교수로 재직하며 후학을 양성하고 있다. 전남대학교 법과대학 법학과(학사)를 졸업한 후 동국대학교 대학원 인도철학과 석·박사 과정을 밟고, 철학박사 학위를 받았다. 동국대학교, 연세대학교, 강릉원주대학교 등에서 자이나 사상, 인도 철학, 명상 철학, 불교 문화, 논리학 등을 강의하였다. 저서로는《자이나 수행론》,《인도 불교와 자이나교》,《인도 불교사》,《불교 문화》, 공저로는《요가와 문화》,《고려대장경 해제》,《불교사의 이해》등이있다.

자이나 사상 인도 문화와 종교 철학의 뿌리
Jaina philosophy

1판 1쇄 펴낸 날 | 2021년 11월 30일

지은이 | 김미숙

펴낸이 | 오종욱

펴낸곳 | 올리브그린
주소 | 경기도 파주시 회동길 145, 아시아출판문화정보센터 201호
전화 | 070 7574 8991
팩스 | 0505 116 8991
E-mail | olivegreen_p@naver.com

표지디자인 | 시월

ISBN 978-89-98938-42-0 (93270)

값 25,000원

이 도서는 한국출판문화산업진흥원의 '2021년 우수출판콘텐츠 제작 지원 사업' 선정작입니다.